52)

conductors.

MOUVEMENT
CONTRAIRE

DU MÊME AUTEUR :

COMMENT ON NE DOIT PAS INTERPRÉTER *Carmen, Faust* et *Pelléas* (Heugel).

DIABOLUS IN MUSICA (Chiron).

LE CHEF D'ORCHESTRE ET SON ÉQUIPE (Fischbacher).
(*à paraître automne 1947*).

A paraître :

MOUVEMENT CONTRAIRE
Vers les temps nouveaux (1933 à 1944).

D.-E. INGHELBRECHT

MOUVEMENT CONTRAIRE

souvenirs d'un
musicien

ÉDITIONS DOMAT
160, RUE ST-JACQUES
PARIS (V·)

PRÉFACE

Les écrivains empruntent parfois
à la musique leurs métaphores. Un
musicien, qui ne touche aux lettres
qu'avec humilité, peut donc bien
demander à son art ces figures
littéraires.

Au début de leur initiation, les
futurs harmonistes reçoivent de
leurs maîtres le conseil d'employer
fréquemment le mouvement contraire.
Celui-ci a lieu lorsque les parties
diverses de la polyphonie se meuvent
en sens opposés, les unes montant,
les autres descendant.

Partant d'un point choisi au seuil
de la vieillesse, où l'on peut entreprendre de conter sans passion,
l'auteur projette de redescendre
d'abord, en un journal à rebours,
vers les temps heureux de la jeunesse
et de l'enfance. Il reprendra ensuite
du même point, pour remonter vers
les temps nouveaux.

VERS
LES TEMPS HEUREUX

I

1932 - 1933
L'Opéra - Comique

Inauguration du monument à Claude Debussy. — Immixtion de la politique
dans l'art à propos de l'Opéra-Comique. — Comment on ne doit
pas diriger un théâtre.

Q UELQUES années après la mort de Debussy, deux jeunes sculpteurs, les frères Jan et Joël Martel conçu-
rent la tentative hardie d'adopter le nouveau procédé
de la pierre coulée pour célébrer l'auteur de *l'Après-midi
d'un Faune*. Un comité d'amis avait été formé, sous la
présidence d'André Messager, dans l'intention d'obtenir des
pouvoirs publics les autorisations nécessaires et la concession d'un terrain de dimensions et de situation favorables. Enfin, on avait pensé que les frais très élevés nécessités par l'entreprise pourraient être couverts grâce à une
souscription mondiale des admirateurs du maître.

Il ne fallut pas longtemps au comité initial pour se
rendre compte des difficultés presque insurmontables qui
devaient s'accumuler avant l'exécution du projet. On com-
prit que, pour aboutir, un homme était indispensable en

11

qui s'ajoutât l'enthousiasme du dilettante à l'audace de l'impresario. Et c'est ainsi que Gabriel Astruc, nommé délégué général, le comité d'action allait enfin devenir effectif.

Depuis près de vingt ans, l'éphémère directeur-fondateur du Théâtre des Champs-Elysées était resté éloigné de toute activité artistique, dans l'amertume d'une aventure que Debussy lui-même avait trouvée « infiniment triste et désobligeante pour l'art ». Soudain, on devait revoir Astruc, possédé par une brève reviviscence de son génie des spectacles et des fêtes. Dans l'ancien théâtre de sa gloire, il réalisa avec ses premiers collaborateurs, le soir de l'inauguration du monument, un festival d'une inoubliable grandeur.

Un luxueux programme contenait le livre d'or des souscripteurs, puis un hommage à Debussy auquel s'étaient associées les plus éminentes personnalités. On y pouvait lire aussi quelques articles dont certains reproduisaient, en partie, les discours prononcés à la cérémonie d'inauguration, après que le voile fût tombé du monument, aux accents de la Fanfare de Saint Sébastien. On ne trouvait pas trace, dans ce programme, des paroles les plus émouvantes, celles prononcées au nom du Gouvernement par le sous-secrétaire d'Etat aux Beaux-Arts. Ce dernier m'était apparu pour la première fois, au moment où il attendait avec notre comité l'arrivée du Président de la République. Me désignant les huissiers de l'Elysée, aux incroyables bicornes empennés de noir, qui devaient précéder le cortège officiel, le jeune subrogé ministre avait murmuré : « Vous savez qu'ils sont sûrement fournis par la maison de Borniol ! » Mis en confiance par cette appréciation humoristique de la pompe officielle, je devais être conquis peu après par l'un des discours les plus éloignés qui soient de l'éloquence parlementaire.

Quelques mois plus tard, la direction de l'Opéra-Comique était mise en compétition. Enhardi par la sympathie que son esprit avait fait naître en moi, j'eus l'idée de demander audience au sous-secrétaire d'Etat qui avait inauguré le monument Debussy. Non pas dans une intention personnelle, mais pour lui parler de la danseuse Carina Ari avec qui j'étais alors marié. Depuis que les ballets Suédois nous l'avaient révélée, la jeune étoile-auteur s'était affirmée à l'Opéra et à l'Opéra-Comique dans des tentatives occasionnelles et j'ambitionnais pour elle la libre disposition d'une scène et d'un personnel aptes à servir les projets de sa féconde imagination.

Parmi les ors du grand salon des Beaux-Arts, j'attendais d'être introduit. Sur une console, un chapeau et un parapluie avaient été déposés. La curiosité me poussa indiscrètement à regarder quelles initiales étaient inscrites à l'intérieur du chapeau. Je lus : A. C. sans que cela m'aidât à deviner quel était celui des nombreux postulants à la direction vacante qui se trouvait enfermé avec le ministre. Car ce ne pouvait être qu'un postulant, j'en étais sûr ! Or, la porte s'ouvrant, Albert Carré sortait en prenant congé et m'apercevant, proclamait : « Voici justement notre Directeur de la Musique ! » Puis il s'éloignait avec ses associés éventuels.

En pénétrant à mon tour, je priai M. Jean Mistler de vouloir bien croire que je ne venais pas poser personnellement la moindre candidature et je lui expliquai le but de ma visite. Mais il répliquait que son intention était précisément de m'offrir la direction musicale de l'Opéra-Comique, quel que fût le Directeur qu'il nommerait. Enfin, il ajoutait que, connaissant et appréciant le talent de

Carina Ari, il était tout disposé à la désigner pour diriger la Danse.

C'est ainsi que j'allais me retrouver, pour la seconde fois, au poste qu'André Messager avait si glorieusement occupé, tandis qu'Albert Carré devait être seulement maintenu dans son « honorariat ». En dépit de l'opinion et des préférences du sous-secrétaire d'Etat, le ministre duquel il dépendait, celui de l'instruction publique, avait promis la place au moins désigné de tous les candidats. Pour la première fois de ma vie, j'allais être mêlé aux conflits qui surgissent inévitablement dès que l'on fait servir l'art aux fins de la politique. Dans la maison qu'avait illustrée Albert Carré, on allait voir « comment on ne doit pas diriger un théâtre ».

L'homme auquel venait d'échoir pour sept années la direction de l'Opéra-Comique avait déjà fait à la salle Favart un séjour précaire. Auparavant il avait risqué, comme tant d'autres avant lui, une tentative éphémère de théâtre lyrique. Sans activité réellement définie, il donnait dans les coulisses et comme publiciste une impression très nette d'amateurisme. Pour se débarasser d'un quémandeur encombrant, le ministre avait donc imposé ce candidat indésirable à son sous-secrétaire d'Etat, empêchant ainsi ce dernier d'agir selon son goût et sa conscience. Les évènements qui allaient suivre seraient représentatifs de cette propension trop courante qu'on montre, chez nous, à favoriser les ambitions des médiocres.

Musicien lui-même, le sous-secrétaire d'Etat aux beaux-arts entendait avant tout servir la musique. Et quoiqu'il ait dû céder pour la nomination du directeur, il avait cependant tenu bon en exigeant que le musicien de son choix lui fût adjoint.

Sur ce point, le nouveau directeur avait donc dû céder à son tour. Mais comme il s'était engagé déjà, par ailleurs, avec un amateur de son acabit, il comptait bien arriver à se débarrasser de moi plus tard, une fois terminée la besogne de réorganisation du théâtre à laquelle j'allais me consacrer.

Le directeur avait réussi à s'assurer la libre disposition d'une commandite princière. Il aurait donc pu bien faire et satisfaire le désir qu'avait le sous-secrétaire d'Etat de réformer le vieux système musical des théâtres nationaux. Par exemple, l'augmentation des salaires allait permettre d'abolir enfin, dans cette maison, l'inadmissible coutume des « remplaçants » à l'orchestre ; une caisse spéciale permettrait la mise à la retraite des musiciens dont l'âge avait amoindri les capacités professionnelles.

Les êtres dépourvus d'autorité prétendent jalousement être seuls à commander ; ils se donnent ainsi l'illusion d'y parvenir en s'entourant de courtisans, plutôt que de collaborateurs. Notre homme n'y avait point manqué. En tête de ses flagorneurs se trouvait précisément l'amateur auquel il avait promis de régenter la musique.

A cette époque, je venais de publier « *Comment on ne doit pas interpréter Carmen, Faust et Pelléas* ». Il était convenu que je m'inspirerais de ces réflexions pour la remise à l'étude des partitions de Bizet et de Debussy.

J'allais m'apercevoir bientôt que l'idéal du factotum directorial était exactement opposé au mien. Familier des coulisses balnéaires et provinciales, sa connaissance du répertoire s'était strictement limitée aux conceptions fausses de la tradition que je m'efforçais justement de dénoncer et de combattre. Il n'était pas de point d'orgue absurde, *portamento* fétide ou respiration louche, de *rubato*

15

piteux ou de nuance inepte qu'il n'ait retenue et qu'il ne préconisât comme conforme à la plus indiscutable orthodoxie. « Ici, — déclarait-il à tel Don José débutant — Lhéry avançait de trois pas avant d'attaquer : *La fleur que tu m'avais jetée.* » Et s'adressant à quelque Figaro néophyte : « là, Soulacroix mettait la main gauche dans sa poche en disant : « *Nous différons en cela, Monsieur, je leur cède toujours.* » C'est tout ce qui l'avait frappé et qu'il avait retenu. Je suis sûr qu'il indiquait même jusqu'aux endroits où telle célébrité avait craché jadis, avant d'entrer en scène !

Celui qu'il appelait « patron » était plus emprunté devant le personnel. Quand il se risquait « sur le plateau », tous s'y figeaient soudain dans une attitude de déférence indécise, et il ne tardait pas à regagner son cabinet où il se sentait mieux à l'aise. D'assez haute stature, il portait la moustache et le bouc d'un mousquetaire de carnaval. Son embonpoint, qui seyait au haut de son individu, était disproportionné à la maigreur sénile de ses extrémités inférieures, accusée par des pantalons trop étroits aboutissant aux tiges d'étoffe de bottines démodées.

Sa voix en or de toulousain était irrésistible, il le savait, en abusait et s'écoutait parler. Mais le moins sagace de ses interlocuteurs ne tardait pas à découvrir que tout était factice en lui, depuis sa bonhomie feinte jusqu'à son écriture, dont l'apparence agréable ne résistait pas à l'examen. Même le cynisme qu'il affectait parfois était dérisoire.

La redondance de son discours s'étayait le plus souvent sur trois marottes essentielles : sa dévotion à Gambetta, affirmée par la possession d'une relique anatomique du tribun, sa connaissance de l'Armorial et son affiliation

16

aux sciences cabalistiques. A l'époque, il prédisait que la svastika nazie, disposée à rebours, devait conséquemment mener l'Allemagne à sa perte !

Le factotum n'ignorait pas que « le patron » l'accablait de sarcasmes ; il refusait néanmoins de s'en apercevoir, sachant bien que l'autre, touche à tout mais propre à rien, en arriverait toujours à suivre ses suggestions, à lui.

C'est dans cette atmosphère qu'il allait falloir travailler.

En projetant de noter mes souvenirs, j'ai souvent craint d'être entraîné vers les confidences futiles qui encombrent tant d'autobiographies. Parviendrais-je à rester le plus possible « dans la musique » ? Saurais-je éviter que les incidentes ne deviennent primordiales et que « le chapeau », parfois trop grand, ne recouvre la tête ? Enfin, je pensais, comme à une épigraphe, aux mots échangés à la Fontaine des Aveugles par Mélisande et Pelléas : « Qu'allons-nous dire à Golaud ?... La vérité... la vérité... » Car on sait qu'à partir de ce moment du drame, la mystérieuse petite princesse commence de mentir !

Du moins ne trouvera-t-on ici que l'expression simple de la vérité. J'ai surtout entrepris ma tâche en pensant aux jeunes musiciens. Ceux d'entre eux que le hasard amènera à lire ces récits ne devront pas y trouver matière à découragement, mais au contraire un réconfort pour les luttes qui les attendent, d'autant plus rudes que leurs aspirations seront nobles. Un artiste n'est jamais déçu d'avoir persévéré dans l'honneur. Il sera toujours diminué d'avoir cédé à l'affairisme.

C'est avec *Carmen* qu'eut lieu la réouverture. Musicalement, on avait bien été obligé de me laisser faire, de même que, scéniqueent, on n'avait pu empêcher Albert Carré de reprendre en main son personnel. Car les nouveaux venus avaient bien senti qu'ils ne pourraient affronter seuls le public et la critique. Nous n'avions pu cependant éviter que l'héroïne de Mérimée ne fût incarnée par une artiste dont les moyens vocaux étaient nettement insuffisants, en dépit de ses qualités scéniques. Mais elle était d'origine ibérique et devait créer bientôt ici... une opérette de Frantz Lehar, sur laquelle « le patron » comptait pour rassurer son commanditaire à la fortune princière ! Malheureusement la Carmencita déplut au public, qui manifesta sans ménagement son déplaisir. Alors la direction accusa Don José, qui avait de la voix et du talent, de faire siffler sa partenaire. Il en fut de même avec la Micaëla, qui chantait souvent faux et avait pris ombrage de l'excellent Escamillo, familier aux *aficionados* des arènes Favart.

Il est particulier aux directeurs incompétents d'accéder aux caprices de certaines vedettes, sans consulter auparavant les techniciens. Ils tiennent d'autant moins à se renseigner que les raisons de leur favoritisme ne sont point toujours d'ordre artistique. Le personnel n'est jamais abusé par ces intrigues. Une certaine favorite, par exemple, était arrivée à se faire adjuger le rôle de *Mignon*. Lorsqu'elle passait dans les coulisses, on entendait chantonner à l'entour : « On m'appelle Million, je n'ai pas d'autre nom ! »

Quand par hasard les directeurs de cette sorte accordent place à un artiste de réelle valeur, c'est qu'ils supputent d'autres avantages à sa collaboration. Alors, ils sont toujours prêts à l'utiliser avec extravagance. Au cours de ses pourparlers avec un ténor léger, « le patron » questionnait, du ton protecteur qu'il aimait à prendre : « Alors qu'est-ce que vous voulez me chanter, mon petit ? — Mais,

la Dame Blanche, Mignon, Lakmé, le Barbier »... — Et
l'autre interrompant : « Comment, *le Barbier* ? — Mais oui,
le rôle du comte Almaviva. » — Ah ! vous chantez le rôle
du comte dans le *Barbier*... Eh bien ! mon petit, vous le
chanterez aussi dans *les Noces de Figaro* ! » — On sait
que dans l'opéra de Mozart, le rôle d'Almaviva est écrit
pour baryton ! —

Aux débuts d'une carrière, il faut savoir supporter
de ne pas toujours agir comme l'on voudrait. Les occasions
de « commencer » obligent souvent à cette concession,
mais on n'y doit consentir que temporairement, car à trop
longtemps travailler en surface, on risque de ne jamais
plus savoir travailler en profondeur. Même dans ces périodes
inévitables de labeur hâtif, on peut et l'on doit penser à
l'avenir. Tout véritable effort, n'étant jamais vain, donne
toujours son résultat, même lointain ; c'est ainsi que
certains travaux peuvent être entrepris, même à longue
échéance.

Lorsqu'après *Carmen*, je remontais *Pelléas*, je poursuivais cette fois ce que j'avais commencé cinq ans auparavant et ne pourrais pas même terminer ici, mais ailleurs
et quelques années plus tard. Combien de fois me reportai-
je à l'époque héroïque de la création, lorsqu'avec Ravel,
Schmitt et tant d'autres, nous faisions des miracles d'économies pour trouver les vingt sous — et même les dix
sous — nécessaires pour entrer aux plus hautes places du
poulailler. En ce temps-là, je me disais : « Si je pouvais
être un jour au pupitre à la place de Messager ». Et
lorsqu'à deux reprises, je m'y trouvai plus tard, ne me
suis-je pas dit souvent : « Si je pouvais encore être là-
haut, comme jadis, avec toutes mes illusions ! »

Car l'interprétation de *Pelléas* bénéficia à ses débuts

d'une homogénéité unique. A tel point que les protagonistes ne devaient plus nous sembler égaux à eux-mêmes, plus tard, lorsqu'ils eurent échappé à l'autorité impitoyable de Messager et qu'il ne s'agissait plus *d'imposer* au public rétif le plus grand chef-d'œuvre de notre temps.

On n'en peut vouloir aux interprètes de ne pas comprendre immédiatement le bien-fondé de ce qu'on leur demande. C'est souvent la faiblesse des chefs qui les confine dans leurs erreurs. N'étant pas habitués à entendre la vérité, ils la redoutent ou la méconnaissent. La forme même de certains enseignements leur échappe. Devant la complexité de ma tâche, il m'arrivait généralement de vouloir, d'abord, faire le point des mauvaises traditions dans les partitions les plus familières. Ainsi devais-je en reprenant *Lakmé*, retrouver les errements habituels ; d'autres encore allaient me surprendre. Un brave garçon de Nilakantha, notamment, rempli de bonnes intentions, ne chantait ni trop fort, ni trop languissamment comme ses devanciers le refrain trop célèbre des trop célèbres stances. Mais il devait me stupéfier en semblant pousser son souci du vérisme jusqu'à exprimer les paroles si connues en une sorte de dialecte hindou :

oué---jè-vè--rââdrouvâdonzourèra

Et comme je lui demandais pourquoi il n'articulait pas mieux, il me répondait ingénument que c'était exprès, « pour faire de la pâte de son ! »...

Cependant, tout en entendant éclater les rires sempiternels du bon public aux erreurs de syntaxe de Mistress Bentson : « M. le gouverneur m'a confié *son* fille et *son* nièce... Croyez-vous qu'en touchant simplement cette fleur on puisse être *poisonné* », en retrouvant Gérald, officier de S.M. Britannique parler « sur le timbre » d'un fort accent marseillais, je continuais patiemment et progressivement ma besogne d'assainissement.

De son côté, Carina Ari avait résolument entrepris de faire sortir des sentiers battus son petit monde des jetés-battus. Ce qui n'avait pas été sans pleurs ni grincements de dents. Dans *Lakmé*, précisément, elle avait proscrit le bracelet-montre en faux brillants et les pointes anachroniques de l'étoile hindoue.

La chorégraphie allait pouvoir prendre une place à laquelle elle n'avait jamais pu prétendre à l'Opéra-Comique, dont le répertoire pourrait bientôt s'enrichir de spectacles dansés. C'est en montant son premier ballet que Carina Ari devait être éclairée sur la véritable moralité du « patron ». Jusqu'alors, la voix en or du toulousain l'avait conquise et elle me reprochait même les réticences que je formulais quant à sa sincérité. Car rien n'était trop bien ni trop beau pour la danseuse-auteur, qui venait de se voir accorder les étoffes choisies pour les costumes qu'elle avait dessinés quand... le ministère tomba ! Ce qui devait aussitôt modifier l'attitude du « patron », qui prétendit soudain que les costumes seraient trop chers et que ce ballet était d'opportunité discutable.

Mais la crise terminée et notre sous-secrétaire d'Etat mélomane ayant conservé son demi-portefeuille aux beaux-arts, le « patron » retrouvait incontinent son enthousiasme et sa bienveillance. Les costumes n'étaient plus trop chers et le ballet devait êre monté sans délai. L'astucieux directeur sollicitait même l'avis de la chorégraphe sur ce qu'il pourrait être « original » de faire dans la maison... — « Ce qui serait original ? » — répondait gravement Carina —

« Ce qui serait *très original,* serait de faire un *véritable* théâtre, propre et net, où rien ne serait dû à l'intrigue ni à la galanterie, mais tout au seul talent ! »

Vaine suggestion, car « le patron » continua à régler sa distribution des rôles féminins sur des supputations d'ordre galant, bien plus qu'artistique. Je fus stupéfait de l'entendre me dire trois fois, devant trois cantatrices différentes, et toujours avec l'accent — gascon — de la plus chaude conviction : « Croyez-vous qu'elle va nous faire une belle créatrice de Frasquita ? » Du même ton convaincu, il affirmait ne plus pouvoir donner « *Pelléas* » qui ne faisait pas le sou... tandis que d'autre part son régisseur général me confiait en grand secret que le chef-d'œuvre de Debussy, poursuivant sa conquête du public, avait « fait » la plus grosse recette du mois, dépassant même celles de *Carmen,* de *la Bohême* et de *Manon.*

Plus tard, l'instabilité des gouvernements devait amener d'autres crises plus favorables aux desseins du directeur qui se crut un jour dégagé de contraintes vis-à-vis de nous. Il employa alors tous les moyens pour lasser ma patience, mais n'y put parvenir. C'est en vain qu'il s'efforça de restreindre peu à peu mon influence sur le personnel et qu'il espaça de plus en plus mes apparitions au pupitre.

Pour éviter que la lassitude ou le découragement ne nous atteignent, rien ne vaut d'aller revoir les arbres et de leur demander conseil...

En rentrant d'une courte détente au bon pays vaudois, j'allais rendre visite à mon avocat. Carina Ari ne tardait pas à en faire autant, et nous devions bientôt gagner l'un et l'autre les procès que nous avions dû intenter.

Dès mon départ, les musiciens n'avaient pas eu de

peine à faire rapporter la réforme si importante qui leur interdisait les « remplacements ». Jusqu'à son écroulement, le directeur ne devait plus cesser de dissimuler son incapacité derrière une imprudente démagogie. Mais les pratiques de cette politique peuvent être comparées à celles des stupéfiants, dont on meurt plus souvent que l'on en peut guérir. Pour se prémunir contre les abus de sa faiblesse, qu'il redoutait déjà, « le patron » avait crû habile de prendre comme administrateur un ancien délégué syndical parjure, ce qui avait fait dire à Albert Carré qu'il n'aurait jamais confiance en ces anciens communistes devenus défenseurs du patronat qu'ils combattaient jadis.

A mon premier passage rue Favart, huit ans auparavant, j'avais souvent eu affaire au dit délégué, qui appréciait déjà que je le retinsse parfois à fumer une cigarette dans mon bureau, tandis que ses camarades avaient repris leur besogne à l'orchestre. A cette époque, je n'avais pu réussir à le convaincre que la tenue vestimentaire des musiciens dût être en rapport de *correction* avec celle des spectateurs. Devenu administrateur, l'ancien affilié aux soviets s'était commandé un frac magnifique — bien qu'inutile — pour se faire photographier devant son bureau. Et il était extrêmement sensible à sa ressemblance physique avec un jeune chef d'orchestre wagnérien de passage à Paris.

En essayant de flatter tour à tour la confiance de son maître et celle de ses anciens camarades, l'homme ne pouvait arriver qu'à les trahir tous.

Pendant les années qui suivirent, l'étoile directoriale ne cessa pas de péricliter et à l'époque du front populaire, le directeur, submergé comme l'apprenti sorcier de la légende, perdit toute vergogne et osa me faire demander par son « administrateur à tout faire » si je consentirais à revenir diriger n'importe quel ouvrage de mon choix, pour reprendre en mains la maison qu'il avait menée à sa perte. Je restai naturellement sourd à un tel appel.

Peu après, et en dépit de ses fameux appuis politiques, on congédia enfin l'indésirable personnage qui avait ravalé la maison glorieuse d'Albert Carré à « l'Opéra-Comique-de-4-sous » !

II

1931 - 1932
Musique enregistrée

Musique enregistrée. — Artistes et techniciens. — Parallèle entre la musique de scène et le film muet. — Cinéastes et musiciens depuis le film sonore.

BON pour moi ! » avait lancé de sa cabine l'ingénieur du son, juste au moment où j'allais dire : « Mauvais ! », certains de mes musiciens ayant joué nettement faux, par suite d'une erreur de lecture. Et j'avais dû discuter pour obtenir que la bande fût refaite.

Cet incident du temps de mon initiation au film me revient souvent à l'esprit lorsqu'une nouvelle fois les conceptions des scientifiques divergent des nôtres, relativement à une même exécution *musicale*.

Car les ingénieurs ne parleront jamais la même langue que nous tant qu'ils n'auront pas fait de réelles études musicales. Et ils ne pourraient prétendre inverser la proposition en inférant que les musiciens eux-mêmes dussent être physiciens, car les *buts* du disque, de la bande sonore ou de la radio ne sont pas d'ordre scientifique mais musical.

La science intervenant seulement comme *moyen* doit donc être mise toujours au service de l'art. On peut risquer cette métaphore de dire que les ingénieurs écoutent avec *leur* cerveau et non avec *nos* oreilles. C'est comme si le chimiste disait au gastronome que la saccharine possède la même saveur édulcorante que le sucre.

Depuis que la mécanique apporta de fructueux débouchés à l'art des sons, certains jeunes musiciens, et non pas des mieux doués, semblent même avoir été gagnés par les conceptions particulières aux ingénieurs. Transfuges des Facultés, de la bâtisse ou du négoce et pressés d'arriver, ils édifient sans souci d'harmonie ni de mélodie des partitions hâtives qui n'ont d'autre dessein que de faire *du son*, souvent pourrait-on dire du bruit.

C'est à l'ancienne « musique de scène » du théâtre parlé que ressortissent les partitions destinées au film sonore. Quant à l'art dramatique, il a presque complètement abandonné la collaboration musicale. Conséquence de la crise économique, certes, mais conséquence aussi de l'incompétence toujours croissante de la plupart des dirigeants. Notre théâtre traverse surtout une crise de qualité, tant au point de vue de la production que de la présentation. En effet, pourquoi cette crise n'atteint-elle pas autant certaines scènes et certains auteurs ? Parce que ces auteurs écrivent de bonnes pièces et que ces scènes les présentent dans de bonnes conditions.

Jadis, tous les théâtres de drame ou de comédie avaient leur orchestre permanent. Sans parler des théâtres nationaux, la Porte-Saint-Martin, l'Ambigu faisaient écrire une partition spéciale pour les drames qu'ils représentaient. Ce n'était pas un vain mot que ce « trémolo à l'orchestre » sur lequel les Fanfan et les Claudinet, tous les gosses martyrs s'acheminaient innocemment vers le traquenard des méchants hommes. Il créait si bien l'ambiance, ce trémolo pathétique, qu'il arrachait souvent aux passionnés du « poulailler» de telles exclamations : « Y va pas, p'tit gars ! y va pas ! »

Les plus grands artistes étaient sensibles à ces démonstrations du populaire. Lucien Fugère aimait conter qu'au dernier acte de *Louise* certains de ses fidèles l'iden-tifiaient si particulièrement au personnage du père, qu'un soir, au moment où Louise s'enfuit du logis familial une brave femme s'était écriée dans la salle : « Oh ! c'pauv meusieu Fugère ! »

C'est *l'Arlésienne* qui demeure la réalisation la plus parfaite de l'union de la musique à la parole. Sait-on que le succès de la pièce de Daudet fut surtout assuré par la partition de Bizet ? On peut le comprendre en imaginant ce qu'auraient perdu, sans la musique, la scène de l'Inno-cent et de Balthazar, au début du premier acte et, au troisième, celle de la Renaude et du vieux berger.

D'autres partitions résistèrent aussi à l'épreuve du temps mieux que les pièces pour lesquelles elles avaient été écrites : *les Erynnies* de Massenet ; *Shylock, Caligula, Pelléas et Mélisande* de Fauré, par exemple.

Sarah Bernhardt, qui avait compris l'importance de la collaboration des compositeurs, avait choisi en Pierné et Reynaldo Hahn ses musiciens presque exclusifs. C'était — pourrait-on dire — au temps où la musique était heureuse. Elle avait encore ses mécènes. Parmi eux, le comte Castelbon de Beauxhostes avait édifié à Béziers des arènes factices, où il donnait chaque été des spectacles spécialement consacrés à favoriser cette fusion de l'art dramatique et de la musique. Saint-Saëns et Fauré avaient été ses compositeurs préférés. Enfin, à la veille de l'autre guerre, encore, la magnificence de Mme Ida Rubinstein réunissant Debussy à d'Annunzio, nous valut l'admirable partition écrite pour *le Martyre de Saint-Sébastien*.

Actuellement, on ne fait plus qu'occasionnellement de la musique à la Comédie-Française ou à l'Odéon. Les autres théâtres, pour la plupart, ont supprimé leur orchestre en changeant de genre ou bien ont essayé de l'opérette à spectacle. Abandonnant ainsi tout souci littéraire, certains directeurs ne s'en trouvèrent que mieux à l'aise : « Faites attention ce soir, disaient-ils à un chanteur, on a fait de nouvelles coupures dans *le causé*. »

Seuls, les théâtres dits d'avant-garde continuent à utiliser encore la musique de scène. Mais ce n'est plus que pour créer économiquement une sorte d'atmosphère sonore. Avec des moyens polyphoniques qui tiennent de la boîte à musique et de l'orchestre javanais, des partitions menues sont élaborées le plus souvent avec une parcimonieuse inspiration qui fait trois petits tours et puis s'en va ! C'est qu'en plus des soucis économiques des directeurs, les dramaturges ont été gagnés par les principes du cinéma, qui supporte la musique à la condition qu'elle ne se fasse pas trop remarquer. Enfin on a adopté, au théâtre même, le principe de l'enregistrement musical, en y remplaçant souvent l'orchestre par un phonographe.

On voudrait pouvoir observer qu'une juste compensation ait fait retrouver au cinéma la place perdue au théâtre par la musique. Il n'en est rien encore, et l'on peut presque affirmer qu'au contraire, si certains musiciens ont trouvé de réels avantages matériels grâce au septième art, la musique, elle, n'y a pas encore trouvé son compte.

Au temps du cinéma muet, toutes les salles de projection avaient bien leur orchestre, mais on faisait alors une telle consommation de musique qu'on en arriva à utiliser jusqu'à la satiété certaines œuvres au point de les faire disparaître du répertoire des concerts symphoniques. En effet le malencontreux *Prélude* de Rachmaninoff, qui pouvait accompagner toutes les scènes dramatiques, ne suffisait pas au goût « élevé » des chefs d'orchestre. Ils ne concevaient pas une scène marine sans l'ouverture de *la Grotte de Fingal* dont on pressait les mouvements en cas de tempête, et dont on tempérait les *forte* en calme plat. La *Symphonie* de Franck et surtout son *andante* surimpressionnait toujours les débats de conscience de la pure jeune fille, au cours d'innombrables films où l'on magnifiait trop l'héroïsme des gangsters, bootleggers et autres mauvais garçons.

Il en était de même de la *Sonate Pathétique* de Beethoven ou de la Symphonie *dito* de Tchaïkowsky. Car le *pathétique* a toujours préoccupé particulièrement les cinéastes et leurs chargés d'affaires musicales. Après de studieuses recherches, l'un de ces derniers avait divisé en quatre catégories la musique, depuis les origines qu'il lui assignait jusqu'à nos jours : « Grand pathétique, petit pathétique, neutre symphonique, plein air. » Il avait longtemps hésité à classer *l'Après-midi d'un Faune,* qui pouvait aussi bien convenir, pensait-il, au « plein air » qu'au « petit pathétique ».

Le cinéma muet avait favorisé l'efflorescence d'un genre nouveau de productions musicales dénommées « incidentaux ». Des éditeurs spécialisés avaient alors élaboré des catalogues dont les classifications subtiles permettaient l'adaptation la plus intime entre la puérilité des chasseurs d'images et celle des croquenotes.

Une même série faisait voisiner le « thème du héros » en mode majeur ou mineur, pour la présentation du personnage sympathique masculin ; le thème de « l'héroïne » — également bi-modal — pour la présentation du personnage sympathique féminin et celui du « traître », pour la présentation du personnage antipathique ou femme fatale, espion, espionne, etc... Un *amoroso tematico* développait en deux minutes quarante les deux premiers thèmes (situations d'amour ou de tendresse), ainsi qu'un *doloroso,* également *tematico,* mettait aux prises le thème de la blanche colombe avec celui du traître !

D'autres séries proposaient deux minutes trois-quart d'*agitate al valser* à employer dans les cas de « scènes passionnées, envolées lyriques, moments d'extrême agitation ou de jalousie », deux minutes et demie d'*allegro poco agitato* pour les « scènes de tumulte, poursuites en avion, auto, chemin de fer ou à cheval, avec bruits mécaniques ». Toutes les situations étaient prévues, aussi bien les « scènes religieuses avec cloches, pour mariages, baptêmes, prises de voile, etc. » que les « scènes orgiaques de débauche et de joie déchaînée ». Et toutes les combinaisons de synchronisme étaient facilitées aux adaptateurs, chaque morceau pouvant être joué partiellement ou entièrement et s'enchaîner avec tout ou partie d'un autre morceau.

L'esprit d'à-propos des musiciens d'orchestre n'avait pas tardé à affubler d'un sobriquet approprié ces sortes de compositions si facilement détaillables en les nommant des « saucissons ». Mais le plus imprévu fut que le jeu des mosaïques sonores, faisant souvent voisiner des adaptations de certains chefs-d'œuvre de la musique avec les « incidentaux » d'origine des producteurs spécialisés, on était arrivé à avoir le « saucisson » beethovénien comme le « saucisson » debussyste.

L'apparition du cinéma sonore devait bouleverser les usages. La suppression des orchestres dans les salles de projection porta un préjudice considérable, tant à la généralité des compositeurs, auxquels d'importants droits d'auteurs allaient échapper, qu'aux musiciens exécutants dont la corporation encombrée perdait ainsi un précieux débouché. Aussi les musiciens d'orchestre exigèrent-ils en compensation, des cachets très élevés pour les sonorisations, et les compositeurs, des primes importantes pour les partitions qui allaient leur être demandées, car, avec le cinéma sonore, devait apparaître aussi la partition spécialement écrite pour chaque film.

Au début, quelques privilégiés, parmi les compositeurs et les exécutants y trouvèrent largement leur profit, car les cinéastes usèrent alors sans discernement économique de la collaboration des musiciens. Il était au courant que le producteur accordât une prime d'achat élevée pour une partition spécialement écrite et que le metteur en scène, ce tyranneau dictateur des temps modernes, convoquât à 9 heures du matin un orchestre qu'il ne trouverait à employer que douze heures plus tard. Aussi les privilégiés ne tardèrent-ils pas à s'organiser en consortium. L'accès aux studios était défendu par d'impitoyables tirs de barrage. Mais les profiteurs eux-mêmes devaient être victimes de leur insatiabilité. Les administrateurs, non moins avides, s'efforcèrent de diminuer leurs frais en remplaçant autant que possible la musique par le bruit. La prime aux compositeurs fut supprimée et, qui plus est, il leur fut souvent

31

imposé de ristourner une part des droits perçus par leurs sociétés d'auteurs. Beaucoup acceptèrent. La dureté des temps obligea des jeunes musiciens de talent, quelques-uns prix de Rome, à faire office d'obscurs tâcherons en composant « à la journée » des partitions dont les droits d'auteurs revenaient à certains directeurs de firmes, par de machiavéliques combinaisons d'éditions fictives et de faux noms d'auteurs ! C'est ainsi que, grâce à l'influence imprévue de l'enseignement de Widor et de Paul Dukas, la qualité des « saucissons » s'éleva jusqu'au « Salami », à l'« Arles » et à l'aristocratique « Lyon » somptueusement lardé et cuirassé d'argent, auxquels les entrepreneurs ordinaires ne pouvaient opposer que des ersatz dont la mixture porc-cheval était répartie suivant leur conception toute personnelle du *fifty-fifty* : un cheval — un cochon de lait !

Mais lesdits entrepreneurs ordinaires n'en devaient pas moins se débrouiller d'autre façon, en *signant* tout simplement les partitions qu'écrivaient les fournisseurs salariés, ou en imaginant de profitables « arrangements » de morceaux classiques pouvant être utilisés dans les films d'époque. Et comme pour toucher des droits d'arrangeurs, il fallait justifier d'une modification d'ordre prétendu utilitaire aux textes originaux, ils en modernisaient l'orchestration. C'est ainsi que l'on pût entendre, au cours d'un film sur *Catherine de Russie* un menuet de Haydn affublé d'un trombone et d'un saxophone !

En somme, on peut dire que depuis le temps où la malignité de Gavroche faisait jaillir dans le nez de l'arroseur public le jet de son long serpent à roulettes, le problème de la musique et du cinéma a souvent été posé, mais n'est pas encore résolu. Dès ces lointains débuts au sous-sol de l'Olympia, on s'était bien aperçu qu'il fallait quelque chose pour dissimuler le cri-cri monotone de l'appareil de projection. Alors on avait engagé un brave tapeur de pianiste. On peut encore retrouver l'impression de cette « genèse » à la campagne. — Une jeune domestique que ses maîtres avaient emmenée au cinéma communal prétendait que le pianiste jouait d'une main et « tournait » de l'autre. — Puis ce furent les orchestres, et plus tard « le sonore » qui les fit taire. Seuls quelques établissements de luxe offrirent encore de la musique fraîche à leur auditoire. Toutes les deux heures, devant l'écran ténébreux, surgissait d'un invisible économat un vaste plateau chargé de musiciens variés. Immobile au milieu d'eux, leur chef se tenait devant un meuble compliqué et lumineux qui lui servait de pupitre et évoquait à la fois le bistro-comptoir et la table de toilette. On n'eût pas été plus surpris d'y apercevoir un sandwich qu'une savonnette, un café-crème avec sa cuiller qu'un verre à dents avec sa brosse. C'était le moment de la dégustation spirituelle. Prudemment dosée, elle devait distraire, quelques minutes seulement, les consommateurs avec le morceau de grand style, choisi par le « directeur de la musique », romancé par le chef électricien et adapté au minutage rigoureux du manager.

Mais cet orchestre n'eut jamais rien à voir avec les films qui comportaient leur sonorisation.

Les cinéastes persistent à se défier, chez nous, de la musique. A l'un des indésirables « entrepreneurs sonores » qui faisait des offres de service en se recommandant d'une dernière production, un metteur en scène répondait : « Votre musique devait faire l'affaire, en effet, car je ne l'ai même pas remarquée ! » Ce qui, d'ailleurs, ne doit pas tellement être pris pour une boutade de béotien. Car la musique au cinéma, comme la musique de scène du théâtre dramatique évoquée plus haut, doit à son rôle auxiliaire d'être discrète. Trop souvent, de jeunes musiciens de qualité, admis à collaborer avec les cinéastes, sont coupables d'incontinence. Succombant à la tentation mercantile des longs métrages, ils gâtent par leurs incidentaux intempestifs bien des images dont la vision se serait mieux accommodée du silence.

On prétend d'ailleurs que le public se désintéresse parfaitement de la question et qu'il ne réagit pas plus pour une mauvaise musique que pour un mauvais film. Il ne se prive cependant pas de manifester aussi bien son dépit que sa satisfaction. Et pour ne parler que de cette dernière, elle ne s'est jamais démentie envers les *Mickey* et les *Silly Symphonies*, ces chefs-d'œuvre dus à la collaboration intime et constante du film et de la musique.

Mais nos « professionnels » des studios n'avaient-ils pas prédit le fiasco le plus complet à ces réalisations charmantes de Walt Disney, lorsqu'elles apparurent ?

Il serait temps que les vrais musiciens et leurs amis unissent leurs efforts pour faire accorder enfin par le cinéma la place qu'il doit à la bonne musique. Car les metteurs en scène identifient encore à la musique ennuyeuse celle qu'ils nomment empiriquement la *grande* musique. Pour eux, un compositeur dit sérieux ne saurait être plus... photogénique — pourrait-on dire — qu'un jeune premier louchon ou qu'une ingénue boiteuse. Ils sont soigneusement entretenus dans leur prévention par des fournisseurs habituels qui préservent farouchement l'exclusivisme qu'ils se sont octroyés.

Non seulement les compositeurs, mais les chefs d'orchestre, les instrumentistes ou les chanteurs qui ne sont pas « affiliés » ne peuvent réussir à franchir le cercle flamboyant qui isole du monde comme le rocher de Brunhilde, les sacro-saints studios.

Il serait faux de croire que les « affiliés » soient dénués de talent, surtout pour ce qui est des musiciens d'orchestre, dont la valeur professionnelle est indispensable aux bons enregistrements, et d'autant plus que les effectifs sont généralement restreints. Mais justement pour cette raison, les privilégiés veillent à ne risquer jamais d'être supplantés par des nouveaux venus, car nuls cachets ne sont comparables à ceux accordés pour l'enregistrement des films sonores. Dans les grands orchestres auxquels appartiennent généralement les privilégiés, c'est en confidence que les initiés se préviennent de la date et du lieu du prochain « sonore ».

Le profit des chefs d'orchestre est plus considérable encore. D'abord, parce qu'ils réussissent généralement à se faire adjuger des droits d'auteurs, d'arrangeurs, d'adaptateurs ou d'orchestrateurs. Ensuite, parce qu'ils risquent souvent à forfait l'entreprise d'enregistrement, desquels ils retirent d'autant plus de bénéfice que la valeur des musiciens est excellente.

Quant aux compositeurs — ou supposés tels — les plus médiocres réussissent couramment à faire fortune. L'un des plus ignares, copain d'enfance d'un producteur-auteur célèbre, fut longtemps son musicien exclusif. Il gratouillait sur sa guitare des motifs ineptes qu'il faisait ensuite harmoniser, orchestrer et adapter par une équipe de salariés, il devint ainsi millionnaire.

Il fallut l'autorité tenace d'un ami mélomane, commanditaire d'un film, pour que je parvinsse à collaborer exceptionnellement avec les cinéastes. La prévention des metteurs en scène auxquels j'eus affaire était à peine dissimulée. Néanmoins, je voulus à chaque fois les tranquilliser sur la tyrannie prétendue des musiciens dits « sérieux ». C'est ainsi que j'affirmais tout d'abord l'intention de mettre ma musique au service du scénario. J'en avais écrit à dessein les parties « incidentales » de telle façon qu'elles pussent être aisément écourtées ou allongées. Mais quelle ne fut pas ma stupeur de m'apercevoir un beau jour que fort de la latitude que je lui avais offerte, le metteur en scène avait pratiqué lui-même le découpage desdits incidentaux et naturellement au mépris de tous enchaînements mélodiques ou harmoniques !

Pour une scène de mariage gitane, tout le monde avait été emmené aux Saintes-Marie-de-la-Mer, à l'époque rituelle, bien connue des Agences de voyages. Tout le monde, sauf moi-même, étant donné que le micro devrait capter sur place des trésors de folklore tzigane parmi lesquels je n'aurais plus ensuite qu'à choisir. Au retour, un imposant métrage de pellicule impressionnée repassait à mon intention par la cellule photoélectrique. Après que mes assoiffés de couleur locale eurent donné libre cours à leur enthousiasme, je dus leur révéler que rien ne pourrait être utilisé de ce que nous venions d'entendre, leurs bohémiens de pacotille s'étant contentés de leur brailler à satiété, au son de leurs mandolines, *La P'tit' tonkinoise,* l'un des vieux refrains parisiens les plus populaires.

Ma connaissance du monde des disques, qui était antérieure, ne m'avait pas réservé moins de surprises.

On a souvent stigmatisé, chez nous, la précarité des

installations scientifiques. Rien mieux qu'un studio d'enregistrement ne peut donner l'impression de la pérennité du provisoire en France. Le phonographe a toujours rivalisé avec la Radio dans « l'aménagement » des lieux les moins favorables à leur activité.

J'avais longtemps attendu mon premier enregistrement qui devait avoir lieu pour le compte d'une firme, la plus populaire, plutôt que la meilleure. Il s'agissait de la *Petite Suite* de Debussy. Après de patients essais, tout était au point pour la première face et la lampe rouge s'étant allumée, je commençais l'exécution définitive lorsque vers la fin, le fracas d'une porte claquée m'arrêtait soudain... tandis que les musiciens de la maison m'expliquaient, du ton *le plus naturel* : « C'est encore la porte des cabinets ! » Ainsi l'on n'avait jamais eu l'idée d'éviter de tels coûteux incidents, en installant simplement un « blount » à l'huis innommable ! D'autres fois, c'était une lointaine trompe d'auto dont le son arrivait jusqu'au micro !

Mais il était d'usage, ici, de ne pas enregistrer plus de deux ou trois faces au cours d'une séance de trois heures, car au-delà de cette durée, les musiciens avaient syndicalement droit, par quart d'heure supplémentaire à une allocation, dénommée « taxi » dans l'argot corporatif. Les moindres incidents étaient donc profitables et il arrivait qu'aux approches de midi, les moins scrupuleux, déçus de voir échapper la chance d'un « taxi » éventuel, le provoquaient simplement, par une fausse note ou quelqu'autre bruit insolite.

Plus tard, lorsque je dus collaborer régulièrement avec cette firme, j'amenai un orchestre qui me fut plus familier, puis enfin, celui du festival Debussy, constitué pour l'inauguration du monument. Le provisoire de l'installation avait alors été transféré en d'autres lieux. On avait « aménagé » en studio l'ancienne salle d'un Bouillon Duval, en dissimulant simplement derrière des rideaux ses parois de glace et tout en conservant son luminaire aveuglant.

Mes rapports avec les ingénieurs furent toujours excellents. Ils m'accordèrent confiance à un point tel que je parvins à les faire renoncer à de certaines préventions majeures, non sans ruser un peu, parfois. Il était entendu, par exemple, que les cordes en sourdine « ne passaient pas » ; je convenais un beau jour aves mes musiciens qu'ils mettraient secrètement les sourdines prescrites — mais proscrites ! — pour l'enregistrement d'un morceau, ce qui fut fait. J'attendis alors l'audition des épreuves du disque et les ingénieurs ayant donné leur satisfaction, je leur révélai alors seulement ma supercherie. On est toujours amené à s'entendre entre gens qui connaissent leur métier. Et les scientifiques, comme nous-mêmes, sont bien obligés de connaître le leur.

C'est avec les directions *artistiques* que nous avons le moins de chances d'accord, aussi paradoxal que cela puisse paraître. Car leur façon de coordonner le point de vue commercial et le point de vue artistique est souvent illusoire quand elle n'est pas tendancieuse. Pour elles, l'importance fiduciaire des « vedettes » l'emporte toujours sur la légitimité musicale de leur emploi. Grâce au disque, une encyclopédie sonore d'interprétation-modèle aurait dû être constituée depuis longtemps, de même que nos théâtres-lyriques devraient réserver aux musiciens et aux chanteurs le même enseignement que celui de nos musées pour les arts plastiques. Mais il en est souvent comme si des conservateurs ignares ou déments avaient imaginé des éclairages ou des retouches fantaisistes pour rendre ses bras à la *Vénus de Milo,* ou émacier le visage de la *Vierge aux Rochers* !

Le disque transmettra bien à la postérité l'exemple d'un Mayol, d'un Maurice Chevalier ou d'un Jack Hilton qui élevèrent de simples chansonnettes et d'humbles fox-trot jusqu'à en faire de petits chefs-d'œuvre. Mais combien déroutera-t-il souvent les futurs interprètes de Fauré et de Debussy qui l'auront consulté !

Le puissant trust anglo-américain des industries du disque a délégué chez nous de simples chargés d'affaires qui n'ont pas à s'embarrasser de considérations aussi subtiles et n'y tiennent pas, d'ailleurs. Jadis, n'avais-je pas offert en vain à la firme pour laquelle je travaillais d'enregistrer « gracieusement » *l'Après-midi d'un Faune* dont elle ne possédait en catalogue qu'une déplorable copie ?

Peu importe à ces directions « artistiques » que les derniers « témoins » de Debussy et de Fauré soient près de disparaître ! Pas plus qu'eux, leurs chefs d'orchestre et leurs chanteurs n'ont souci de se renseigner lorsqu'il est temps encore de faire la chaîne avec le passé. Dès mon premier passage à l'Opéra-Comique, j'avais eu à cœur de suivre pour *Pelléas,* les traditions mêmes de Messager que j'étais allé consulter, en toute humilité. Mais les nouveaux venus, qui ne connurent et n'entendirent ni Messager, ni Debussy, prétendent ingénument imposer leurs conceptions nouvelles de *Pelléas,* de *Saint Sébastien,* des *Nocturnes* ou d'*Ibéria,* et, qui plus est, les fixent dans la cire.

C'est cette carence du disque et l'arbitraire de ses

magnats qui m'avaient amené à démontrer « *Comment on ne doit pas interpréter Carmen, Faust et Pelléas* ». Ce qui ne devait pas empêcher nos affairistes de continuer à « faire des phonos » en guise de musique, car on ne doit pas s'illusionner sur les résultats pratiques de telles entreprises et reconnaître qu'elles relèvent du dilettantisme plutôt que de l'utilité publique. Il faut semer à tout vent, en pensant bien que cela n'empêchera pas plus la Terre de tourner... que les mauvais disques !

III

1929 - 1930

L'Opéra d'Alger. — Causeries à la Comédie des Champs-Elysées : « Comment on ne doit pas interpréter *Carmen*, *Faust* et *Pelléas* ». — L'Exposition Coloniale et la leçon de Lyautey.

L'AVENTURE de l'Opéra-Comique-de-4-sous avait été précédée de celle de l'Opéra d'Alger. Le hasard avait voulu qu'un de mes amis fit partie d'un consortium d'hôteliers puissants, désireux d'édifier et d'exploiter à Alger des Palaces et un Casino. Les édilités locales, inquiétées par l'éventualité d'une concurrence dangereuse pour leur opéra municipal, avaient exigé de la société qu'elle prît en charge le vieux théâtre, avant même que casinos et palaces ne fussent construits. Et la direction artistique de l'entreprise m'ayant été offerte, j'avais accepté. Les obligations du cahier des charges comportaient la réfection complète du bâtiment et les stipulations relatives au nombre des musiciens, des choristes et à l'importance de la troupe permettaient d'envisager la création d'une manière de théâtre-lyrique modèle.

...Mais il n'est pas question de reprendre ici un récit

41

déjà fait jadis *. De même qu'à l'Opéra-Comique-de-4-sous, je devais me rendre compte de l'incompatibilité des idéals entre artistes et spéculateurs, et de celle, non moins frappante, entre les goûts de la province et ceux de Paris, plus encore : entre ces derniers et ceux des coloniaux.

On nous avait bien dit que, là-bas, la haute société vivait retirée, souvent loin d'Alger, et ne consentait pas à se mêler au peuple en venant au théâtre. Un haut fonctionnaire du gouvernement, lorsqu'il allait par extraordinaire au cinéma, ne louait-il pas, en plus des places pour sa femme et lui, les deux fauteuils voisins à droite et à gauche, pour s'isoler de la populace ! — Nous espérions cependant, par des spectacles de choix, attirer l'élite. Mais le public du vieil opéra aimait ses aises ; il avait accoutumé de « tomber la veste » et même le faux-col pour satisfaire ses goûts du *bel-canto*. Or, nous avions eu l'imprudente naïveté d'espérer affiner à la fois son oreille et ses manières ! En engageant nos contrôleurs, nous les avions effarés par notre prétention de leur faire porter un smoking. Seul un jeune affranchi aux manières douteuses nous avait déclaré avec un sourire de connivence, avant même qu'on en parlât : « Et puis, on a le smôck ! »

Les couloirs des fauteuils et des loges étant encombrés par l'embonpoint d'antiques ouvreuses autochtones, nous avions simplement voulu déplacer celles-ci en les affectant au service des galeries. Mais une tempête de récriminations s'en était suivie, qui devait déclencher une offensive du conseil municipal. C'était un scandale, que nous ayions

* Cf Diabolus in Musica Chapitre XXVII

42

mis des jeunes femmes accortes au service des places chics, généralement acquis à l'ancienneté !

Quelques amis de l'élite proscrite, invités à la répétition générale d'un concert, avaient dû bientôt s'enfuir, comme nous-mêmes et l'orchestre, dans la suffocation de l'atmosphère empoisonnée par l'écrasement de boules puantes insidieusement semées sous nos pas !

Au début de notre exploitation, les partisans de l'ancien régime faisaient distribuer dans les rues des tracts ainsi libellés :

ALGEROIS

N'allez pas à l'Opéra
Le nouveau directeur a dit
que les spectacles qu'il donnerait
seraient bien assez bons pour
des « BICOTS comme VOUS »

Enfin, certain soir, mes proches avaient exigé de m'escorter après dîner et de me faire entrer au théâtre par la porte particulière de mon bureau... J'appris seulement plus tard qu'à l'autre porte étaient massés les mêmes partisans de la réaction, dans l'intention de me « corriger » pour avoir voulu « moderniser » *Carmen*. Car ainsi avaient-ils interprété mon souci de débarrasser des fausses traditions le chef-d'œuvre de Bizet !

Nous avions eu la preuve que coloniser et civiliser sont deux choses que l'on essaie en vain de concilier et qu'il ne faut pas confondre. En somme, la discussion n'est vraiment profitable qu'entre gens qui s'entendent déjà.

Peu avant cette brève tentative de colonisation qui avait tant blessé les coloniaux, j'avais tenté un éloge du chant qui devait choquer la plupart des chanteurs. Dans l'intimité du cadre de la Comédie des Champs-Elysées, j'avais essayé de démontrer en quelques causeries « *Comment on ne doit pas interpréter Carmen, Faust et Pelléas.*

Le titre général de ces causeries risquait de surprendre et même choquer, à priori, les auditeurs qui pouvaient très bien penser : « Mais, nous savons tout aussi bien que lui ce qu'il va dire ! Et nous n'ignorons pas combien nous risquons souvent d'entendre maltraiter les trois plus grands chefs-d'œuvre de l'art lyrique français du dernier demi-siècle. »

On pense communément qu'il ne devrait y avoir, en principe, qu'une manière d'interpréter les œuvres, qu'il y a, hélas, trop de façons de les desservir et que cela peut apparaître comme un fol assaut contre les moulins à vent que de vouloir réagir contre un état de choses bien mollement critiqué parfois, et le plus généralement admis sous le couvert fallacieux de la tradition. Mais l'idée n'en devrait-elle pas tout naturellement venir et s'imposer au moment où la musique mécanique prenait chaque jour une place plus importante, jusqu'à devoir bientôt contribuer à l'éducation artistique des foules ?

Parmi tant d'avantages que l'on peut attendre de la musique enregistrée, l'un des plus bienfaisants ne serait-il pas de rapprocher enfin l'auditeur de l'auteur au point de réduire au minimum les erreurs des interprètes de *bonne volonté* ? Jamais tant qu'à notre époque, la documentation précise que peuvent offrir les instruments mécaniques ne devrait être poussée avec plus de profit pour les chefs-d'œuvre de notre musique. Et l'on peut même prétendre, sans toucher au paradoxe, que rien ne sera inutile de ce qui a été fait jusqu'ici, les documents pouvant tout aussi bien indiquer comment *on ne doit pas* interpréter ces œuvres.

C'est ce que l'on voulait tâcher de démontrer. Au point de vue de la documentation musicale le disque-témoin offrait déjà des ressources infinies. Mais hélas, aussi impitoyable que le film, il pouvait aussi véhiculer à travers le monde les bacilles les plus funestes. Devait-on attendre plus longtemps pour dénoncer une bonne fois le péril des traditions menteuses, alors que l'antenne et le disque inconscients risquaient de devenir aussi néfastes que l'orgue de barbarie pour les chefs-d'œuvre de notre musique qui eurent le malheur d'atteindre à la popularité ?

Car il en est de même pour tous les arts. La vulgarisation est rarement favorable aux chefs-d'œuvre. Un être normal a pu être rebuté par la vision des moulages polychromes de la petite *Bronghiart* ou des chromolithographies de *la Joconde* au point de n'être jamais tenté d'aller au Louvre faire meilleure connaissance avec Houdon ou le Vinci. De même, l'héroïne de Bizet, « présentée » par le limonaire de la fête foraine, se trouve trop souvent identifiée à une môme Carmen des bas quartiers marseillais.

Ce n'est pourtant pas ce point extrême de la popularité qui nuit le plus aux chefs-d'œuvre. Il y a maintenant longtemps qu'un beau soir le public de l'Opéra avait eu la révélation bien inattendue de l'*Aïda* de Verdi. Sous l'impulsion de Toscanini, la vieille pièce du répertoire était apparue revivifiée, méconnaissable. Inversement, c'est en passant au répertoire que *Carmen*, *Faust* et *Pelléas* — déjà — sont devenus méconnaissables. Telle est la rançon cruelle de leur succès.

L'exécution en est trop souvent confiée à des débutants, des incapables ou des indifférents, insouciants ou impuissants à réagir contre la lassitude fonctionnariste des personnels trop accoutumés à de mornes représentations. Ce qui est plus grave, c'est qu'on n'hésite pas à fixer dans la cire de telles exécutions, et ce qui est plus funeste encore, c'est qu'on va même jusqu'à confier, sans hésiter, l'enregistrement d'une œuvre lyrique à des chefs occasionnels, auxquels on aurait certainement refusé de diriger, au théâtre, le même ouvrage. Et cependant la représentation n'est qu'éphémère, tandis que l'enregistrement est définitif et cela, d'autant plus gravement que les plus grandes firmes de disques se refusent généralement à faire figurer à leurs catalogues plusieurs enregistrements de la même œuvre par des chefs différents.

C'est donc au disque qu'on avait demandé de donner à l'assistance, sous le couvert de l'anonymat, les exemples de ce qu'il ne faut pas faire. J'avais bien demandé que l'on ne vit là nul esprit de critique malveillante. Il s'agissait simplement de confronter avec le texte original les interprétations les plus couramment admises, pour faire apparaître l'accoutumance aux traditions défectueueses auxquelles *nul de nous* n'échappe, plus ou moins. Il s'agissait donc de défendre la pensée des auteurs, mais non pas *d'attaquer* les chanteurs !

Les partitions de *Carmen* et de *Faust* nous sont tellement familières depuis l'enfance que, si nous prétendons en devenir les interprètes fidèles, nous devons, avant tout, nous défier de notre mémoire. Car, connaissant par cœur ces musiques, avant même de les avoir lues, nous sommes prédisposés à en « parcourir » seulement le texte, plutôt que de le « lire » réellement, comme nous ferions en déchiffrant un ouvrage inconnu.

J'avais cru bon de préciser qu'il ne s'agissait pas non

plus d'une offensive contre la musique enregistrée, bien que ceci parût superflu, ayant débuté en célébrant tout l'admirable avenir qu'on en doit attendre. Si l'on devait sourire parfois, ce ne pourrait donc être aux dépens du disque ni des machines parlantes. Et nul interprète ne pourrait être touché non plus, puisqu'aucun d'eux, ainsi qu'aucune firme ne seraient nommés et que, s'il nous arrivait de nous divertir, ce ne serait que « sous la rose », comme disait l'auteur du *Jardin d'Epicure*, ou, si l'on préfère : sous le manteau.

A notre époque, au fond, on ne prend plus le temps de réfléchir en travaillant. On ne prend même plus le temps de travailler vraiment. On *parcourt* une partition telle que *Pelléas*, qu'on croit savoir par cœur quand on devrait encore, patiemment, la *lire* et la relire. Et ce n'est pas la moindre des vertus du disque que de nous rappeler parfois le vieux proverbe qui prétend que « le Temps se venge de ce qui a été fait sans lui ».

Il eût été présomptueux de prétendre indiquer ensuite comment l'on *doit* interpréter *Carmen*, *Faust* et *Pelléas*, quand Bizet, Gounod et Debussy ont laissé des indications si simples et si précises pour nous aider à y parvenir. On ne devait pas nous faire dire non plus que nous entendions tout faire reposer sur l'autorité arbitraire du métronome. Le rôle de ce dernier devait être uniquement comparé à celui du sphygmographe indiquant au médecin si notre tension artérielle n'est pas trop au-delà ou en-deça de la norme, au point de compromettre le bon équilibre de notre état général. Or, les « écarts » révélés par le métronome sur l'état général de nos trois *grands malades* devaient suffire pour nous alerter enfin. Depuis longtemps déjà on aurait dû s'en alarmer. Mais quoiqu'il s'agisse cependant ici des mouvements, de l'allure générale, ce n'était pas autant qu'on pouvait croire le plus grave. L'esprit même était atteint au point d'être travesti parfois.

Savoir réaliser avec art et subtilité les intentions et les volontés des auteurs, en se basant sur les indications qu'ils ont pu noter précisément, voilà bien le plus difficile, aussi simple que cela puisse paraître. Peu d'interprètes y parviennent et bon nombre, dans l'inconscience de leur faiblesse, s'imaginant tourner la difficulté en accusant l'auteur, méconnaissent ses volontés en dénaturant ses intentions.

Il était convenu que le disque donnerait aussi, parfois, le bon exemple et que nous ne manquerions pas alors de proclamer au nom de qui. Enfin, des artistes de classe avaient bien voulu accorder l'aide précieuse de leur talent à ces causeries. Ils devaient, répliquant aux exemples du disque anonyme, restituer l'esprit, la beauté et leur immortelle grandeur à *Carmen, Faust* et *Pelléas*.

Quelques années auparavant, lors de mon premier passage à l'Opéra-Comique, j'avais pu me rendre compte des bonnes dispositions qu'ont plutôt les chanteurs à accueillir les conseils, leurs erreurs étant surtout imputables à l'ignorance ou l'inertie des chefs. Au cours de ces causeries, on ne devait pas ressentir la moindre hostilité dans l'assistance. Simplement avait-on pu y déceler, au passage de quelques disques, l'inquiétude de certains à être reconnus malgré l'anonymat scupuleusement observé.

Les étiquettes ayant été recouvertes, chaque face ne portait plus qu'un titre et un numéro d'ordre. J'en étais arrivé à oublier moi-même la provenance de la plupart des exemples. Et aujourd'hui encore, deux disques sont surtout présents à ma mémoire ; celui de la seguedille, que Carmen doit attaquer pianissimo et légèrement, comme l'indiqua Bizet, dans une insouciance feinte, et immobile sur la chaise où Don José vient de la ligoter, mais qu'en général elle attaque tout de suite provocante, et toujours « en poitrine » (on est mezzo !) ; ne s'inquiétant, ni de la correction, ni de la justesse de sa première vocalise, et sans manquer de brutaliser un temps faible qui ne lui avait rien fait :

J'irai DDDanser la séguedille...

quittant trop tôt sa tenue de *fa* et concluant prématurément et *faux,* sur sa montée en si mineur :

Oui, j'irai chez Lillas Pastia

Ça a l'air d'une plaisanterie, mais c'est pourtant ainsi, hélas ! Et le disque devait être là pour nous en assurer. Or, celui-ci, j'avais eu peine à le dénicher. A cette époque, on manquait de séguedilles dans le commerce de l'ébonite. Une unique version existait, que je n'avais pas même voulu entendre, parce que l'enregistrement en avait été fait par une cantatrice qui avait souvent chanté le rôle avec moi, à l'Opéra-Comique, et tout à ma satisfaction. Cette personne m'avait même raconté ses démêlés avec les chefs en province, auxquels elle avait prétendu imposer justement cette attaque pianissimo de la séguedille, en se référant à nos travaux ! J'avais écouté quand même le disque, à la pensée de pouvoir l'utiliser comme *bon exemple,* et quelle n'avait pas été ma stupeur de m'apercevoir qu'il comportait toutes les conditions péjoratives nécessaires ! La brave Carmencita, si soumise jadis à mes objurgations, était passée sous d'autres baguettes.

Cela indique que le disque pourrait très bien fournir

la preuve de ce qu'un même artiste, sous l'influence de chefs différents, peut aussi bien indiquer comment on doit, on ne doit pas interpréter une même œuvre.

L'autre disque m'avait servi au début de *Faust,* lorsque Méphisto fait apparaître Marguerite au rouet à son « cher docteur », qui s'écrie traditionnellement « en force » et un peu faux :

O Merveille !

qu'il prononce :

O Mairevaille !

L'identité était telle entre la description et l'audition que la salle entière avait éclaté de rire. Au point qu'un brave ténor méridional s'était levé, indigné, en prétendant que j'avais intentionnellement ralenti la course du disque pour que ce soit faux. Et à ma réplique trop aisée qu'accéléré ou ralenti, ce serait toujours aussi faux, l'hilarité avait repris.

Je peux bien avouer après tant d'années que le disque inouï avait été enregistré jadis par Caruso lui-même !

A part ce petit incident, le public et la presse avaient fait bon accueil à ces causeries. Seul avec le ténor méridional, un critique spécialisé dans les questions de musique enregistrée avait flétri l'entreprise, probablement par dépit de n'en avoir pas eu l'idée lui-même.

Tout ceci se passait à l'époque de l'Exposition Coloniale et souvent en quittant les Champs-Elysées, nous traversions Paris pour aller dîner au Zoo de Vincennes. Avec mes collaborateurs, nous prolongions la causerie de l'après-midi dans un restaurant de prédilection qui donnait sur la volière, dont le monde ailé prenait ses quartiers de nuit dans le soir qui tombait. Parmi les pélicans, les hérons, les canards et les ibis, les flamands roses s'immobilisaient sur leurs tuteur de corail. Et bientôt, une sorte d'échassier nommé « secrétaire », peut-être en raison de ce que son plumage ressemblait à une jaquette démodée, restait seul à circuler, comme un régisseur bougon, les mains dissimulées sous les basques de son vêtement. Plus tard, nous allions parfois rechercher auprès des danseuses et des musiciens balinais l'évocation des javanais de 1889, qui avaient subjugué Debussy.

Cette Exposition Coloniale avait bien failli être ratée. Et l'on peut encore se demander si c'est pour parer à ce danger que l'on avait prié le Maréchal Lyautey d'en assumer le commissariat général. Car il est possible de penser aussi bien qu'il s'agissait alors de l'habituelle « compensation » offerte aux injustes disgrâces. Et qu'importe même si cela fut vrai. Le bâtisseur d'Empire donna ici un raccourci de son génie.

On a raconté qu'au Maroc, Lyautey faisait tout simplement raser les gratte-ciel édifiés en défi à l'urbanisme. Il ne laissa rien pousser d'injurieux à l'œil dans ces bois de Vincennes où il ne craignit point de pourchasser jusqu'au « bistrot roi » ! Bien qu'ayant alors dépassé 75 ans, son activité était toujours infatigable et son ubiquité déconcertante.

IV

1928 - 1932

La Société des Concerts du Conservatoire et les origines des Associations symphoniques. — Concerts Pasdeloup. — Rentrée de Félix Weingartner à Paris. — Considérations d'un Préfet de Police et de son Directeur de la Sûreté sur cet événement.

SI Lyautey, au lieu d'être chef d'armées, avait été chef d'orchestre, il n'aurait certainement jamais consenti à diriger une association. Il n'aurait pas eu la philosophie et l'ironie souriantes de Pierné, déclarant qu'une association symphonique est une réunion de patrons dont le chef d'orchestre est l'employé.

Seulement voilà : tandis qu'un officier, dès ses premières promotions est toujours sûr d'avoir des hommes à commander, un chef d'orchestre n'est jamais assuré d'avoir des musiciens pour se manifester. Lorsque la direction d'une association lui échoit, il doit donc passer sur les inconvénients organiques d'un régime qui lui procure la possibilité d'exercer sa profession. Après Pasdeloup, Colonne, Lamoureux et Taffanel : Marty, Chevillard, Messager, Gaubert, Rhené-Baton et surtout Pierné prouvèrent qu'un chef n'était pas complètement handicapé par les considérations économiques de ses musiciens.

On doit reconnaître aussi que l'esprit d'Association ne *peut* plus exister maintenant comme jadis. Il y eut un siècle en 1901 que la Société des Concerts du Conservatoire marqua, à sa fondation, l'origine des associations symphoniques.

L'orchestre était obligatoirement composé de professeurs et de premiers prix du Conservatoire et le chef, plus que tout autre, était tenu de satisfaire à cette condition.

Imagine-t-on qu'alors, les violons, altos et contrebasses jouaient *debout* ! Plus tard seulement furent-ils autorisés à jouer assis, comme les autres musiciens, non sur des chaises à dossier, mais sur de rudes tabourets en bois, tels qu'on les retrouve dans les classes du moderne Conservatoire de la rue de Madrid, où ils servent encore aux élèves.

La règle morale n'était pas moins sévère. Il était convenu et admis que tout esprit lucratif était banni, dans cette sorte d'ordre séculier dont le sanctuaire avait été édifié rue Sainte-Cécile si proche de l'église du même nom, que cette dernière semblait être sa chapelle conventuelle.

A l'origine des Concerts Colonne et Lamoureux, les musiciens étaient appointés par leurs chefs. Après plus de vingt ans, sous l'influence de l'esprit syndical et enhardis par l'exemple de la Société des concerts du Conservatoire, les orchestres de Colonne et de Lamoureux prétendirent secouer le joug de l'autorité absolue et ils réussirent à imposer le régime d'association à leurs chefs, contraints d'accepter l'ultimatum.

On peut dire que le public ignore à peu près tout de ce qui se passe « dans les coulisses » d'une association symphonique.

D'abord, l'autorité du chef d'orchestre, évidente en principe lorsqu'il est à son pupitre, est singulièrement amoindrie lorsqu'il préside le comité directeur d'un orchestre « associé ». Les programmes qu'il *soumet* à cet aréopage sont sévèrement épluchés et il est souvent soupçonné de favoritisme envers la musique, aux dépens de l'intérêt matériel de la communauté.

C'est que, pendant longtemps, les avantages pécuniaires qu'un musicien d'orchestre retirait, à faire partie d'une association, étaient aussi minces qu'étaient rudes ses obligations. Il avait dû passer des concours d'admission d'autant plus sévères qu'il était jugé, là, par des camarades souvent plus impitoyables que des chefs. Il lui avait fallu consentir à un stage d'une année et, une fois titularisé, il ne pouvait gravir les échelons de la hiérarchie intérieure qu'en participant à de nouveaux concours. Enfin, il devait sa présence effective à trois répétitions de trois heures et à deux exécutions par semaine. Or, ces services ne lui rapportaient que le tiers à peine de ce qu'ils auraient été payés par un patron.

Dans ce temps-là, la saison d'hiver était précisée chaque année à Paris par la réouverture, échelonnée, des grandes associations symphoniques. Chaque année, les critiques musicaux prenaient acte d'avoir à réentendre, au moins autant de fois qu'il y avait de groupements, les neuf *Symphonies* de Beethoven, des festivals Wagner « inchangés », de similaires festivals russes, peu de *Symphonies* de Mozart, peu ou point de Haydn, de Mendelssohn ou de Brahms. Immanquablement, celles de Franck et de Chausson, *l'Apprenti sorcier* et autres « habitués » des estrades dominicales.

Parmi les « habitués des salles », il y avait naturellement des récalcitrants de bonne foi, de ces braves mélomanes qui demandaient parfois aux chefs d'orchestre d'associations quand ils se décideraient à leur donner autre chose que l'*Ut mineur* ou *l'Héroïque*. Mais c'était l'infime minorité et le restant des auditoires continuait docilement à avaler les sempiternels menus dominicaux que Pierné, plaisamment, avait proposé un jour d'énoncer — pour changer — à la manière des programmes des hostelleries à la mode :

L'Ouverture de Tannhaüser « comme à Bayreuth »
La 7e Symphonie « maison »
L'Apprenti sorcier « du chef »
Le Boléro « bonne femme »

Quand les chefs interpellés invoquaient la médiocrité des rapports pécuniaires des musiciens associés, les mélomanes récalcitrants rétorquaient que cela n'avait rien à voir avec la monotonie des programmes dont ils se plaignaient. Si les bénéfices monétaires étaient minces, le bénéfice moral n'était-il pas considérable pour les artistes d'associations ? La mise en valeur qui leur était ainsi procurée n'aidait-elle pas puissamment à leur carrière ? Lorsqu'ils avaient à passer d'autres concours, pour entrer à l'Opéra ou à l'Opéra-Comique par exemple, le fait pour eux, d'appartenir à une association ne constituait-il pas une référence ? Et de même au point de vue des leçons ou des affaires particulières, des enregistrements de disques ou de films, d'un rapport si fructueux ?

On ne pouvait évidemment rien opposer à ce dernier argument du mélomane grincheux. Mais il n'en était pas de même quant au début de sa proposition. La monotonie des programmes avait bel et bien à voir avec les intérêts matériels des artistes en association. La fraction du public qui réclamait du nouveau était infime, relativement à la majorité des consommateurs dominicaux qui se complaisaient à entendre chaque année les mêmes œuvres. Bien plus, ils avaient leurs préférences dans la satiété même ! Et n'importe quel trésorier d'association pouvait prouver qu'il existait réellement un *barème* pour les *Symphonies* de Beethoven elles-mêmes. Comparativement à l'*Ut mineur*, classée 100 %, la *Pastorale n'atteignait que* 90 %, la *Septième* 60 %, l'*Héroïque* et la *Huitième* moins encore. Quant aux premières, on n'osait plus les risquer qu'avec un chef étranger tant elles étaient devenues inclassables !

De même pour les solistes ou les chefs d'orchestre. Qu'un jeune virtuose se révélât un nouveau Casals ou un autre Gieseking, s'il était inconnu, la recette baissait aussitôt. Cortot « valait plus cher » dans les *Variations symphoniques* que dans Debussy et Enesco « moin cher » dans *Tzigane* que dans le *Concerto* de Beethoven !

Mais, insistait le mélomane, les subventions que l'Etat et la municipalité accordent aux associations ne viennent-elles pas contrebalancer la « dévalorisation » de certaines œuvres qu'il *faut* jouer mais qui ne font pas recette ?

C'était grâce à l'appoint de ces subventions que les associations pouvaient distribuer à leurs membres de médiocres dividendes. Et l'attribution de ces subsides impliquait l'obligation, pour chaque orchestre, de jouer deux heures de musique inédite française au cours de la saison. Or, le public se défiait — et se défie encore — plus que de tout, des premières auditions. Les révélations y sont rares, inévitablement ; il suffit de penser, pour s'en convaincre, que les œuvres inédites devant être jouées, chaque saison, dans les quatre associations symphoniques existant alors, auraient dû représenter au moins la durée de *Carmen*, ajoutée à celle de *Pelléas* ! En outre, l'organisation des groupements leur interdisait de pouvoir mettre à l'étude des œuvres de grande envergure ou simplement des œuvres d'exécution trop difficile, puisqu'ils ne disposaient que de trois répétitions — dont l'une publique dans certains d'entre eux — pour assurer la bonne exécution de deux concerts. Encore la première de ces répétitions était-elle souvent compromise par l'absence de quelques musiciens qui n'avaient pu se résoudre à refuser de bénéficier, ailleurs, d'un bon cachet. Un minimum de trois répétitions étant toujours indispensable pour le moindre concert, on peut comprendre que le mélomane récalcitrant prétendait retrouver aux Grands Concerts la crise de qualité dont souffre la production cinématographique, du fait de la trop grande consommation d'inédit. On était amené à penser que rien ne pût être amélioré dans le régime des associations symphoniques.

Il devait être possible d'y parvenir cependant. Et non pas en augmentant les obligations auxquelles étaient astreints les musiciens, quand la lutte pour la vie était devenue de plus en plus âpre dans une corporation particulièrement frappée par le chômage. Mais peut-être bien en réduisant d'abord à *un* le nombre des concerts hebdomadaires, tout en maintenant à *trois* celui des répétitions strictement *privées*. En jouant ici le samedi et ailleurs le dimanche, ou par alternance. Et *certainement* en rétablissant un véritable esprit d'émulation par l'unité effective de direction qui avait fait la gloire de tous ces grands orchestres à leurs débuts.

Car la crise aiguë qu'ils traversaient depuis quelques

années provenait, en grande partie, de leur prétention à se diriger eux-mêmes. Beaucoup de leurs membres avaient été véritablement obnubilés par le récit d'un certain orchestre de l'U.R.S.S. jouant *sans chef*. C'était là le but le plus enviable à atteindre et les moyens pour y parvenir témoignaient d'un illusionnisme désarmant. On demandait à l'un des partisans les plus convaincus, qui venait de participer ailleurs sous la direction de Toscanini à une longue et minutieuse répétition, s'il croyait toujours à la réalisation de l'orchestre *sans chef*. Et il répondait ingénument : « Oh ! mais quand nous donnerons *notre* concert sans chef, toutes les répétitions auront été faites par M. X... » le directeur même de l'orchestre affranchi !

On pouvait souhaiter aussi qu'entre les quatre groupements, l'esprit d'émulation se substituât à l'esprit de concurrence. Le Parlement, comme la municipalité eussent pu y contribuer puissamment en modifiant leur mode d'attribution des subventions, dont le nivellement actuel n'offrait pas les conditions d'équité absolues, les charges et les bénéfices étant différents dans chaque association. A toutes, une même allocation de base pouvait être conservée, à laquelle des primes pourraient venir s'ajouter, suivant les efforts artistiques *évidents*. Car ces efforts ne devraient jamais grever les budgets, mais au contraire, les alléger.

Tel était le « climat » des associations symphoniques lorsque Rhené-Baton m'offrit amicalement de partager avec lui la direction des Concerts Pasdeloup, qu'il devait abandonner complètement peu après. J'acceptai puisqu'il faut bien qu'un chef d'orchestre se contente le plus souvent de ce qu'on lui offre, à défaut de ce qu'il ambitionne. Et j'entrepris de m'adapter à ma nouvelle situation. Pendant cinq années environ, je m'efforçai de concilier le temporel avec le spirituel, dans cette communauté dont j'étais devenu le prieur.

C'est dans cet esprit que j'eus l'idée d'une reprise avec le passé, qui ne me paraissait pas inopportune, en demandant à Weingartner de revenir diriger deux concerts, à ce théâtre des Champs-Elysées qu'il avait inauguré avec moi au printemps de 1913.

Le célèbre *Kapellmeister* résidait alors en Suisse, à Bâle où il était directeur du Conservatoire. Il avait accepté l'offre, les concerts étaients annoncés, les affiches posées et la location s'annonçait excellente. C'est alors que survint un évènement inattendu.

J'étais soudain appelé par le préfet de police et me rendais auprès de lui, en compagnie du secrétaire général de l'Association des Concerts-Pasdeloup. Le directeur de la Sûreté siégeait auprès du préfet qui, après m'avoir souhaité la bienvenue, me demandait s'il était exact que nous eussions l'intention d'inviter à Paris un nommé *Vingarténer*. Et sur ma réponse affirmative, il poursuivait : « Mais ignorez-vous donc, mon cher, que c'est un boche ? » A quoi je répliquai que je ne croyais pas que Weingartner fût allemand, bien que je ne pensasse pas que, dans le cas contraire, la chose put être prohibitive, étant donné que nous n'étions plus en guerre depuis onze ans.

Mais tel n'était pas l'avis du préfet qui m'affirmait que *Vingarténer*, quoiqu'il vînt de se faire naturaliser Italien, était bel et bien boche, qu'il avait en 1914 signé le manifeste des intellectuels allemands et renvoyé sa Légion d'Honneur. Je ne me tenais pas pour battu et tentais d'expliquer à mon interlocuteur que ce devait être la chancellerie de la Légion d'Honneur, elle-même, qui avait dû rayer de ses cadres, pendant la guerre, Weingartner, lequel avait bien pu signer le manifeste incriminé, comme les intellectuels français avaient été amenés à signer le manifeste contre la destruction de Reims, sur la proposition d'une personnalité de confiance et sans examiner assez à fond le texte proposé. Ainsi Anatole France, Steinlen et moi-même qui nous y étions laissés entraîner par je ne sais plus qui. Enfin, je poursuivais en indiquant que Weingartner, né en Dalmatie, n'avait jamais pu être ressortissant allemand, mais austro-hongrois et qu'actuellement, par le simple fait indépendant de sa volonté du traité de paix, il était devenu Italien, la Dalmatie étant elle-même devenue Italienne.

C'est alors que le directeur de la sûreté, qui était resté silencieux jusqu'ici déclara : « Oh ! voyez-vous, les Dalmates, les Croates, les Roumains, les Bulgares et les Slovaques, ça n'vaut pas cher, moi, j'les appelle tous des Serbes ! »

En tous cas, concluait le préfet, nous allons à des complications diplomatiques avec votre affaire ! Imaginez qu'à votre concert, un député se lève dans la salle et sorte son écharpe pour protester, ça peut occasionner une manifestation et je ne réponds plus alors de la vie de votre *Vingarténer* que ma police sera impuissante à protéger contre une foule exaspérée !

Je me gardai bien d'insister davantage en déclarant que si l'existence même de notre hôte ne pouvait être sauvegardée il valait mieux lui dire de renoncer à son voyage. Mais, ajoutai-je, je craignais qu'il ne fût déjà en route. « N'importe — déclarait le préfet ravi de mon intention — nous arrêterons son train à la frontière et le ferons descendre en lui conseillant de rentrer chez lui ! »

Je préconisai de téléphoner plutôt immédiatement à la gare de Bâle, le train n'étant peut-être pas encore parti. Mais dans toute la Préfecture de Police ce fut le diable pour trouver quelqu'un qui parlât allemand. On y parvint enfin et le voyage fut donc contremandé, mais avec quelle désinvolture !

Cependant, le Gouvernement s'était inquiété de l'incident qui n'avait pas tardé à être connu et telles en avaient dû être les conséquences que j'étais rappelé quelques jours plus tard dans le bureau du Quai des Orfèvres où je retrouvais mon interlocuteur, toujours flanqué de son directeur de la sûreté si sagace.

Le préfet me demanda d'abord si nos concerts marchaient toujours bien, si j'étais satisfait et quels étaient nos projets. Je répondis avec courtoisie mais sans jamais faire allusion à l'objet de ma précédente visite, ce qui créait des silences tellement embarrassants qu'à la fin, il en vint lui-même au fait en me demandant si nous avions toujours l'intention de faire venir le fameux *Vingarténer*. Et sur ma réponse évasive, le préfet « se mettait à table » — comme on dit dans l'argot professionnel — et déclarait : « Eh ! bien mon cher, je suis chargé par le Gouvernement de vous dire que vous pouvez l'inviter quand vous voudrez. Et soyez sans crainte pour sa sûreté, car nos agents seront là pour y veiller ! »

Ils y furent en effet, et à chaque concert, occupés à faire des beloles dans le foyer, tandis que les *Symphonies* de Beethoven soulevaient une fois de plus l'enthousiasme sous la direction de leur célèbre animateur.

Quand à Weingartner, lorsque je l'avais accueilli à sa descente du train, il m'avait dit simplement qu'en recevant le contre-ordre il avait d'abord pensé que le théâtre avait brûlé, car il ne pouvait soupçonner une vérité aussi bouffonne. Et lorsque je l'eus mis au fait, il confirma point par point les déclarations que j'avais faites sur son « cas ».

Et tout se termina par des banquets, des toasts, des ovations, des interviews, des prises de vues pour les actualités cinématographiques et par de fructueuses recettes pour les artistes associés des Concerts Pasdeloup.

5

V

1927
L'Opéra

L'Opéra, de la 500ᵉ à la 2.000ᵉ représentation de *Faust* — Fierté, fidèlité et tradition de l'esprit de corps dans la grande maison. — Evocations de Massenet, Pédro Gailhard, Maxime Dethomas et Jacques Rouché. — *Le Diable dans le Beffroi.*

LORSQUE le 3 juin de cette année-là je montais au pupitre de l'Opéra pour y diriger la première représentation du ballet que j'avais écrit d'après le *Diable dans le Beffroi* d'Edgar Poë, ma joie n'avait pu être complète. Car mon père n'était plus là, dans l'orchestre illustre où, pendant près de trente années, il avait exercé comme un sacerdoce son emploi d'altiste. Ayant déjà dépassé la quarantaine, il avait volontairement abandonné jadis une fructueuse carrière de chef d'orchestre de musique légère pour « faire de la bonne musique ». Et il s'était astreint à retravailler son instrument afin de participer avec succès à un concours auquel les gens de son âge renonçaient généralement.

Toute sa vie, mon père donna autour de lui l'exemple

d'une rare probité professionnelle. Une fois en place à l'Opéra, il ne devait jamais être atteint par le fonctionnarisme. A ses yeux, l'Opéra était le but suprême auquel devait aspirer tout musicien sérieux. De même qu'il avait ambitionné pour lui cet apogée, il avait désiré — lorsque j'étais enfant — que je m'en tinsse à poursuivre mes études de violon pour entrer un jour moi-même à l'Opéra et, suprême espérance, y devenir peut-être plus tard violon-solo ! Pendant longtemps, nos idéals devaient se heurter à ce sujet, car je redoutais au contraire la quiétude d'un emploi subalterne assuré. Je ne consentis jamais qu'à être remplaçant dans le célèbre orchestre.

A tout propos, mon cher papa aimait à faire allusion à « la grande maison » — comme il la nommait — et dans la conversation il ne manquait jamais de placer ces mots : « nous autres, de l'Opéra... »

A l'orchestre, il arrivait le premier, presque en même temps que les ouvreuses et les pompiers. Non seulement il observait scrupuleusement le règlement qui imposait aux musiciens la tenue noire avec cravate blanche, mais il surveillait autour de lui la négligence de certains, surtout parmi les jeunes. Il avait toujours quelques cravates blanches supplémentaires à prêter aux contrevenants et possédait même, en poche, quelques sourdines qu'il leur tendait pendant l'exécution, au moment opportun. La vue des pantalons ou des chaussures de fantaisie le blessait comme une injure faite au culte par tels de ses desservants.

Comme la plupart des braves gens qui officiaient ici, il n'avait que la seule crainte d'arriver un jour au moment de la retraite. Lorsque celui-ci survint pour lui, mon père s'y résigna sans chercher, comme tant de ses collègues, à obtenir un délai de la direction, mais il ne devait pas survivre longtemps à son abdication. Pendant ses dernières années, il continua de participer par la pensée à l'activité de son cher orchestre. Parfois, il entraînait ma mère jusqu'à la colonne-affiches proche de son domicile ; il allumait son briquet pour y lire les spectacles de la semaine et ne pouvait s'empêchait de se remémorer tout haut l'heure des représentations et le nom de ses anciens camarades qui devaient être de service ou de congé.

Je n'eus jamais idée de tourner en dérision l'excès même des scrupules profesionnels de mon père. A l'Opéra, la plupart des musiciens, des choristes, des chanteurs et des chefs avaient alors cet esprit de caste qui s'est perpétué, duquel les chefs et les directeurs doivent savoir profiter et qu'ils doivent même entretenir, tout en évitant qu'il n'annihile l'émulation en confinant au fonctionnarisme. Souvent, dans ma vie, je pris modèle sur l'Opéra et particulièrement en 1913, lorsque j'eus à organiser entièrement les services musicaux du Théâtre des Champs-Elysées à ses débuts puis, à vingt ans de distance, lors de la création de l'Orchestre National.

C'est que, de tous les théâtres de Paris, l'Opéra est celui que je connais le mieux. C'est le premier qui émerveilla mes plus jeunes années. Mon père n'y jouait pas encore dans l'orchestre lorsqu'un viel ami de ma famille, qui y était trombone-solo, m'emmena un soir avec lui pour la première fois. A cette époque, les musiciens étaient autorisés à amener à tour de rôle un invité, une *entrée d'orchestre*. J'avais à peine atteint ma dixième année et je rêvais longtemps à l'avance aux soirées d'initiation que j'allais passer dans ce sanctuaire plein de mystère qu'était alors pour moi le théâtre et, plus que tous, *ce théâtre*.

Un soir, le chef d'orchestre était déjà à son pupitre, mais ne semblait pas décidé à attaquer l'ouverture. Soudain, dans le silence un peu angoissant, l'immense rideau d'avant-scène se leva à demi. Et dans le décor désert où allait se dérouler le premier acte, apparut un monsieur grave, en frac et ganté de blanc, qui s'avança jusqu'à la rampe et annonça que l'une des chanteuses, se sentant subitement souffrante « priait le public de lui accorder son indulgence dans le cas où ses moyens viendraient à lui faillir. » Plus tard, j'appris que ce singulier personnage qui m'avait tant intrigué n'était autre que le régisseur général, dont l'une des multiples fonctions consistait à entrer parfois en liaison verbale avec le public pour le renseigner sur des modifications à l'ordre établi.

Lors des premières représentations de *Sigurd*, par exemple, un public déchaîné réclamait un soir l'ouverture que la direction avait décidé de couper. Après une ou deux tentatives d'explications qui n'avaient pu réussir à apaiser le tumulte, le régisseur Lapissida, sorte de Barberousse trapu, réapparut enfin et, le poing tendu vers les manifestants, leur proféra un tonitruant : « On va la jouer ! » puis, leur tournant le dos, sortit lourdement à travers la salle du burg du roi Gunther.

Son successeur Colleuille contrastait en tout avec lui. Fluet et glabre, courtois, il s'avançait à pas menus lorsqu'il avait à « faire une annonce ». Et tandis qu'il parlait d'une voix blanche, son regard levé vers le rideau semblait toujours l'implorer de mettre bientôt fin à l'entretien.

En province, sur les affiches qui annoncent traditionnellement le tableau de la troupe, on voit encore ces mots, précédant ou suivant un patronyme : « *Régisseur parlant au public...* »

Jadis, on abusait parfois des « annonces ». Les cas essentiels variaient bien, du changement inopiné d'interprète à l'avarie momentanée dans la machinerie, pour aller jusqu'au commencement d'incendie. Combien de régisseurs avisés surent éviter la panique dans les cas les plus grave ! Mai il y avait aussi d'astucieuses personnes qui ne craignaient pas de recourir à ce moyen pour attirer sur elles l'attention du public en s'assurant mieux, à ce qu'elles croyaient, sa bienveillance. C'est ainsi qu'on en était arrivé à faire payer, par l'artiste même qui réclamait une annonce pour raison de santé, l'indemnité, *le feu* auquel avait droit le régisseur.

Aujourd'hui, la coutume des « annonces » a presque complètement disparu et, à Paris même, le régisseur qui pourrait avoir à *parler au public* ne possède peut-être plus, dans son armoire, le frac sans lequel aucun de ses aînés n'aurait osé se présenter devant la rampe. C'est qu'on a perdu certains des égards que l'on doit au public. Mais il est juste d'ajouter que le public aussi a perdu certains des égards qu'il doit à l'Art.

Jusqu'en 1914, nul ne pouvait pénétrer sur la scène de l'Opéra autrement que vêtu du frac et coiffé du chapeau haut-de-forme. Les chefs d'orchestre, les chefs de chœur et les chefs de chant devaient se conformer à ce protocole, ainsi que leurs sous-chefs et tous les régisseurs. Le chef machiniste et le chef électricien eux-mêmes étaient en habit de soirée pour commander à leurs hommes. La mode étant alors de porter la canne, certains de ces personnages ajoutaient donc cet attribut à la tenue de rigueur.

Le directeur le plus représentatif de ces temps révolus fut Pedro Gailhard, qui avait conservé de l'époque où il triomphait dans Méphisto la barbiche et la moustache du héros populaire. Il portait son gibus légèrement incliné sur l'oreille gauche et tenait *à l'envers,* de la main droite, un jonc épais orné d'une poignée dont l'ivoire sculpté représentait de multiples effigies. Lorsque le chef de l'Etat ou un souverain étranger devait assister à une représentation, le directeur, encadré de deux huissiers porteurs de flambeaux allumés, allait le recevoir au seuil du théâtre et l'accompagnait ensuite jusqu'à son avant-scène, après lui avoir fait traverser la haie des gardes républicains, sabre au clair, casqués, bottés, en grand uniforme avec culotte de peau blanche et gants à crispin, statufiés à chaque marche du grand escalier. Ces soirs-là, comme aux premières représentations, l'éclairage éclatant du lustre et des girandoles de la salle était augmenté par l'illumination aux couleurs tricolores des cabochons qui entourent le célèbre plafond.

A l'un des entr'actes, il était d'usage que le visiteur impérial ou royal se fît présenter les principaux artistes, au foyer de la danse. Lorsque le monarque paraissait sur la scène pour la traverser, Pedro Gailhard, de sa forte voix toulousaine lançait un impérieux : « Faites cesser la manœuvre ! » qui immobilisait aussitôt sur le sol et dans l'air les fermes et les chassis du décor que l'on allait planter, tandis que tout le personnel se figeait dans une attitude respectueuse.

En m'emmenant avec lui à l'Opéra, le vieil ami de mon enfance devait fixer dans ma mémoire d'impérissables souvenirs. Ainsi avais-je appris les fabuleuses dimensions du beau théâtre, avec ses sept étages de cintres et ses sept étages de dessous aboutissant à la légendaire vieille rivière, la Grande-Batelière, qui y continue son cours dans l'obscurité. Ainsi devais-je retenir peu à peu les locutions professionnelles qui me serviraient plus tard. Ainsi me deviendrait de plus en plus familier le labyrinthe des innombrables couloirs dans lesquels on aperçoit des meubles qui semblent provisoirement sortis des pièces adjacentes, comme dans les grands hôtels.

Ainsi me souviendrais-je de la 500ᵉ de *Faust*, avec Delmas auquel j'avais été présenté dans sa loge, tandis qu'il rectifiait d'un trait de crayon gras ses sourcils diaboliques. Et de la première de *Gwendoline*, avec Chabrier qu'un mal impitoyable avait déjà rendu inconscient aux ovations du public et qui applaudissait lui-même sa musique, comme si elle eût été l'œuvre d'un autre !

J'étais encore adolescent lorsque je commençai à participer pour une bien petite part aux mystères qui m'émerveillaient. Sans jouer encore dans l'orchestre, j'avais été admis à faire partie de la musique de scène. Dans la pénombre des coulisses, auprès de quelques autres musiciens beaucoup plus âgés que moi, j'attendais que le chef de chant de service levât sa baguette pour nous faire attaquer, l'œil fixé sur le batteur électrique.

Cet instrument m'intriguait bien. C'était une sorte de tableau noir ajouré par deux fentes minces, l'une horizontale dans sa partie inférieure et l'autre oblique dans sa partie haute. Par un dispositif ingénieux, les fentes s'illuminaient alternativement par l'action d'une pédale sur laquelle appuyait, au loin, le chef d'orchestre invisible. Et cette alternance donnait l'illusion d'une baguette répétant la mesure.

71

Parfois, la musique de scène devait être sur le théâtre même et nous étions alors costumés. Dans *Don Juan* notamment, à l'acte de la fête, nous nous trouvions mêlés à la foule, vêtus de dominos. Dans le *Freischütz*, nous devions apparaître seuls, au début de la pièce, jouant en marchant un petit air champêtre. Travestis en paysans tyroliens, il me semblait que tout le monde dût nous reconnaître et, un peu honteux, je m'affublais alors d'une fausse barbe énorme ! Le cœur me battait fort en entrant sur l'immense scène ; aveuglé par la lumière de la rampe, je distinguais à peine le chef d'orchestre dont nous devions suivre la mesure. Et à chaque fois, je faisais le même rêve — qui me paraissait alors insensé — d'être à sa place un jour. Aussi suis-je toujours ému lorsque, dirigeant la partition de Weber, je fais attaquer les petits ménétriers du *Freischütz*.

Un peu plus tard, au cours des répétitions d'*Ariane*, je devais assister à la « rentrée » de Massenet à l'Opéra, qui ne lui avait monté aucun nouvel ouvrage depuis *Thaïs*. Le maître, dont les partitions avaient mieux réussi rue Favart qu'au Palais Garnier, en gardait une injuste rancune à Pedro Gailhard. Un soir qu'il se promenait avec le directeur à l'avant-scène en attendant l'heure de la première répétition d'orchestre, Massenet apercevant dans la fosse les musiciens, affecta de les interpeller tour à tour avec son affabilité excessive qui était légendaire : « Bonsoir, mon bon ami ! Quelle joie de vous retrouver ici !... Vous n'avez pas changé... Et cependant il y a longtemps... Mais oui... Déjà tant d'années que je suis venu dans cette maison... Ce n'est pas croyable... Mais non, mon bon ami, il y a plus longtemps que cela... Comme le temps passe ! On ne s'en rend pas toujours compte. Ainsi, tenez j'étais hier à l'Opéra-

Comique... Comme on est gentil pour moi là-bas ! Je regardais par hasard l'affiche et je voyais : *Manon,* cinq-cent-quarantième représentation... *Werther,* cent-vingt-troisième... et *Le Jongleur* quatre-vingt-quatrième. Ici, il n'y a que ma pauvre *Thaïs* que l'on joue de temps en temps... Mais là-bas, quelle activité ! Quelle activité ! Comme ils sont gentils, comme ils sont gentils... »

Une seule fois, Massenet s'était laissé aller à sortir de son aménité coutumière au cours d'une discussion avec Georges Boyer, le secrétaire général de l'Opéra, lequel avait rimé jadis les paroles des *Enfants,* la mélodie célèbre qui avait ému tant de mères. On prétendait que l'auteur d'*Ariane* en était même arrivé à laisser échapper le mot de Cambronne ! Aussi revenait-il peu après demander à l'huissier de prier M. Boyer de le recevoir à nouveau, ajoutant qu'il n'avait qu'un mot à lui dire. Mais à peine la commission était-elle faite que Massenet pouvait entendre, par la porte entr'ouverte, Georges Boyer répondre à l'huissier : « Je sais, je sais, il me l'a déjà dit ! »

Enfin je fus admis à remplacer dans l'orchestre même et j'y demeurai jusqu'au moment où mes débuts de chef me permirent de sortir du rang définitivement. Lorsqu'il m'arrivait de revenir dans la chère maison, j'y retrouvais mes anciens camarades demeurés derrière leur pupitre. C'est ainsi qu'un soir, ayant à parler à mon ami Philippe Gaubert devenu premier chef, j'entrais un instant dans l'orchestre attendre la fin d'un acte de *Faust.* Je m'étais assis auprès d'un trompettiste contemporain de mon père et comme l'on parlait dans les journaux de la célébration prochaine de la 1.500ᵉ représentation de l'opéra de Gounod, je demandais à mon voisin si je ne me trompais pas en me souvenant d'avoir assisté à la cinq-centième. Alors le brave homme me répondit : « Mais si ! C'était bien la cinq-centième et je te revois encore, enfant, assis auprès de moi comme ce soir. Tu as évolué depuis ce temps-là et tu nous as laissés ici où nous nous sommes payés de jouer encore mille fois la « Marche des Soldats ». Et ce n'est pas fini ! Alors tu peux comprendre que nous n'y trouvions plus le même attrait que toi aujourd'hui ! »

Paroles sur lesquelles je devais souvent méditer. Car on peut comprendre évidemment que la satiété dans la répétition d'une même tâche amène parfois, dans ces lieux officiels, l'esprit fonctionnariste si redoutable pour l'art. Mais comment y remédier ? La perfection musicale peut-elle être constamment obtenue dans de telles conditions ? Et peut-on croire que le public s'en soucie tellement lorsqu'on sait qu'en grande partie il vient à l'Opéra en touriste, de province et de l'étranger, sans s'inquiéter souvent de ce qu'on y jouera, simplement parce que il lui faut avoir *vu* l'Opéra. Car il y vient pour voir bien plus que pour entendre. Comment, en effet, nomme-t-on ceux qui le composent, des auditeurs ? Non pas : des spectateurs. Et pour lui, en outre, le spectacle est autant dans la salle, au grand foyer et dans les couloirs que sur la scène. Il ne veut pas être troublé dans son traditionnalisme, ainsi fut-il choqué lorsque Messager remonta *Faust,* sans Méphisto cramoisi ni soldats flambants neufs. Il serait tout autant déçu si les amoureux de perfection artistique s'avisaient de modifier un « cadre » devenu cependant criant d'anachronisme.

Ce qui n'empêche que la Musique ne retrouve parfois les droits à la priorité que ses fervents ne voudraient jamais voir transgressés.

Je devais revoir Philippe Gaubert au pupitre pour la

74

2.000ᵉ de *Faust*, qu'il n'avait certes pas dirigé chaque fois depuis ma dernière aventure, tandis que le vieux trompette de mon enfance n'avait peut-être pas aussi bien échappé aux 500 « Marches des Soldats ! » C'était une représentation *populaire* que le directeur de l'Opéra avait désiré placer sous la présidence du chef de l'Etat. M. Jacques Rouché n'avait pas cru opportun de s'emparer du micro aux entr'actes pour confier aux ondes un panégyrique de sa propre direction, comme certains de ses confrères en avaient pris l'habitude. Néanmoins, si l'atmosphère d'une salle se transmet par la radio un public innombrable et invisible put *ressentir* la réussite absolue de la solennité digne et sobre donnée à la mémoire de Gounod.

Au cours de cette soirée, il avait été facile, après avoir entendu *chez soi* les premiers tableaux, de ne rien perdre de la suite en descendant son escalier pour se rendre à l'Opéra. A chaque étage on repérait la *cavatine* et en passant devant la concierge on retrouvait le ténor, chantant toujours, pour une assistance ancillaire, silencieusement recueillie autour du haut-parleur. Dans l'auto qui vous emmenait s'amorçait la *chanson du roi de Thulé*, la loge du concierge de l'Opéra était toute vibrante du *quatuor* et l'on arrivait sur la scène pour le *duo*. On pourrait presque dire que le monde entier entendit *Faust* ce soir-là, et comme il est rarement donné d'écouter le chef-d'œuvre impérissable.

Rompant avec la coutume de chez nous, la critique devait célébrer surtout le chef d'orchestre qui était parvenu à remettre chaque chose en bonne place. Les préludes, notamment, et les ensembles furent joués d'une façon remarquable. Les *points d'arrêt*, généralement supprimés, étaient observés et les nuances réellement faites. Les chœurs

75

furent excellents et firent, eux aussi, les nuances. La *kermesse* et le *retour des soldats* bénéficiaient de l'appoint considérable de tous les artistes de l'Opéra qui avaient fort gentiment consenti à s'incorporer dans l'anonyme « populaire ». Pour la première fois depuis longtemps, les premières notes de la fanfare des soldats, au loin, furent entendues sans anticipation ni retard sur l'orchestre et *au même diapason*, le chef de fanfare se trouvant en costume et en scène put suivre le chef à l'orchestre et éviter tout flottement. (On attend encore à l'Opéra et partout ailleurs, en France, que les chefs de chœur daignent en faire autant.) Enfin, les dernières notes se perdirent dans un lointain réel plein d'atmosphère.

Aussitôt après le ballet — dont les tarlatanes neuves éblouissaient — et dans le même décor, une très simple et très courte cérémonie avait été réglée. Un buste de Gounod avait été placé au milieu de la scène. Sur un fragment populaire de *Mors et Vita*, tous les artistes de l'Opéra entrèrent en scène en une longue procession, jusqu'à ce qu'en dernier une vedette illustre parût vêtue de blanc et, s'approchant du monument, inclinât jusqu'à terre la palme qu'elle portait. Sans qu'aucun poème eût été lu par aucun sociétaire de la Comédie Française, tous les artistes reprirent en chœur la phrase de l'orchestre et le rideau redescendit.

La morale qui se dégageait de cette représentation, c'est qu'elle n'aurait pas dû être si remarquablement exceptionnelle. Les exécutions devraient toujours être soignées et le cadre des chœurs de l'Opéra devrait toujours être aussi nombreux que ce soir-là. Mais il s'agit là d'une question qui dépasse la direction de l'Opéra pour aller toucher notre organisation des Beaux-Arts et celle des Finances.

Lorsque M. Jacques Rouché eut reçu *Le Diable dans le Beffroi*, son souci coutumier de la couleur locale lui fit rechercher un peintre hollandais, pour exécuter les maquettes du décor et des costumes, l'action se passant au pays de Rembrandt. Peu après, il me présentait l'artiste qu'il avait découvert, un M. Peer Krohg qui, à la veille de la première représentation, dut faire un voyage dans son pays. Le directeur de l'Opéra et moi-même devions apprendre alors, à notre grande surprise, que notre peintre n'était point hollandais, mais norvégien !

A cette époque, je retrouvais à l'Opéra le peintre Maxime Dethomas qui, tout en dirigeant les services des décors et des costumes, observait les choses et les gens avec une douce ironie et une causticité sans malveillance. Souvent, je montais jusqu'à son atelier, situé à l'étage le plus élevé, bien à l'écart des autres services. Nous nous racontions là nos dernières découvertes.

C'est ainsi que je lui annonçai un jour la connaissance que je venais de faire d'un fonctionnaire important ignoré jusqu'alors. J'avais appris, à propos d'une cloche nécessaire pour *Le Diable dans le Beffroi* que, suivant leur dimension, les cloches dépendaient du service des machinistes, des accessoiristes ou de *l'ustensilier*. Ce dernier, sorte de « nibelung » dénommé « Le père Jules », vivait retiré dans un réduit où étaient emmagasinés ses *ustensiles* qu'une subtile classification différenciait des *accessoires*.

A son tour, Dethomas me faisait part de sa dernière trouvaille. En ce temps-là, la « claque » existait encore à l'Opéra. Chaque soir, on pouvait voir au milieu de la corbeille une rangée de messieurs en habit qui, au signal de leur chef, saluaient d'une salve plus ou moins importante le dernier point d'orgue de l'Air des bijoux ou la péroraison vocalisée de Méphisto à son entrée :

En somme, un vrai gentilho-ho... me !

Ce chef, auquel son embonpoint et sa forte moustache blanche donnaient l'apparence d'un officier supérieur en civil, n'était autre qu'un ancien choriste. Aux entr'actes, il montait sur la scène où il se mêlait aux abonnés et aux artistes. Certains de ces derniers lui recommandaient de ne pas les oublier à tel ou tel endroit de l'acte suivant, surtout lorsqu'ils n'étaient pas très sûrs d'eux et craignaient que l'émotion ne les fît un peu détonner. Mais notre homme, ayant tout prévu, avait imaginé de faire transformer la lorgnette de turfiste qui ne le quittait pas. Par un mécanisme secret et original, il avait fait disposer dans chacun des foyers une petite ampoule électrique avec feu vert d'un côté et rouge de l'autre. Sa place dans la salle étant connue de tous, il était convenu qu'aux endroits scabreux, en ayant l'air de lorgner ses protégés, il leur indiquerait s'ils chantaient trop haut ou trop bas, suivant qu'il allumerait ses feux à bâbord ou à tribord. Avant de quitter la scène pour regagner sa place, il excellait à réconforter le ténor ou la prima-donna en leur glissant à mi-voix, tout en tapotant sa lorgnette magique : « Et puis, n'ayez pas peur ! *nous* serons là ! »

Tout en s'amusant à observer les choses et les gens, Maxime Dethomas apportait à son directeur la plus précieuse des collaborations. Il transformait peu à peu le vieux « décor d'opéra » du temps de Pedro Gailhard, de façon à ce qu'il ne jurât pas avec les ouvrages modernes demandés à des peintres non spécialisés. Car la grande révolution accomplie sans bruit par M. Jacques Rouché à l'Opéra fut de réussir à moderniser la vieille maison sans lui faire perdre son caractère fastueux de théâtre d'Etat.

Théâtre d'Etat, non pas ! Théâtre subventionné, devait-on dire alors et subventionné avec une criante parcimonie.

Lorsqu'en 1914 au début de la guerre, M. Jacques Rouché en prenait en mains les destinées, l'usage était encore que les directeurs dussent justifier d'une commandite pour être agréés. Or, une telle époque n'était point propice à la recherche de commanditaires. Il est donc probable que l'Opéra eût été contraint à fermer ses portes pour de longues années, si son nouveau directeur n'avait décidé d'être son propre commanditaire. On a rapporté qu'après plus de vingt années de gestion M. Jacques Rouché, assez dépité de l'indifférence de l'Etat, parla de démissionner si la subvention n'était pas augmentée. « Je pensais, dit le ministre d'alors, que M. Rouché ne cherchait à retirer de cette direction que des avantages moraux et non des bénéfices matériels. » Curieux propos auquel M. Rouché aurait répliqué : « C'est entendu, j'ai gagné le beau titre de mécène ; mais c'est là un de ces titres à ne pas mettre en portefeuille. » La subvention fut un peu relevée, mais demeura insuffisante. On continuait donc de devoir à M. Jacques Rouché de nous avoir conservé l'Opéra.

Un nouveau gouvernement étant survenu peu après, en 1936, un jeune ministre de l'éducation nationale tenta de transformer radicalement le statut des théâtres subventionnés. Avant tout, il avait décidé d'abolir l'inadmissible et obligatoire recours au mécénat afin que l'existence de nos théâtres nationaux fût enfin réellement assurée par l'Etat comme à l'étranger. En agissant ainsi, le ministre pouvait avoir à redouter un afflux de candidats dont le sens artistique n'aurait pas assez renoncé à une idéologie relevant d'un passé périmé. D'autant qu'il avait à pourvoir d'un nouveau directeur l'Opéra-Comique, au sortir d'une crise lamentable dont il a été parlé plus haut *. Cette crise relevait assez de cet état de choses indiqué par Emil Ludwig : « Lorsqu'à une époque on ne fait que discuter le problème du chef, cela prouve que cette époque n'est pas capable de produire des chefs. »

L'idée de réunir les destinées des deux théâtres simplifiait le problème du chef. Le ministre pria donc M. Jacques Rouché d'assumer la direction des deux scènes. Cette offre, faite au moment même où l'on supprimait la servitude du mécénat, constituait en quelque sorte un témoignage de confiance au directeur comme au dilettante, en même temps qu'une attestation de gratitude et de réparation — pourrait-on dire — à celui des mécènes français auquel le pays et ses artistes devaient rester le plus redevables.

A l'époque même de ce bouleversement des traditions administratives de nos théâtres lyriques, un incendie qui aurait pu avoir les plus graves conséquences éclatait sur la scène de l'Opéra, un jour de relâche, heureusement ! Il n'en fallut pas moins pour permettre à la technique moderne de transformer l'antique « plateau » du Palais Garnier. Quelques mois plus tard, les derniers perfectionnements y étaient apportés et le rideau se relevait, un soir

---

* Voir Chapitre I.

de gala, sur le plus vaste des « panoramiques » qui envoyait dans la salle les effluves de colle de sa peinture à peine sèche. Les pieds des personnages n'étaient plus coupés par la rampe désuète et la boîte du souffleur était rendue invisible. Enfin, on s'apercevait que l'horizon réel était bien plus favorable que les anciennes « bandes d'air » ou les vieux « pendrillons » à la voix de Lohengrin dans le lointain et favorisait la meilleure compréhension des paroles.

Néanmoins, au lendemain du sinistre qui avait failli détruire notre glorieux Opéra, quelques particularités sur sa construction semblaient encore ignorées des architectes du Gouvernement aussi bien que du service d'incendie de la ville de Paris : tandis que du côté *public*, tous les escaliers sont en marbre et en pierre, du côté *théâtre*, les six escaliers d'accès sont encore en bois, bien sec ! Ce n'est un secret pour aucun des familiers de la maison qu'en cas de sinistre, le sauvetage de tout le personnel — artistes et employés — serait problématique, sinon impossible. Il en est de même à l'Opéra-Comique où le cas se trouve aggravé du fait qu'un escalier de deux étages descend des combles, pour relier entre eux certains services des costumes, aboutissant à un couloir sans issue. Non loin de là et près du « petit théâtre », toujours dans les combles, une sorte de petit salon d'essayage dissimule, sous la cretonne dont ses murs sont revêtus, des fils électriques qui ne sont même pas placés sous baguette ! — Du moins en était-il encore ainsi en 1936.

Au point de vue musical, l'évolution a été plus lente et le traditionnalisme suranné plus tenace. C'est que, dans notre pays, le théâtre n'est pas mis, comme ailleurs, au service de la musique qui reste dépendante de la scène.

Les prérogatives des directeurs de la musique sont limitées et leur personnalité souvent pusillanime.

Jadis, le personnel musical acceptait des salaires dérisoires pour l'honneur d'appartenir à l'Opéra. Maintenant, après des relèvements successifs, les appointements sont devenus plus élevés que nulle part ailleurs. Mais l'on peut craindre qu'à une époque de nivellement par le bas le négligé et le laisser-aller apportés du côté du public par les temps de guerre ne débordent du côté du théâtre et ne compromettent le bel esprit de jadis.

On évoquait aussi, précédemment, l'influence de la satiété dans la répétition des mêmes tâches...

Lorsqu'on a été élevé dans la vénération de l'Opéra, quand on le connaît « par cœur » au point de pouvoir, les yeux fermés, le reconnaître à l'odeur de ses vieux murs, on le compare au Louvre et l'on voudrait y retrouver toujours, intacts, les chefs-d'œuvre de son répertoire, tels qu'aux jours où ils vous avaient été révélés. Mais il faut bien reconnaître que la lumière même a ses langueurs et que les *Philosophes en méditation, l'Embarquement pour Cythère* ou le *Saint-Jean-Baptiste* ne bénéficient pas toujours de l'éclairage dont la deux-millième de *Faust* avait été favorisée.

Cependant, il n'est pas impossible « d'animer » certaines représentations du « répertoire » au point de faire oublier à tout un personnel la satiété qu'il aurait tendance à ressentir. Il y a une part de sacerdoce dans le rôle du chef, et celui-ci doit avoir souci d'adapter au théâtre ce mot d'un prélat spirituel : « Je ne veux pas que mes fidèles s'ennuient à la messe ! »

VI

1926
D'un Opéra à l'autre

D'un Opéra à l'autre — Kaysa à Stockholm et Carina Ari à Paris —
Le ballet « *Rayon de Lune* » — Réflexions d'une Etoile sur la Danse
et les Danseurs.

IL faut du tact pour toucher au traditionnalisme; en tentant de moderniser les institutions officielles — Opéras
ou Conservatoires — on risque parfois d'en compromettre la « classe ».

On vient de dire que la révolution accomplie par
M. Jacques Rouché avait été d'ouvrir au modernisme les
portes du Palais Garnier sans que celui-ci y perdit rien de
son caractère fastueux. Rompant avec un exclusivisme
farouche jusqu'alors, le directeur-mécène ne craignit pas
de confier parfois le plateau de l'Opéra à des artistes indépendants, à condition qu'ils soient de choix. Sa prédilection pour les arts plastiques devait l'amener à favoriser
l'évolution du ballet, et ce n'est pas la moindre des innovations qu'il apporta dans la vieille maison.

Parmi les chorégraphes auxquels il fit confiance, se trouva la jeune étoile, transfuge de l'Opéra Royal de Stockholm, dont la personnalité avait été mise en évidence par les éphémères *Ballets Suédois.*

Grâce à la pluralité de ses dons, Carina Ari avait imaginé un scénario poétique et exécuté elle-même des maquettes de décors et de costumes qu'elle était allée présenter sans la moindre recommandation à M. Jacques Rouché. Le directeur de l'Opéra avait spontanément décidé de monter le ballet, et les dessins qu'il venait de voir l'avaient charmé à un tel point qu'il pensa seulement à demander le nom du musicien au moment où la visiteuse qu'il reconduisait allait sortir. Il apprit alors à la fois que la partition était de Fauré, que je l'avais orchestrée..... et que j'étais l'époux de la danseuse-auteur.

La simple représentation de ce ballet allait bouleverser bien des usages. Son affabulation opposait à deux personnages humains, unis par l'amour, une sorte de fée nommée *Rayon de Lune* et son peuple de nuages et de nuées. Sur le fond bleu du ciel, une symphonie de blancs et de gris formait des figures sans cesse transformées, et qui se reflétaient dans le ciel par projections. Le peintre-chorégraphe avait tiré un parti ingénieux du tutu classique de Gisèle et du justaucorps de son sigisbée. Danseurs et danseuses étaient uniformément costumés en nuages sombres et en nuées claires, argentées ou blanches. C'est ce qui devait soulever les protestations, d'autant plus que l'uniformité exigée prétendait aller jusqu'à l'identité des perruques, la suppression absolue des bijoux et le classement harmonieux par rang de taille dans les différentes « entrées » !

Or, jusqu'ici, à l'Opéra, c'était l'ancienneté et le classement aux examens qui avaient toujours prévalu sur ce dernier point. Quant à l'uniformité des perruques, n'allait-elle pas compromettre, annihiler peut-être la mise en valeur des avantages personnels ? Enfin, une véritable indignation avait accueilli l'interdit sur les bijoux, qui devait atteindre jusqu'à la broche-fétiche en brillants, que nulle ballerine n'avait encore jamais quittée, qu'elle eût à personnifier une sylphide, une bacchante, une paysanne ou une sirène.

Les machinistes et les électriciens ne devaient pas échapper, eux non plus, aux exigences du chorégraphe. A cette époque, l'Opéra n'était pas encore doté des derniers perfectionnements techniques apportés, depuis, sur la scène. L'éclairage, notamment, était insuffisant et les projecteurs, trop peu nombreux, se trouvaient immuablement fixés dans les cintres, si loin du sol que leurs rayons n'y pouvaient atteindre. Il fallut bien que l'on consentît à les déplacer et qu'ils fussent mieux disposés, quoiqu'avec des moyens de fortune, sur des échelles ou même de simples tables, de façon à ce que la scène entière fût enfin baignée de lumière. Confiant en la réussite finale, qui allait être absolue, le directeur soutint et approuva toujours l'artiste à laquelle il avait confié son théâtre, satisfait en lui-même d'y voir la routine secouée avec autant de compétence.

C'est que Carina Ari avait été prédestinée au théâtre. Peu avant qu'elle fût née, ses parents ayant été émerveillés par une danseuse espagnole de passage à Stockholm, son père avait décidé que si le bébé attendu était une fille, son nom serait Carina, celui de la danseuse. Ainsi fut baptisée la petite fille, plus familièrement appelée Kaysa*, diminutif de Karin, orthographe suédoise de Carina.

Quand Kaysa rentrait de l'école, elle retrouvait dans la ruelle du vieux quartier où elle habitait une petite camarade qui lui disait : « Tu devrais demander à ta *mamma* de te laisser venir avec moi à l'Opéra. C'est si amusant, tu sais, d'apprendre à danser ! » La vérité est que Kaysa avait déjà demandé à sa mamma de l'emmener à la classe de danse où les petites filles devaient être présentées par leurs parents. Mais la mamma avait refusé, la maîtresse de l'école ayant déclaré que l'enfant avait des dons pour l'enseignement.

« Un soir, — racontait Kaysa — ma mamma était allée avec une amie à l'Opéra et je les avais accompagnées jusqu'à la porte. Soudain, elles se perdirent dans la foule qui s'engouffrait dans le mystérieux Eden. Et je restais seule sur la grande place, songeant à l'injustice humaine qui accordait le précieux privilège de voir l'Opéra à ceux qui, déjà, l'avaient pu voir et en privait une petite fille de six ans dont l'avenir était là, cependant, et qui avait *besoin* de voir... Je fis plusieurs fois le tour du monument..., tristement, et j'imaginais le public silencieux et le spectacle qui commençait... »

Depuis ce soir-là, Kaysa fut hantée par le désir que lui avait suggéré sa petite camarade, au point qu'un beau jour, elle décida d'aller seule se présenter à l'Opéra. Elle se rendit directement à l'entrée du public, jusqu'où elle avait accompagné sa mamma. L'immense porte en étant fermée dans la journée, l'enfant y frappa plusieurs fois sans obtenir de réponse, naturellement. Elle n'imaginait

---

* la prononciation est : Kaïssa.

CARINA ARI

(Collection de l'auteur.)

pas que l'on pût entrer dans les grands opéras par les petites portes. Elle contourna alors le monument jusqu'à ce qu'elle découvrit enfin l'entrée des artistes. Elle fit une belle révérence — un plié — au concierge pour se faire indiquer le chemin. Puis, monta tout en haut du théâtre à la salle de danse et fit un plié plus respectueux encore à l'imposante maîtresse de ballet qui trônait au milieu de son peuple.

La décision favorable ne vint pas tout d'abord, parce que la taille élancée de Kaÿsa l'avait fait supposer plus âgée qu'elle ne l'était. Mais une danseuse ayant eu l'idée de faire remarquer à la maîtresse de ballet la cambrure particulièrement favorable des petits pieds de l'enfant, son admission fut enfin décidée. Il n'y avait plus qu'à obtenir l'assentiment de la mamma, qui fut acquis.

Dans la vie, Kaÿsa n'était allée qu'une fois au théâtre, avec son père et, en voyant la scène, elle avait cherché à s'expliquer le mystère de cette *autre chambre* qu'aucune paroi ne séparait de la salle où elle se trouvait avec le public. Après avoir réfléchi, elle en avait conclu qu'un *élévator* présentait, à chaque acte, une autre *chambre* d'une maison mystérieuse. Lorsqu'elle pénétra pour la première fois sur la scène de l'Opéra, elle chercha avant tout *l'élévator*, anticipant ainsi sur le modernisme qui réaliserait plus tard la multiplicité des scènes au moyen d'un ascenseur à plusieurs étages.

Quand elle fut admise à participer pour la première fois au spectacle, c'était dans le ballet d'*Aïda*, où elle comptait parmi les petits négrillons. Elle en eût un grand chagrin et pleura. Car sa petite camarade ayant débuté dans un ange de *Tannhaüser*, Kaÿsa en conclut que c'est pour sa laideur qu'on l'avait choisie comme « nigre ». Peu après, elle devait figurer dans les pages de quelqu'autre pièce, ce qui fut encore une déconvenue, car elle trouvait péjoratif d'être choisie comme « garçon ». Elle ne pouvait imaginer que ce fût justement sa beauté plastique qui l'avait désignée comme travesti Mais ses vœux devaient être enfin comblés, plus tard, lorsqu'elle en arriva à danser une « sultanine » dans *Shéhérazade*.

A cette époque, la guerre de 1914-18 ayant interrompu l'activité des Ballets Russes, l'Opéra Royal de Stockholm avait eu l'idée d'offrir à Fokine la direction temporaire de son ballet. Le célèbre chorégraphe avait naturellement bouleversé la routine et, en cherchant des « natures » capables de servir à ses réalisations, il avait découvert Kaysa.

Au retour de la paix, Fokine quitta la Suède. L'ancien petit « nigre » d'*Aïda* était peu à peu devenu Carina Ari, qui allait bientôt être nommée première danseuse. C'est alors qu'un coup de théâtre se produisit : à peine nommée, la future étoile décida d'abandonner l'Opéra pour aller redemander des leçons à Fokine, alors fixé à Copenhague. De coûteuses leçons, pour lesquelles elle dut même emprunter de l'argent !

Après des mois de travail acharné, la danseuse rentrait à Stockholm, juste au moment où s'y fondaient les *Ballets-Suédois* de Jean Borlin, qui engageait aussitôt comme étoile sa camarade de l'Opéra.

Si studieuse qu'elle eût été, dans son enfance et son adolescence, Kaysa ne pensait pas qu'elle dût jamais parvenir à autre chose que de « danser dans le corps ». Lorsqu'elle avait quinze ans, on l'avait désignée comme remplaçante pour une tournée en Belgique, moins pour ses capacités, prétendait-elle — que pour distraire un peu son

immense chagrin d'avoir perdu sa mamma. Une nuit,
sur le bateau qui l'emmenait, elle vit pour la première
fois « tomber une étoile » dans la mer. Elle savait qu'on
devait penser secrètement à une chose très désirée, mais
eut honte du vœu qui se présentait à son esprit. Honte,
comme d'une pensée présomptueuse et coupable : aussi
irréalisable que cela lui semblât, elle souhaita ardemment
devenir une grande danseuse !

La nature avait également doué la danseuse de dons
remarquables pour la sculpture et la peinture. Au point
que ceux-ci devaient l'accaparer peu à peu complètement
et qu'elle leur sacrifia même la danse qu'elle avait tant
aimée ! Et qu'elle ne cessera d'aimer passionnément ! Mais
comment ne pas préférer les arts qui nous survivent à
celui, si rude et si éphémère, de Terpsichore ?

Ce métier est si dur — dit Carina Ari — que l'on ne
peut même pas supporter de le faire devant des indifférents. Il nous faut faire ces exercices indispensables, si
fastidieux et si fatigants, devant quelqu'un qui s'y inté-
resse réellement. Comme le coureur, nous avons besoin
d'un entraîneur impitoyable. Le foyer familial risque
même d'amollir notre entrain. Pour être danseur —
comme pour être acrobate — il faut mener une vie d'ascète
et renoncer aux douceurs de l'existence. On ne travaille
jamais aussi bien qu'en vivant en nomade, à l'hôtel, ne
possédant en tout qu'une malle.

Ces remarques viennent d'une artiste qui fit toujours
passer avant le goût du succès un scrupule de probité
professionnelle de plus en plus rare à notre époque. Evo-
quant plaisamment le temps où elle venait à peine de
quitter les petits rats les plus éloignés du public — ceux
qui « léchaient le fond » — elle disait : « Les soirs où,

figurant un page, je devais aller ramasser la coupe que le roi jetait après l'avoir vidée, on peut croire que j'avais soigné mon maquillage et que mon maillot était bien tendu ! »

Devenue l'une des gloires de son pays et dansant ses *Scènes Dansées* à Falun, petite ville située aux confins de la Laponie, on la met en garde contre le froid de la salle, la température extérieure étant de 38 degrés sous zéro, et on lui conseille de mettre un maillot plutôt que de se maquiller tout le corps comme à l'habitude. Mais elle répond : « Le public est venu ici pour voir mon spectacle tel qu'à Paris ou à Stockholm et j'ai, ici comme là-bas, les mêmes devoirs envers lui. » Et elle se trouvait largement récompensée, à la fin de la soirée, par l'envoi sur la scène, à défaut de fleurs, d'une énorme paire de gants en peau de phoque accompagnée d'une touchante pièce de vers improvisée par un spectateur inconnu. De même à Upsala, où le plancher de la scène est si mal raboté que d'innombrables bosses semblent rendre impossibles les danses uniquement exécutées sur les pointes. Les étudiants de l'Université célèbre ne seront point frustrés cependant, grâce à une chorégraphie modifiée d'après un itinéraire improvisé entre les protubérances.

Ses réflexions sur la danse, qui sont toujours judicieuses, sont parfois marquées d'une ironie savoureuse. « On se méprend — dit-elle — dans la façon de différencier la danse dite classique de la danse dite plastique. La danse-tout-court exige une culture classique et ce qui manque aux danseurs en général, ce sont des qualités plastiques-tout-court !

Passionnée de danse espagnole, où elle excellait, Carina Ari s'amusait parfois à danser la flamenca du

deuxième acte de Carmen. Un soir, où un tonitruant baryton remplaçait l'Escamillo habituel, elle confia à mi-voix
aux gitanes qui l'entouraient : « Tiens ! ce n'est pas le
toréador qui chante, ce soir. C'est le taureau ! »

Chorégraphe, elle avait toujours réagi contre la tendance des danseurs à se désintéresser de l'action, une fois
leurs prouesses d'école accomplies, Elle leur reprochait
leur sempiternelle interrogation : « Et moi, qu'est-ce que
je fais pendant ce temps-là ? » — Pendant que les autres
rivalisaient de pirouettes ou de « déboulés ». — Mais elle
n'en connaissait pas moins les goûts routiniers du public :
« Bien sûr, la première danseuse ou le premier ténor veu-
lent à toute force être de tous les instants de la pièce, mais
le public aussi aime à ne pas perdre de vue ses héros.

Carina Ari avait la plus grande admiration pour Chaliapine qui, « ayant la plus forte et la plus belle voix,
savait chanter le plus *piano* ». C'était un danseur, lui
avait-on raconté. « Il a dû beaucoup travailler — poursui-
vait-elle — car, lorsqu'on est grand, les défauts apparais-
sent beaucoup plus et cela donne instinctivement beaucoup plus peur. Mais quand on parvient à une telle maîtrise dans la plastique, cela devient alors magnifique. Son
admiration pour le grand artiste ne l'empêchait pas d'apercevoir les faiblesses de l'homme : « Tant que dure l'action, disait-elle, il n'est pas *théâtre* du tout, mais après....
au cours des innombrables rappels, il fait saluer un choriste à sa place et cela est trop simple pour que ce soit
sincère. »

Il appartient à quelques femmes de conserver toute
leur vie la fraîcheur et la grâce de l'enfance. Ainsi Carina
Ari ne pourra-t-elle jamais être dissociée de Kaysa. De la
petite fille qui était allée frapper à la grande porte de

i'Opéra Royal pour s'y faire engager afin de rapporter chaque mois à sa mamma les quelques couronnes qu'elle avait gagnées et qu'elle additionnait à la fin de chaque mois dans un attendrissant petit carnet :

Lundi 2 Octobre	*Thaïs*	1 couronne
Mercredi 3 Octobre . .	*Lohengrin* ,	1 —
Jeudi 4 Octobre	*Bohème* . . .	2 —
Samedi 6 Octobre	*Carmen* . . .	1 —

C'est pourquoi le personnage de Kaysa s'était glissé déjà dans d'autres souvenirs* et se rencontrera encore au cours de ceux-ci.

Parmi les meilleurs compagnons de mon existence, celui-ci m'aura donné la joie, sans que jamais j'aie été père, d'avoir une enfant, devenue grande fille, dont le bon sens et l'esprit m'auront souvent aidé à sourire de la sottise humaine.

---

* Diabolus in Musica

VII

1924-1925
La fin d'une grande Direction

La fin d'une grande direction — Albert Carré et ses vingt-cinq années
glorieuses à l'Opéra-Comique — Collaboration fructueuse et amicale
avec lui — Le Cinquantenaire de *Carmen*, *Pelléas*, *Pénélope*, *Tristan*.

En 1923, Albert Carré avait manifesté le désir de réentendre la partition de *la Nuit Vénitienne*, écrite d'a-
près la comédie de Musset, que je lui avais présentée
quelque temps auparavant. Il reçut l'ouvrage, puis ensuite
me questionna sur mon activité et mes projets de chef
d'orchestre. Il savait que je venais de voyager pendant
trois années et désirait, me dit-il, que je ne prisse aucun
nouvel engagement de durée sans l'en avertir. Un an plus
tard, me trouvant pour quelques jours à Amsterdam, j'y
recevais une lettre me demandant de passer à l'Opéra-
Comique. Une semaine après, en m'accueillant à son
bureau, Albert Carré me disait : « Il y a un an, je vous ai
peut-être surpris en vous demandant de ne rien signer
sans me prévenir auparavant... Diriger, c'est prévoir...

Aujourd'hui, je vous propose de devenir notre directeur de la musique. »

J'acceptai avec enthousiasme et jusqu'à la fin de la saison en cours, j'assistais à la plupart des spectacles de l'Opéra-Comique, observant aussi bien que la scène et l'orchestre les réactions du public.

Ma courte période de vacances fut consacrée à un labeur personnel de préparation, en vue de la reprise de *Pelléas* et de la création de *Tristan*. Et j'entrais enfin en fonctions au mois de septembre, en dirigeant avant tout *Carmen*, puis *Lakmé* et *Manon*.

J'ambitionnais de réaliser à la salle Favart l'unité d'interprétation des pièces du répertoire par des exécutions-type qui pourraient être reprises ensuite par les autres chefs. Dans mon esprit, les théâtres nationaux devaient être comme les *musées* de la musique, où ses chefs-d'œuvre pourraient toujours être entendus dans les meilleures conditions de fidélité à la pensée des auteurs. Utopie de laquelle je ne devais pas tarder à être convaincu ! Aujourd'hui, j'en suis arrivé à me demander si, à Bayreuth même, la tradition wagnérienne a pu être maintenue intacte, depuis que la disparition des derniers « témoins » a laissé place à l'arbitraire.

Lorsque je ne dirigeais pas, j'assistais néanmoins aux représentations, tantôt dans les coulisses ou dans la salle. Parfois, je montais jusqu'aux plus hautes places et, m'étant un soir aventuré jusqu'au dernier amphithéâtre, j'eus peine à résister à la température tropicale et me demandai comment nous avions pu y tenir, mes camarades et moi, aux temps héroïques de *Pelléas* !

Ce soir-là, c'est *La Bohème* que l'on jouait et, à l'entr'acte, d'un bout à l'autre du poulailler, s'échangeaient des impressions, des comparaisons entre les protagonistes et d'autres Mimis ou d'autres Rodolphes. Je pus me convaincre que le goût du public était resté beaucoup plus stationnaire qu'on ne l'imagine généralement. Et qu'il ne fallait pas compter ici sur le snobisme pour entraîner son évolution. Ce n'est que progressivement que l'on devrait l'intéresser aux tentatives hardies, en prenant garde de ne pas l'effaroucher au point de lui faire renoncer au chemin de sa vieille maison. Je pensais justement que c'est uniquement par les pièces les plus populaires du répertoire qu'on pourrait le retenir, car j'imaginais que les mauvaises représentations de ce répertoire risquaient de le décourager. Il a toujours été plus captivé par les romans de Manon et de Floria Tosca que par ceux d'Ysolde et de Mélisande. Il a toujours le goût méridonal du *bel canto* et fait penser à ce dialogue surpris entre deux « partisanes » marseillaises, se rencontrant au marché après le « second début d'un ténor, à l'Opéra : « Eh ! bien, ma belle ! Qu'est-ce que vous disiez qu'il-*le* l'avait pas, la not-*te* ? Il-*le* l'a ! » Et l'autre de répondre : «Et ! oui, je vous dis pas... Il-*le* l'a... Mais il-*le* la caresse pas ! »

L'Opéra-Comique, aussi, a ses « partisanes » qui aiment que *leurs* ténors « caressent la note ». Mais il ne suffirait pas de s'en tenir à cette considération simpliste de la musique et même de l'art du chant, pour la remise en état du répertoire. On ne devrait jamais assimiler notre seconde scène lyrique à un théâtre provincial, comme on fut trop souvent porté à le faire, mais aux meilleures scènes populaires de l'étranger.

Sur la scène et dans les studios, comme dans l'orchestre, mes intentions ne devaient pas être toujours accueillies sans récriminations. Il y avait si longtemps que l'on « avait toujours joué et chanté comme ça ! »

Néanmoins, j'avais conquis dès le début quelques partisans dont le nombre s'accrut peu à peu. J'avais aussi déniché un précieux « témoin » en un brave régisseur chenu qui avait « été là » à la première de *Carmen*. De temps en temps, je lui demandais avis et il me répondait généralement : « Oui, c'était bien ainsi ! Vous avez raison ! Allez-y ! » Et je continuais. Et puis, j'avais certains moyens de persuasion. Par exemple, pour que les gamins de *Carmen* chantent juste et en mesure, je les réunissais avant chaque représentation pour les faire répéter, mais sans oublier jamais d'avoir en poche quelques bonbons à leur distribuer ensuite.

— J'avais aussi deux ou trois morceaux de sucre pour le gentil âne du premier acte, qui m'attendait et me connaissait bien, et dont les petits sabots étaient accoutumés à monter l'escalier du théâtre pour aller remplir son rôle, puis à le redescendre ensuite pour s'en retourner, en traversant Paris, jusqu'au magasin des décors où le brave aliboron termina sa vie en retraité de l'Etat. —

Une quinzaine d'années après l'époque évoquée ici, un homme disparaissait, en décembre 1938, qui avait été un grand chef en même temps qu'un grand artiste. Il avait dû connaître naturellement, presque jusqu'à sa mort, l'hostilité des médiocres et des envieux.

Déjà, depuis l'époque de sa retraite, en 1926, la grande figure d'Albert Carré se dressait comme l'un des derniers vestiges d'un temps révolu. Sans préjuger de l'avenir en prétendant qu'il ne puisse jamais valoir le passé, on peut bien déplorer le présent en plus d'un point. Il faut reconnaître que nous traversons une période — qu'on doit espérer transitoire — où l'amateurisme accentue chaque jour un peu plus la dévaluation de l'art, au point que ces mots de Flaubert n'auraient peut-être jamais retrouvé autant d'actualité : « Les honneurs déshonorent, le titre dégrade, la fonction abrutit ». Jamais homme ne fut moins atteint qu'Albert Carré, à son époque, par cette rude assertion. Transfuge du théâtre dramatique, il devait diriger l'Opéra-Comique pendant un quart de siècle, au cours duquel il allait être souvent déconcerté par la stagnation scénique du théâtre chanté. Il s'y adapta cependant, au point d'avoir gagné la gageure d'animer les actions languissantes de *Pénélope*, d'*Ariane et Barbe-bleue* et de *Tristan*.

Le nom du grand directeur restera associé à la période la plus florissante de l'art lyrique français. Et cependant celui qui ajouta à la révélation des chefs-d'œuvre cités plus haut celle de *Louise*, de *Fervaal*, de *Pelléas* et de l'*Heure Espagnole,* fut toute sa vie poursuivi par une réputation d'hostilité envers la musique. On prétendait volontiers qu'il s'y intéressait seulement en fonction des occasions qu'elle lui procurait d'exercer son génie de la mise en scène. La chose eût été vraie qu'il y aurait eu là une singulière ironie à servir la musique en l'aimant si peu, quand tant de mélomanes — ou prétendus tels — ne parvinrent souvent qu'à la desservir ! Il ne suffit pas, d'ailleurs, au directeur d'une scène lyrique de respecter *les droits* de la musique. A un musicien véritable comme à un simple mélomane peuvent manquer, indépendamment des multiples connaissances nécessaires, les qualités d'éclectisme indispensables à un bon directeur. Un homme de théâtre supportera mieux qu'un musicien, par exemple, l'obligation essentielle — de moins en moins observée —

d'assister à toutes les représentations. L'ubiquité indispensable à son attention l'aide à réentendre sans en être irrité des partitions insipides. Il faut aimer vraiment la musique pour être sensible à la satiété qui n'atteint jamais le public snob, habitué à entendre en pensant à autre chose comme à ne pas entendre en ne pensant à rien.

Albert Carré respecta toujours les droits de la musique. Lorsqu'une « longueur » lui apparaissait, il faisait volontiers le geste du coiffeur agitant dans l'air ses ciseaux, mais il suffisait que le musicien tînt bon pour que le directeur s'ingéniât à « meubler » l'un de ces innombrables épisodes au ralenti du théâtre lyrique.

On prétendit longtemps que le grand directeur avait apporté « sur le plateau » l'autoritarisme cassant et l'intransigeance du colonel de réserve qu'il était. Rien de plus inexact dans le *fond*. On attribuait à tort à cet homme, qui fut tellement un chef, un goût pour la dictature. Il était bien trop fin pour ne pas préférer à la main de fer dans un gant de velours, un gant de fer, dissimulant la main de velours d'un homme honnête et bon. Albert Carré dissimulait surtout, derrière sa rudesse apparente, une grande timidité et une modestie extrême. En outre, connaissant les hommes, il n'avait que trop souvent l'occasion d'observer la servilité de certains employés ou la pusillanimité de certains auteurs ; alors, il se plaisait parfois à les effaroucher, ce qui était en somme une façon de dissimuler son mépris. Ce ne sont pas ceux-ci, d'ailleurs, qui accréditèrent la légende, mais d'autres dont Carré entendit toujours se passer. Ceux-là même dont s'encombrent trop souvent les directeurs hésitants : cette sorte de parasites de l'art qui, n'ayant pu réussir à créer eux-mêmes, prétendent être consultés sur la production d'autrui.

Au cours d'une année de rapports quotidiens avec Albert Carré, je ne devais jamais trouver trace de ce « caractère difficile » dont on avait tant parlé. Et je ne m'en étonnais pas, étant au fait de ces réputations établies par la mauvaise foi. N'avait-on pas supputé que « ça ne durerait pas plus de six semaines entre nous » ? On ne manquerait pas de dire, après, que « je n'avais pas pu rester là » de même qu'auparavant, au théâtre des Champs-Elysées... En se gardant bien de préciser que l'aventure d'Astruc, avenue Montaigne, n'avait pu tenir financièrement que six mois et que, d'autre part, la coalition des ennemis de Carré avait réussi à empêcher qu'il fût renommé rue Favart.

Au lieu d'établir des ponts entre leurs affinités pour se réunir, les hommes s'évertuent à maintenir leurs dissensions. Ils se retranchent dans leurs contrastes et se combattent aveuglément jusqu'à l'épuisement. On avait souvent reproché à Carré de se soucier trop peu de la musique ; il venait d'appeler auprès de lui un musicien résolu à servir effectivement son art ! Il ne fallait pas que cela puisse durer ! Dans notre pays, hélas ! on redoute tellement l'autorité qu'il suffit à un homme d'être un chef pour qu'il soit aussitôt taxé d'avoir un « caractère difficile ». Et quand on dit difficile, on sous-entend *impossible* ! Carré, plus que tout autre, devait être stigmatisé tel ; aussi, dès notre première entrevue, m'avait-il dit en souriant qu'il n'était pas pour lui déplaire que j'eusse aussi mauvaise réputation que lui.

J'ai conservé de cette année passée auprès du grand directeur le souvenir d'un constant enseignement, d'un admirable exemple de travail, de probité *et de bonté*. Sans cesse dévoué à sa tâche, il ne quittait son cabinet que pour monter diriger une répétition ou surveiller une représentation. Il redescendait dès qu'il le pouvait dans sa retraite silencieuse : le cabinet aux dimensions modestes, tendu de soie vieux rouge, rayée de crème, où tant de sorts s'étaient décidés, où tant de veillées d'armes avaient eu lieu. Un vieux choriste charitablement retraité là, pour son origine alsacienne, défendait la porte du maître. Il ne s'en éloignait qu'un instant, vers cinq heures, pour aller chercher au domicile voisin du directeur la bouteille thermos contenant le thé quotidien.

Soucieux du labeur d'autrui, Albert Carré nous appelait peu auprès de lui ; il rédigeait plutôt d'innombrables notes, toujours courtoises et précises, d'une admirable écriture qu'il conserva jusqu'à la fin, aussi vigoureuse et nette. Il se servait peu de secrétaires ou de dactylos. Lorsqu'il avait traité verbalement d'une question et que celle-ci devait passer de l'ordre artistique à l'ordre matériel, il se levait en disant : « Allons consulter la rive gauche », ce qui signifiait qu'on devait traverser avec lui le théâtre pour l'accompagner chez les frères Isola, ses codirecteurs, chargés de l'administration.

De cette trop fugitive collaboration, se détache le souvenir de certains faits qui m'avaient particulièrement frappé.

On venait de me communiquer la liste des répétitions pour *Tristan*, qui devait passer à une date encore assez éloignée pour je me fusse montré surpris d'avoir à en commencer si tôt les études. Très gentiment, le directeur voulut bien revoir avec moi le tableau de travail projeté. « Remontons jusqu'à la date prévue pour la première », me dit-il... — et, après m'avoir rappelé au passage tous les jours fériés, les représentations en matinée et les repos hebdomadaires, il arriva à la première lecture, en ponctuant simplement sa récapitulation d'un souriant : « Vous voyez ?... », auquel je n'avais plus qu'à ajouter : « Diriger, c'est prévoir ! »

Une autre fois, nous travaillions *Pénélope* : c'était au cours d'une de ces répétitions de mise en scène préférées de Carré. Appuyé sur la rampe, un petit décor, nommé le *Guignol*, était planté sur une partie de la fosse d'orchestre. Là prenaient place le directeur, le chef d'orchestre, le chef de chant à son piano, le régisseur et le souffleur. Claire Croiza, qui interprétait le rôle principal, avait déjà recommencé à plusieurs reprises un mouvement scénique, qui consistait à remonter très lentement de l'avant-scène jusqu'au fond, pour arriver, seulement au moment de reprendre son chant, devant la tapisserie dont elle devrait dénouer les fils pour déjouer l'impatience des prétendants. A chaque fois, la crainte d'arriver trop tard l'avait fait arriver trop tôt, et la nervosité lui avait fait déclarer qu'il lui semblait impossible d'occuper une aussi longue période musicale dans un espace aussi restreint. « Permettez-moi », interrompit Carré, et il ajouta : « Je ne connais rien à la musique, mais je vais essayer. » Je vous assure bien qu'il ne pensait pas alors à agiter dans l'epace ses ciseaux imaginaires. On aperçut très bien que le metteur en scène n'avait point dans la mémoire la symphonie fauréenne, mais on sentait parfaitement qu'il était guidé à travers elle par un sens infaillible. Et, au moment exact où il arrivait devant la tapisserie, il disait, sûr de son fait : « Et vous attaquez ici, n'est-ce pas ? »

Malgré sa maîtrise, cet homme, qui n'ignorait rien du théâtre et dont la culture était immense, consentait avec une grande simplicité à modifier ce qu'il venait de faire pour satisfaire un artiste qui avait su le convaincre.

La danse ne l'avait jamais beaucoup intéressé, autrement qu'un plaisant épisode qui ne devait pas trop interrompre l'action. Or, il avait également offert l'hospitalité de son théâtre à Carina Ari, pour qu'elle pût y présenter pour la première fois le spectacle de ses *Scènes dansées*. Il n'avait pas redouté qu'un unique personnage, une femme, tînt la scène pendant huit courts tableaux seulement *dansés*. Il avait même promis d'éclairer lui-même les décors, et nous étions réunis pour cela, un matin, le directeur, la danseuse-auteur et moi. Or, tandis que l'éclairage de la première scène était au point, j'entendis Carré ajouter, s'adressant à son électricien : « Vous laisserez allumée la petite couronne du lustre, c'est indispensable, surtout pour la danse ! » Et je frémis alors, ayant souvent entendu dire par Carina qu'elle tenait absolument à ce que l'obscurité fut complète dans la salle. Elle ne manqua pas de le dire, avec aménité mais non sans fermeté... Et Carré, conquis par l'assurance professionnelle de son hôtesse, lui répondit : « Disposez à votre gré de tous et de tout ici, chère Madame, le théâtre vous appartient. »

Quand l'erreur eut été commise de ne pas renouveler une fois encore son privilège, il fit le compte des ouvrages qu'il lui restait à monter. On comprendra que je n'aie pas voulu qu'il soit alors question de *La Nuit Vénitienne*. « Voici trois partitions imposées par les Beaux-Arts, me dit-il un jour ; elles ne valent pas mieux l'une que l'autre. J'ai donc choisi parmi les trois musiciens le plus besogneux... Cela lui fera gagner en droits d'auteur un peu plus que l'indemnité à laquelle il aurait droit pour n'avoir pas été représenté.

Il est à signaler aussi qu'en ce temps l'Opéra-Comique n'eut jamais besoin de recourir au mécénat, malgré la parcimonie de la subvention qui lui était accordée. Il vivait si bien de ses propres forces que la direction commerciale spécialisée, adjointe à Carré pour son dernier septennat, put ignorer un détournement de cinq cent mille francs jusqu'à ce que le caissier indélicat soit allé avouer sa faute... au commissaire de police ! La publicité donnée à l'incident devait être fatale au renouvellement de la direction commerciale, que le directeur artistique ne voulut pas abandonner, en posant, seul, une nouvelle candidature.

C'est un agréable devoir que de mentionner ici le précieux et constant enseignement d'une trop fugitive collaboration avec Albert Carré, dont l'affabilité dans les rapports ne se démentit jamais, non plus que ne furent jamais contestés les droits primordiaux de la musique.

Bientôt après, Albert Carré ne devait plus être que le directeur honoraire de l'Opéra-Comique. Près de deux septennats allaient s'écouler pendant lesquels il observerait les événements. Au hasard d'une rencontre, je lui demandais son avis sur les nouveaux décors imaginés pour *Pelléas,* et il répondait : « Oui, oui, je sais, à la place de la forêt on a mis un potager... mais il faut laisser aux nouveaux le temps de faire leurs expériences. »

Nous avons souvent vu les potagers remplacer les forêts, depuis que dure la période de pénitence que l'art traverse dans le monde entier ! L'activité incessante de l'ancien directeur se tourna alors vers l'enseignement. Au Conservatoire, il tenta de réagir contre la carence des chanteurs d'opéra-comique, lorsqu'ils ont à parler. Au cours de nombreux articles qu'il fit paraître, il protesta — avec quelle raison ! — contre le penchant qui se dessine, dans l'enseignement officiel, en faveur de la suppression pure et simple du « causé », comme disaient certains de ses confrères.

Et l'accident banal devait interrompre un jour le grand travailleur, au moment où il allait se remettre à la tâche de bon matin, comme de coutume. Ayant supporté avec succès, à quatre-vingt-six ans, une indispensable intervention chirurgicale, il était peu après terrassé par l'impitoyable embolie.

J'étais retenu à l'étranger au moment où mourut Albert Carré. Aussi regretterai-je toujours de n'avoir pu m'incliner devant la dépouille d'un des hommes dont l'amitié et la confiance m'ont le plus honoré. Je craignais que sa disparition n'eût pas suffisamment interrompu pour une courte trêve l'âpre course au cachet des artistes, qu'elle eût passé presque inaperçue des générations cadettes, en notre temps où, plus qu'en tout autre temps, « les jeunes ne se figurent jamais que les vieux ne soient pas nés vieux », comme l'écrivit jadis Georges Moore. Je me trompais. Une foule innombrable avait défilé pendant plus de deux heures devant les proches éplorés qui lui survivaient.

Se rendant aux funérailles, Carina Ari arrêtait un taxi et donnait l'adresse du temple de l'Oratoire :

« Aux obsèques d'Albert Carré », précisa le chauffeur.

Justement intriguée par cette réponse, la cliente ne put résister pendant le trajet au désir de questionner son conducteur, qui répondit, les larmes aux yeux :

« Je me nomme Blondin, et c'est moi qui fus le créateur du petit Yniold, dans *Pelléas*...

104

Il continua en racontant qu'à la création du chef-d'œuvre, Albert Carré, dans son souci de vérité, avait voulu éviter que le rôle du fils de Golaud fut confié à un travesti. Et l'on avait trouvé, chez l'éditeur même de la partition, un jeune garçon de courses, le petit Blondin, dont le physique et la voix s'accordèrent pour qu'il pût incarner le personnage... jusqu'à ce que la mue vînt mettre un terme brutal à sa gloire éphémère.

Quelle plus touchante coïncidence pouvait réunir là deux êtres si éloignés l'un de l'autre, mais aussi simplement et sincèrement affligés par la perte du grand artiste ?

VIII

1924
La VIIIᵉ Olympiade à Paris

La VIIIᵉ Olympiade à Paris — Projets fastueux et réalisation économique
— Collaboration musicale aux compétitions sportives — L'athlète
français et ses costumes.

POUR célébrer cette solennité sportive, on avait envisagé de grandes manifestations artistiques. A cet
effet, la formation d'un comité avait été confiée à
une personnalité parisienne, en laquelle s'alliaient le goût
et la connaissance des Arts aussi bien que des Sports.

Avec le peintre Maxime Dethomas, le metteur en
scène Durec et moi-même, siégeait à ce comité un homme
de goût et d'esprit, le Comte Jean de Castellane, qui
faisait partie du Conseil Municipal de Paris, dont il devait
devenir le président. Enfin, notre comité avait pour secrétaire un certain M. Ménabréa, qui ne manquait jamais, au
début des séances, de nous imposer la lecture du procès-
verbal de la séance précédente, sans nous faire grâce d'un
seul mot, et semblant prendre une délectation particulière
à la lente épellation des noms propres : « Etaient présents :

Mon-sieur-le-Com-te-Jean-de-Castellane, Monsieur-Maxi-me-Dethomas..., etc. »

A cette époque, je commençais à remarquer que certains humains adoptent comme profession les fonctions de « secrétaire de comité », auxquelles la particularité de leurs patronymes semblent d'ailleurs les prédisposer. Car on peut observer qu'un secrétaire de comité ne se nomme jamais Dupont ou Durand, mais bien Ménabréa, ou Petitot-Cartelier ou Delacorde-Dupuy. Son nom est teinté d'exotisme, ou jumelé, ou bien orné d'une particule.

Il est normal que les membres des comités, des commissions, des conseils ou des jurys servent surtout à rassurer l'opinion sur l'impartialité de décisions prises, mais il n'est pas moins normal qu'un bon président sache amener les aéropages qui l'entourent à voter comme il le désire, Quand il n'y est pas exactement parvenu, le secrétaire est là pour arranger les choses en rédigeant avec adresse son procès-verbal. C'est ce qui confère à ce personnage une influence occulte souvent prépondérante à celle du président.

Le parfait secrétaire de comité doit savoir choisir l'instant pour présenter les questions et enlever les votes. Il excelle à profiter des absences opportunes... les plus courtes. Il distrait ou fatigue son auditoire avec des futilités, sachant feindre d'avoir épuisé un fastidieux ordre du jour pour susciter des départs qu'il escomptait. Car il réserve pour les fins tardives des séances les votes les plus délicats. Enfin, le secrétaire de comité peut, au gré des circonstances, adapter son activité à des matières aussi éloignées que possible les unes des autres. Il passera des arts au commerce, à l'industrie ou aux sciences avec la même aisance.

Notre comité échappait aux conjonctures courantes. Amicalement constitué et restreint, il avait chance de travailler bien. D'autant mieux que les hauts dirigeants des sports avaient assuré notre président qu'il disposerait des moyens financiers et des concours nécessaires pour réaliser le programme que nous devions élaborer.

Le stade de Colombes, qu'on était en train de construire, devait être prêt et inauguré à l'occasion des épreuves sportives. Nous aurions à apporter au défilé des athlètes la contribution de la musique. Auparavant, des galas devaient être donnés dans les théâtres nationaux et une grande fête nocturne, en plein air, organisée par nos soins.

Sur l'instigation de notre président, nous avions choisi, pour cette fête, la cour carrée du Louvre. Nous en imaginions les fenêtres ornées de tapisseries et réservées aux hôtes de marque et aux invités officiels. Des gradins pour le public seraient édifiés dans les angles, laissant libres les quatre voies d'accès au centre, où aurait lieu une sorte de tournoi de musique et de danse dont le scénario avait été minutieusement établi. Disposant en pensée des moyens « illimités » qu'on nous avait fait entrevoir, nous pensions utiliser tout ce que Paris comptait de chœurs et de groupements de danse, des musiques militaires nécessaires et même des enfants des écoles. Et l'on avait choisi comme chorégraphe Carina Ari, qui venait justement de réussir, au stade de Stockholm, des fêtes magnifiques auxquelles quatre mille enfants et adultes avaient participé dans l'ordre le plus parfait, grâce à une préparation méthodique.

Décorateur, metteur en scène et chorégraphe s'empressèrent donc à établir leurs projets, tandis que j'entreprenais les démarches nécessaires pour la musique.

Entre temps, notre comité était parfois consulté par les sportifs sur des points d'esthétique. C'est ainsi que nous eûmes à formuler un avis sur la tenue vestimentaire de l'athlète français. On savait comment se présenteraient, pour le défilé et pour les épreuves, les compétiteurs internationaux, mais rien n'avait encore été décidé pour nos compatriotes, qui avaient charge de représenter dignement le pays hospitalier.

Deux tenues étaient obligatoirement prévues : la tenue de sport — maillot et short — et la tenue de ville — pantalon long, veste et, éventuellement, chapeau. On avait imaginé, pour la tenue de sport, un maillot bleu foncé et un short de même teinte, mais « égayé » par un petit liseré tricolore sur les coutures. Et l'on chercha longtemps, le meilleur emplacement pour l'écusson national, qui représentait inévitablement le coq gaulois. On avait fait grimper sur une table le « mannequin » chargé de nous « présenter » les créations du couturier officiel. Mais on avait malheureusement choisi, pour incarner l'athlète français, un brave garçon maigrelet qui, tout gêné d'être ainsi mis en évidence, donnait plutôt l'impression d'un colon égaré, capturé par des cannibales déçus.

Lorsqu'il s'agit de la tenue de ville, on nous annonça que par souci d'économie, on l'avait « combinée » avec la tenue sportive. C'est-à-dire que le maillot foncé subsistait, remplaçant une chemise blanche qui aurait coûté trop cher. Le pantalon ne pouvant être en flanelle — trop coûteuse — était en toile blanche et l'idée des chaussures à semelles ayant dû être écartée — toujours par raison d'économie — c'est en espadrilles que devaient défiler nos nationaux. Je me souviens d'une remarque du Comte de Castellane — qui était l'élégance même — après qu'il s'était longtemps demandé pourquoi il trouvait notre infortuné prisonnier encore plus lamentable de dos que de face. « Mais c'est que n'ayant pas de talons, il marche sur son pantalon et que n'ayant point de col de chemise, aucune ligne blanche ne sert à la démarcation de son veston et de ses cheveux ! » Le colon s'était mué en clochard !

Les pourparlers entrepris pour la réalisation de notre fête n'aboutissaient pas. Peu à peu, nous nous aperçûmes que les administratifs nous avaient donné assez à la légère des assurances sur la participation de l'Armée, des Ecoles, des Transports... et des Finances mêmes. Le temps passant, il fallut bien renoncer à notre projet initial et nous en tenir simplement à la participation de la seule musique au défilé des athlètes. Ceci impliquait déjà un assez important déplacement de forces sonores. Le gouverneur militaire de Paris nous avait enfin accordé le concours de la Garde Républicaine et des autres musiques nécessaires, et nous avions pu réunir un nombre de choristes suffisant. Restant seul de notre comité à collaborer au fameux défilé, je réclamai, mais en vain, jusqu'à l'avant-veille de la solennité, de connaître le personnage duquel dépendrait la régie de ce défilé.

Le soir même de cette avant-veille, en quittant le building où était nos bureaux, je me heurtai dans le tourniquet de la porte de sortie à un monsieur qui me demanda si je pourrais lui indiquer l'endroit... où il pourrait me trouver ! C'était l'homme que je cherchais et qui me cherchait aussi depuis tant de jours. Les paperassiers et les secrétaires-de-comité n'avaient point trouvé utile de

111

nous faire rencontrer encore et nous ne nous serions jamais connus si le hasard ne nous avait amenés en même temps dans le tourniquet.

Nous ne devions pas tarder à nous entendre, mais une dernière surprise nous était réservée par les bureaucrates. Le jour de l'inauguration, un service d'ordre sévère avait été prévu pour l'entrée au stade, aussi des insignes spéciaux avaient-ils été distribués à *tous* les participants, athlètes, musiciens, choristes, chauffeurs d'auto, etc. Mais deux seuls hommes avaient été oubliés dans la répartition : l'organisateur du défilé et moi ! Nous fûmes donc arrêtés par les barrages de police, que nous ne réussîmes à franchir qu'après nous être fait « reconnaître » par notre propre personnel !

IX

1923
Mort de Steinlen

Mort de Steinlen — Paroles oubliées d'Anatole France pour ses premières Expositions — Evocation de treize années d'intimité familiale passées auprès de lui.

ONGTEMPS avant de connaître Steinlen, j'avais été intimidé par la coïncidence qui me fit habiter exactement au-dessous de son atelier. Je craignais tellement de le troubler dans son travail que je redoutais même de me mettre au piano !

Un jour que je le croisais dans l'escalier, je m'enhardis à lui demander si je ne le gênais jamais. Un peu plus tard, le hasard nous avait amenés, lui et moi, à l'endroit exact où s'élève aujourd'hui son monument. Le temps était proche où le vandalisme inutile des urbanistes allait rompre, par d'horribles escaliers, l'harmonieuse montée des jolies rues villageoises aux ruisseaux chantants, qui menaient au sommet de la butte Montmartre. A l'angle de la rue Girardon et de la rue Saint-Vincent, devant la bicoque d'un charbonnier-marchand de vins, un banc et des tables rustiques étaient ombragés par un vieil arbre magnifique qu'on était en train d'abattre. Steinlen, les mains au dos, avec, entre deux doigts, son éternelle cigarette à demi-consumée, observait la scène avec mélancolie et j'avais osé, de nouveau, lui parler.

Enfin, un autre jour que je travaillais seul, dans mon atelier, on sonna à la porte et j'ouvris à une jeune fille. Celle-ci faisait une collecte pour une couronne offerte par les locataires de la maison à la concierge, pour la mort de son enfant.

A cette époque, j'étais fréquemment démuni d'argent et je dus, en bredouillant une excuse maladroite, offrir de monter le soir, à l'appartement de Steinlen, apporter mon obole... dont je serais allé auparavant « emprunter » le montant à ma chère maman.

La messagère me tira d'embarras en répondant : « Ça ne fait rien ! Mon père a l'habitude... », tout en retenant son rire.

Et c'est par le hasard de cette circonstance que je devais entrer plus tard dans la famille de Steinlen, qui devint spirituellement mon véritable père et dont la mort causa l'un des plus grands chagrins de ma vie.

On a dit, et l'on dira encore bien des choses fantaisistes sur la vie de Steinlen.

Les biographes semblent souvent vouloir donner en précepte à leurs travaux ces mots qu'écrivit Anatole France et qu'il se plût à répéter : « L'Histoire n'est pas une science, c'est un roman, on n'y réussit que par l'imagination ».

Les chroniqueurs des grands hommes leur furent proches rarement. Et ceux qui vécurent auprès d'eux n'en devaient pas moins ignorer les secrets que leur âme refusait de livrer.

On s'imagine trop que la vie intime des artistes puisse appartenir, comme leur œuvre, à la postérité. Bien des survivants inconstants n'hésitent par à laisser s'insinuer des nécrologues cupides là où la piété, la circonspection et le respect du cœur des hommes devraient seuls s'employer à élever les tombeaux.

Dans l'une des rares vieilles rues de la rive gauche où l'on peut encore s'arrêter aux vitrines des bouquinistes, j'ai retrouvé deux anciens catalogues qui réussissent mieux à évoquer Théophile-Alexandre Steinlen que toutes les biographies qui pourront être faites par des romanciers dépourvus d'imagination.

Steinlen, alors âgé de 44 ans, était en pleine possession de sa maîtrise, quand s'ouvrit place Saint-Georges son exposition de 1903. Les éditions d'art d'Edouard Pelletan, où venait de paraître l'édition illustrée de *Crainquebille*, publièrent un catalogue préfacé par Anatole France. Un croquis de Steinlen, précédait ce propre portrait du peintre, affectueusement brossé par le maître des mots :

« Steinlen est Suisse. Il est né près de ce lac Léman aux rives aimables, aux beaux horizons calmes. Sa famille, en qui se croisaient plusieurs races, et qui mêlait du sang français à du sang germain, habitait depuis longtemps ce doux pays. C'était une famille d'artistes, son grand-père, professeur de dessin à Vevey, eut neuf fils qui tous dessinèrent. Pourquoi celui-ci, venu après tant d'autres qui vécurent contents chez eux, eut-il envie de sortir du cercle familier de ces belles montagnes étagées qui auraient pu borner sa vie ? Comment fut-il pris du désir de Paris ? On dit que très jeune il lut *L'Assommoir*, de Zola, qu'il en reçut la révélation de tout un monde de travail et de souffrance, et qu'ému de cette apocalypse de la misère, il se sentit attiré vers nos faubourgs par une irrésistible sympathie et par un secret avertissement que là seulement il pourrait développer toute son âme. C'est ainsi que, du fond de son pays vaudois, il nous est venu ingénu, curieux et charmant, et portant à son chapeau un bouquet de fleurs rustiques.

« A Paris, la vie, dès le début, ne lui fut pas trop difficile. Il fréquenta preque tout de suite un cabaret littéraire où l'on avait de la jeunesse, de l'esprit et du talent. Il en peignit l'affiche. Ce chat noir, tranquille et magnifique, qui durant plusieurs années jeta sur Paris l'ombre hautaine de sa queue en balai, ce chat qui semblait si accoutumé aux gouttières de Montmartre et n'avait point du tout l'air d'être échappé à quelque sabbat vaudois, c'était un chat d'Alexandre Steinlen, le premier qu'il ait donné aux Parisiens.

« Steinlen à Montmartre ! L'appel mystérieux de Zola ne l'avait pas égaré. Steinlen avait abordé le pays qu'il était fait pour comprendre et pour exprimer, les rues belles de travail et de souffrance, la sombre grandeur de la vie populaire.

« Une sensibilité subtile, vive, attentive, une infaillible mémoire de l'œil, des moyens rapides d'expression destinaient Steinlen à devenir le dessinateur et le peintre de la vie qui passe, le maître de la rue. L'âme des foules irritées ou joyeuses a passé en lui. Il en a senti la simplicité terrible et la grandeur. Et c'est pourquoi l'œuvre de Steinlen est épique.

« Steinlen est incomparable pour exprimer la souffrance et la joie qui passent. C'est pourquoi son œuvre fait frémir et charme aussi par sa douceur. Sur la laideur, sur la vulgarité des visages, Steinlen met un rayon de pitié divine qui les fait resplendir. Car il a la bonté infinie des simples et des grands. Ce réaliste est tout enveloppé de poésie, ce Français, né Vaudois, en qui plusieurs races se confondent, a gardé la fraîcheur idyllique du pays natal. »

L'autre petite brochure, qui n'était pas si luxueusement présentée, est attendrissante ! Steinlen s'était appliqué à dessiner lui-même « la lettre » lithographique du catalogue de sa première exposition donnée à la Bodinière, en 1894.

La même publicité affable réunissait en quelques placards son marchand, son imprimeur et son fleuriste. Un gandin monoclé, sablant le champagne en cabinet

particulier avec une élégante à manches-gigot, recomman-
dait comme maison de premier ordre le restaurant du *Père
Lathuille* et trois beaux chats miaulaient leur convoitise
aux pieds de l'adorable petite fille en longue robe rouge,
l'enfant de l'artiste, attentive à savourer son bol de lait.

Puis Steinlen remerciait simplement « les bons amis
qui avaient mis à sa disposition les pièces de lui qu'ils
possédaient » et, choqué de la désobligeance des anciens
cabaretiers du *Chat Noir,* devenus châtelains, il croyait
utile de publier la correspondance échangée à ce sujet avec
son ancien camarade Salis, qu'il stigmatisait rudement et
sans détours.

Cette rude et simple franchise, Steinlen devait la conserver toute sa vie et en être victime plus d'une fois.
Combien d'artificieux jaloux l'employèrent à masquer sa
sensibilité, son indulgence et sa bonté !

« La bonté infinie des simples et des grands », avait dit
Anatole France..... » Il m'apparut tout jeune, un peu craintif,
avec cette grâce inconsciente des âmes généreusement naïves.
Je trouvai en lui un mélange agréable et piquant de rusticité
et de finesse, d'innocence et de subtilité, d'énergie et de douceur qui me charmèrent ; je me mis à aimer cet homme comme
déjà j'admirais son œuvre.

« Son crayon et sa brosse sont si bien l'expression de son
âme qu'ils en suivent toutes les émotions et jusqu'aux plus
délicats frémissements. On peut dire que Steinlen a senti,
souffert, vécu la vie des êtres qu'il nous montre, vivant et
souffrant.

« Steinlen aime les humbles et il sait les peindre. La pitié
coule de ses doigts, habiles à retracer la figure des malheureux.
Il est doux. Il est violent aussi. Quand il représente les
méchants, quand il fait des tableaux de l'injustice sociale, de
l'égoïsme, de l'avarice et de la cruauté, son crayon, son pin-
ceau, éclatent, flamboient, terribles comme la justice venge-
resse. Cette haine est encore de l'amour.

« L'amour, voilà bien ce qui est au fond de ce talent si ému,

117

si pénétrant et si vrai. Steinlen aime la vie, les hommes, les bêtes, les choses. Il les aime d'une ardeur douce, sévère et profonde. Il est dans la nature et la nature est en lui. De là, dans son œuvre, cette grandeur baignée de tendresse.

« Il y a de grands mystères dans le génie humain, car il y a de grands mystères dans la vie. Mais une part du secret de Steinlen peut être dévoilée. Les êtres qu'il nous montre, vivant et souffrant, il a senti, souffert, vécu leur vie. C'est le secret de Steinlen. »

Qui pouvait aussi bien que l'immortel auteur de *Crainquebille*, célébrer cette exception, si infiniment rare, de l'homme égal à son œuvre ? Et n'était-ce pas un devoir qu'on devait accomplir que de rappeler quelques lignes de ces pages oubliées, introuvables maintenant ?

Mais la sensibilité de Steinlen était aussi discrète qu'elle était vive, aussi échappa-t-elle trop fréquemment à ceux-là même qui pensaient le intimement connaître. On se méprend si souvent, d'ailleurs, sur la bonté véritable ! La bonté, comme la droiture, exige la constance et l'effort en dépit du jugement faillible des hommes. Les gens médiocres n'y peuvent prétendre. Ils ne sont jamais que médiocrement droits, ou bons, aussi bien qu'ils peuvent être médiocrement mauvais.

« Rien ne vaut la rue pour faire comprendre la machine sociale », dit Pierre Nozière, en évoquant l'époque de son enfance où, sa gibecière au dos, il traversait à l'automne le Luxembourg féérique, « un peu triste et plus beau que jamais ».

L'art de Steinlen ne pouvait pas plaire aux riches qui ne savent pas regarder la rue ni ceux qui travaillent, et que la vue de la misère inquiète et injurie. Il magnifia trop splendidement le travail pour être compris de ceux qui en profitent sans rien faire et, comme tant d'autres

STEINLEN, PAR LUI-MÊME
(Collection de l'auteur.)

parmi les p   rands il devait donc avoir à subir toujours
la concurr   acharnée et trop souvent victorieuse des
médiocres.

Les dif   tés financières de Steinlen, épuisantes souvent, son a   ce vers les humbles et son indépendance
farouche, l'   chèrent de consentir jamais à devenir un
homme de   r. Il n'aurait même jamais supporté de
devenir un   me riche. Il avait loué en Seine-et-Oise, à
Jouy-la-For   , une modeste maison campagnarde dont
il avait lui   e dessiné et planté le jardin. Lorsque la
petite prop   fut mise en vente, il dût l'acheter pour
continuer à   iter. Mais il tint à ne l'acquérir qu'au nom
de sa fille,   de ne pas devenir propriétaire.

Au len   in de sa mort, ce fut, comme dit Golaud,
à faire pleu   es pierres, que la lente désagrégation de
cet atelier,   ur du plus noble travail, sous le coup de
l'inventaire   al des gens de loi indifférents : Sur sa
table de tra   un bout de carton qui rappelait toute la
simplicité r   te de sa vie, ajoutait de la cruauté au
présent décl   t :

TEINLEN REVIENT DE SUITE

Tout pr   armi des papiers, cette profession de foi :

« Si j'a   e droit d'énoncer une opinion personnelle,
je dirais : V   ce que je voudrais que l'art fût :

« *Le M   de la Mort de Marie* (de Cologne) qui a
fait des tab   magnifiques et dont on ne sait pas le
nom.

« Tout   du peuple, tout sort du peuple, et nous
ne sommes   es porte-voix, les alambics où se condense

119

sa confuse pensée et que notre bouche éclaire, distille et purifie.

« L'artiste véritable n'a pas à complaire à personne, il doit, comme le savant, la vérité, il la doit simplifiée, embellie, si le don des dieux lui a été accordé de pouvoir ainsi la formuler. »

Cette vérité, il ne consentit pas plus à la farder jamais que Goya, risquant la défaveur à peindre, cruellement vrais, tel qu'ils lui apparaissaient, Charles IV et sa famille.

Les portraits de Steinlen, criants de vérité parfois aussi jusqu'à la cruauté, devaient être à peu près incompris par son époque, mais resteront comme l'une des plus fortes expressions de son génie.

Naturellement modeste, sans affectation, il se plaisait à évoquer la lettre dans laquelle Le Vinci, offrant ses services à Ludovic le More, après avoir longuement énuméré ses capacités à construire des machines de guerre qui pressentaient les tanks, les destroyers et les avions, à édifier en temps de paix des monuments privés ou publics et à entreprendre la canalisation des eaux, concluait simplement :

« En peinture, je puis faire ce que fait un autre, quel qu'il puisse être. »

Quelques heures avant l'ouverture d'une de ses dernières expositions, alors qu'il quittait avec peine les dernières toiles qu'on venait de lui arracher, fraîches encore, Steinlen, succombant à la dépression qui suit les trop longues tensions, éclata en sanglots en s'écriant, dans un douloureux élan expressif : « On est presque toujours si seul ! »

Et c'est tellement vrai ! Il est rare que les artistes véritables ou les apôtres ne sentent parfois le poids terrible de l'isolement qu'ils ont été amenés, le plus souvent, à tisser autour d'eux.

« ... Et moi, je pensais, à l'immense tristesse d'êtres qui, armés d'une morale nouvelle, de désirs nouveaux, partent seuls en avant, se perdant dans la vie et rencontrent sur leur route des compagnons qui leur sont étrangers et ne peuvent les comprendre... Elle est pénible la vie de ces êtres isolés ! Le vent les chasse contre leur volonté, mais ils sont la bonne semence, bien qu'ils tombent rarement sur la bonne terre. »

(GORKI. *Les Vagabonds.*)

La plus grande part du génie de Steinlen est presque ignorée encore. Avec la sottise habituelle des spécialisations, qui simplifie tant les efforts de discernement, il n'est encore, pour beaucoup que le peintre des chats et des rôdeurs. A peine connaît-on ses paysages, ses fleurs merveilleuses, ses eaux-fortes et sa peinture qui reste à découvrir.

Ainsi que pour Anatole France, Fauré et Debussy, ceux qui l'avaient compris et aimé restèrent atterrés de l'avoir perdu, et ceux qui le craignaient s'épuisèrent encore dans leur vaine besogne de nécrophores. Mais, comme disait l'un de ses vrais amis en parlant de sa gloire : « Maintenant, ça ne fait que commencer. » Et ce sont les générations futures qui élèveront son tombeau au plus grand maître du trait de notre époque.

Il eut les plus belles funérailles, auxquelles ne pourront jamais prétendre les peintres à la mode. L'indifférent cortège officiel de Fauré lui fut épargné, aussi bien que la lamentable traversée de Paris, sous les obus, par une triste après-midi grise, de la dépouille de Debussy.

Il n'y eut point de soldats ni de rhétorique. Un dimanche de décembre, aussi gaîment ensoleillé qu'un des jolis matins du petit printemps qu'il affectionnait tant, il s'en retourna, comme il nous était venu, fleuri des fleurs rustiques du pays natal.

A travers les allées du Père-Lachaise, des groupes silencieux d'amis connus et inconnus étaient là, comme de vivants *Steinlen* essaimés dans le cadre démesuré de l'immense *campo santo*. Aux proches rassemblés, ceux qu'il avait aimés et célébrés le plus, ceux qui travaillent, venaient serrer la main en se nommant parfois à voix basse. J'en entends un, encore, leur apporter l'adieu du « Syndicat des Ebénistes », et je verrai toujours, flottant au bas d'une couronne un ruban écarlate sur lequel de braves lettres en papier d'or épelaient : « Les marchands du marché couvert du Temple »...

Maintenant les cendres de Steinlen reposent à Montmartre, au cimetière Saint-Vincent, tout proche de la maison où il mourut et où il avait passé le plus long temps de sa vie. Du foyer où, pendant treize années, il m'avait donné paternellement, avec simplicité, le plus bel enseignement de probité artistique et humaine.

X

1920 - 1923
Les Ballets Suédois
Voyages à travers l'Europe

Les Ballets Suédois — Rolf de Maré et Jean Borlin — Voyages à travers
l'Europe — Coutumes différentes des musiciens à l'étranger et en
province.

STEINLEN avait tout de suite aimé les *Ballets Suédois*.
Il y a des points de ressemblance entre le pays des
fjords et celui des glaciers, et des affinités entre les
deux peuples. En Suède, comme en Suisse, les gens sont
également simples et hospitaliers, les villes propres et
ordonnées, la campagne riante et les maisons confortables,
avec leur mât traditionnel où l'on hisse le pavillon national pour les visites et pour les fêtes. Au printemps, on y
va cueillir dans les bois les même myrtilles, si délectables
à déguster avec la bonne crème fraîche. En hiver, on y
célèbre avec ferveur le culte de la neige et du sapin de
Noël.

Mon plus lointain souvenir de Jean Borlin remonte à un matin de printemps de 1919. Dans la salle de gymnastique de la charmante église suédoise de la rue Guyot, que le passant est si surpris de découvrir, en plein Paris, dans la plaine Monceau, le futur animateur des *Ballets Suédois* dansait pour moi quelques-unes des créations qui devaient figurer à un récital qu'il allait donner à la Comédie des Champs-Elysées. Les premières danses m'avaient seulement « rassuré » en indiquant que j'avais devant moi un danseur de métier, élevé dès l'enfance à la rude école des opéras, et non pas l'un de ces innombrables amateurs qui encombraient Paris. Mais quand Borlin dansa son *Arlequin,* dont la « chute » en spirale gracieuse d'une lente pirouette aisée révélait tellement l'élève et le disciple de Fokine, je ne pus m'empêcher de le dire..., ce qui amena un sourire de satisfaction sur la physionomie studieuse du jeune homme et scella notre collaboration qui devait durer près de quatre années.

Peu d'artistes furent aussi admirablement allégés des contingences que Borlin à ses débuts, mais bien peu aussi eurent autant à lutter, avant de réussir à s'affirmer.

On ne sut pas toujours reconnaître quel effort représentait, pour le jeune scandinave, son triple rôle d'interprète, d'auteur et de chorégraphe, le fait de réunir et d'éduquer en quelques mois une troupe capable d'exécuter un répertoire d'un éclectisme et d'une tenue remarquable, à l'époque même où l'apogée du succès et de la maîtrise des *Ballets Russes* semblaient rendre une telle tâche presque insensée !

Le rôle de Jean Borlin comme interprète ne devait pas

être dissocié de son rôle de créateur. C'est dans sa dualité qu'il a pu être discuté, admis ou célébré. Quand il disparut, on commença à considérer surtout son œuvre dans son ensemble, en ce qu'elle avait apporté de nouveau. Alors. ses réussites apparurent plus clairement et, en s'affirmant, distancèrent singulièrement les critiques qui avaient été faites à certaines de ses créations.

On reconnut plus clairement que, dès ses premiers spectacles, il n'avait pas tardé à faire suivre ses débuts incertains de chefs-d'œuvre inoubliables, tels que *Les Vierges folles* et *El Greco*, maniant avec une maîtrise égale les foules sombres du Peintre de Tolède et les rondes ingénues de Nerman. Chef-d'œuvre d'une rare imagination que son hallucinante *Maison de Fous* et chef-d'œuvre d'humour et de grâce que son *Marchand d'Oiseaux*. Malgré la tâche ingrate et le précédent illustre imposé au nouveau chorégraphe de *Jeux*, ce dernier était parvenu à s'assimiler mieux l'esprit de Debussy et à se rapprocher plus de ses désirs que ne l'avait fait Nijinsky lui-même. Dans cette réalisation, Borlin apparaissait nettement en novateur, par l'adaptation de la danse classique à l'esprit moderne. Dans cet ordre, disait Carina Ari, on ne soupçonne pas combien les hardiesses de Borlin furent admirables et que peu de maîtres de ballets surent, aussi judicieusement que lui, servir l'évolution de l'école classique vers la grâce naturelle.

Le rôle des *Ballets Suédois* et leur apport apparaîtront certainement de plus en plus. Rétrospectivement, on s'apercevra mieux combien leur influence fut réelle. On peut dire qu'elle atteignit les *Ballets Russes* eux-mêmes et qu'elle se révéla nettement dans les créations de la dernière époque de Serge de Diaghilew.

Lorque Rolf de Maré, directeur mécène des *Ballets Suédois*, m'offrit de collaborer à son entreprise, j'acceptai volontiers, mais, en bon Français casanier, j'accueillis sans enthousiasme l'obligation de voyager qu'elle comportait. En bon Français aussi, je devais me mettre en route sans parler un autre idiome que ma langue natale. Tout au plus pouvais-je m'exprimer vaguement en anglais, grâce à mes souvenirs scolaires et à quelques semaines d'assiduité à l'école Berlitz, avant le départ.

En passant d'un pays à l'autre, je demandais aux glossaires et aux *lexikons* de m'apprendre ou me remémorer l'essentiel : les nombres et les locutions indispensables pour me faire comprendre à peu près des personnels hôteliers et artistiques. Ceux-ci me réservèrent parfois des surprises. C'est ainsi que, me trouvant pour la première fois à Stockholm, j'avais demandé au violon solo de l'orchestre qui parlait français, si je pouvais me servir des quelques rudiments d'allemand que je venais d'acquérir au cours d'un séjour un peu prolongé à Berlin. « Impossible — m'avait-il été répondu — nous ne comprenons exclusivement que l'anglais ! » Aussi surpris que je fusse, je m'efforçai de me conformer à l'avis qui m'était donné. Mais ayant à indiquer un certain numéro vingt-deux et ne retrouvant pas immédiatement le mot : *Twenty-two*, je me laisser aller à dire encore : *Zwei und zwanzig,* ce qui déclencha aussitôt de la part de l'orchestre un retentissant : *Ja wohl !* Ainsi fus-je convaincu du courtois opportunisme suédois, au lendemain de notre victoire de 1918. C'était peut-être le même sentiment qui incitait à Berlin le portier chamarré de l'hôtel où j'habitais, à me saluer à toute heure de la journée d'un déférent : *Good night, sir !*

Aussi attaché que je sois au charme du « chez soi »,

je l'ai toujours concentré en une seule chambre, celle où je travaille. Pendant ma vie nomade, je m'étais créé un petit univers portatif destiné à me conserver au moins l'illusion de ma table de travail. En plus d'une bibliothèque réduite aux livres essentiels, ma malle contenait un buvard et quelques autres objets familiers, que je disposais avant tout dans n'importe quelle chambre d'hôtel, sur la table anonyme qui devenait aussitôt mienne pour la durée de mon séjour.

Ainsi, pendant trois années, du Strandvagen de Stockholm au Ring viennois, de la Punta del Sol à Trafalgar Square, en Hongrie, en Italie ou en Norvège, un fil me rattacha toujours à la maison abandonnée. Et, curieuse ironie de la destinée, c'est en rentrant un jour à Paris que je devais me trouver le plus désorienté. N'y ayant plus de foyer pour m'accueillir, je dus choisir, là aussi, un gîte de passage, après en avoir indiqué si souvent à des visiteurs étrangers. Un souvenir d'enfance me hanta alors, celui d'un modeste petit hôtel suisse de la rue La Fayette, devant lequel nous passions avec mon grand-père, lorsqu'il me conduisait au vieux Conservatoire. Ce ne pouvait être que *là*, me semblait-il, que je dusse aller. Je m'y rendis donc et m'installai dans la seule chambre disponible : un minuscule cabinet inconfortable et mal aéré où le fracas des tramways et des autos ne cessait à peine qu'à deux heures du matin, pour reprendre dès le petit jour.

Je devais naturellement réagir bientôt contre les excès de sensibilité et contre les préjugés techniques qui nous ont si longtemps empêchés de sortir de chez nous, plutôt que de renoncer à nos habitudes. Trop souvent, nous avons eu la propension de critiquer les usages qui s'opposaient aux nôtres, notamment en ce qui concerne les heures ou les menus des repas à l'étranger. Un musicien que j'ai connu, voyageant en Amérique, ne s'indignait-il pas de n'y pouvoir trouver, pour sa pipe, du tabac caporal ?

Il faut savoir accepter l'inévitable et s'en accommoder. Je devais être souvent surpris par les coutumes des musiciens à l'étranger. En Espagne, par exemple, les répétitions matinales étaient absolument inconnues. Comme je m'en étonnais et demandais aux musiciens ce qu'ils faisaient le matin, l'un d'eux me répondit le plus naturellement du monde : « Mais, nous dormons ! » C'est que l'on vit beaucoup la nuit, là-bas. Les spectacles commencent entre dix et onze heures du soir et les matinées, nommées *matinées-vermouth,* ont lieu à sept heures. Ayant manifesté l'intention de répéter au moins de bonne heure l'après-midi, le régisseur m'avait répondu : « Je leur dirai que la répétition est pour deux heures précises. Alors, venez vers quatre heures et quart et vous pourrez commencer peu après ». Ce qui fut en tous points exact !

Tandis que je travaillais, un garçon de café entrait dans la salle, portant à bout de bras un plateau chargé. Je pensais qu'il faisait erreur, mais c'est moi qui me trompais : s'approchant de l'orchestre, il y distribuait çà et là des cafés-crème et des bocks. A peine avais-je commencé que j'apercevais une colonne de fumée, sortant d'un basson comme d'une cheminée. C'est qu'au pays d'Albeniz les musiciens fumaient à l'orchestre, et même en jouant ! Au moment où le flûtiste allait craquer une allumette, j'avais à peine le temps de lui glisser : « N'allumez pas ! vous attaquez immédiatement ! »... Sous ces cieux ensoleillés, un seul mot résoud toutes les questions et répond à tous les interrogatoires : *manana,* demain !

128

La France même devait me réserver des surprises. Au cours d'une tournée provinciale, j'eus affaire à des musiciens inimaginables. Mon chef adjoint allait généralement en avant faire répéter l'orchestre et, lorsque je le rejoignais dans la ville nouvelle, il me prévenait de ce qui m'y attendait. Un jour, à La Rochelle, en m'accueillant avec un certain sourire que je connaissais bien, il répondit à toutes mes questions par ces mots sybillins : « Je ne vous dis rien... Vous verrez ce soir... Il y a surtout le trompette ! »... Et le soir, en effet, j'apercevais, embusqué dans un coin de la fosse, l'unique trompettiste qui, *toute la soirée*, risqua de temps en temps une note, laquelle n'étant jamais la bonne, le replongeait dans sa perplexité jusqu'au prochain essai raté. A la fin du spectacle, mon second, facétieux, m'annonçait que l'on n'avait pu trouver dans la ville, pour figurer au pupitre des trompettes, qu'un agent de police qui avait été jadis clairon au régiment. Car les directeurs des théâtres où nous jouions avaient plus souci de nous fournir le nombre prévu de musiciens que de s'assurer de leur qualité. A Montpellier, au début de l'unique répétition, le régisseur avait simplement demandé aux musiciens : « Est-ce que tous les pupitres sont représentés ? » Aussi, le pianiste qui voyageait avec nous devait-il souvent parer aux déficiences des orchestres locaux. Mais ce brave fils des fjords jouait les partitions de notre répertoire dans *son* mouvement, c'est-à-dire dans le *tempo* auquel pouvaient atteindre ses capacités techniques. C'est ainsi qu'au début, lorsque toute la troupe était arrivée de Suède, j'avais été stupéfié par ses exécutions « au ralenti » des *Iberia* d'Albeniz, du *Tombeau de Couperin* et, en général, de tous les mouvements animés des autres partitions. D'autant plus que Borlin avait établi

129

d'après ces *tempi* sa chorégraphie, qui devenait inexécutable plus vite. Cela créa, entre la musique et la danse, des conflits dont la bonne foi des uns et des autres s'efforçait de résoudre les problèmes.

Une part de divination était nécessaire dans ma collaboration avec Borlin, qui comprenait et parlait peu le français, tandis que je n'entendais rien au suédois. Il ne m'avait pas toujours été facile de le comprendre lorsqu'il m'exposait l'affabulation de ses scénarios et principalement pour *Iberia* et *El Greco*. Ayant dû écrire spécialement cette dernière partition, j'avais longuement questionné le jeune auteur chorégraphe. D'une voix gutturale au fort accent teuton, s'aidant du geste et de l'onomatopée, il m'avait annoncé qu'il devait y avoir tout d'abord un orage avec des éclairs et du tonnerre.

— Et ensuite ?

— Ensuite, il y a les jeunes gens qui entrent.

— Bien ! Et après cette entrée des jeunes gens ?

— Alors, il y a les jeunes filles qui entrent aussi.

— Parfait ! Et une fois entrés les jeunes gens et les jeunes filles, que se passe-t-il ?

Alors, après avoir marmonné à part lui dans son idiome natal, il poursuivait, toujours s'aidant du geste, et j'arrivais à discerner que des moines devaient apparaître, escortant un cortège funèbre. Enfin, après que j'avais récapitulé les phases originales de l'action préliminaire et prétendu en savoir plus encore, le visage du jeune homme s'éclairait soudain et il disait : « Alors, j'entre ! », en prononçant : « ch'entre ! » Et aucun récit d'aucun scénario ne se poursuivait jamais plus avant. Le point crucial était atteint et sa révélation devait suffire à la compréhension de tous. Mais, au fond, n'en est-il pas à peu près de même avec nombre de sujets de ballets imaginés par des danseurs.

L'une des plus grandes ambitions de Borlin avait été la réussite d'*Ibéria*. — On ne peut imaginer ce que les Nordiques peuvent être passionnés pour l'Espagne ! — Steinlen avait fait des maquettes magnifiques pour les décors et les costumes. Mais Borlin avait acheté en Espagne un costume *véritable*, qu'il obtint de porter, bien que le bleu clair de son velours jurât atrocement avec le décor ! Borlin avait appris la *vraie* danse espagnole avec un *vrai* danseur espagnol. Mais tout cela étant mis au service de l'esthétique et de la corpulence suédoise, le résultat fut décevant.

Autre passion de Borlin et de son mécène, le modernisme devait leur tendre ses pièges et enrichir ses profiteurs. Au lendemain de la guerre, quelques jeunes musiciens et quelques peintres s'étaient organisés en consortium, réagissant ainsi contre la conception surannée de « l'artiste » pauvre et désintéressé. Pendant trois années. je pus assister à d'édifiantes performances et surprendre de singuliers aveux ! C'est seulement plus tard, lorsque Borlin eut disparu, que son richissime mécène devait apercevoir quelles convoitises sa crédulité avait éveillées ! Rolf de Maré dit alors : « Avec la mort de Borlin, l'ère des *Ballets Suédois* est close » et il put compter ceux de ses anciens collaborateurs qui continueraient à célébrer son fastueux dévouement à la musique et à la peinture françaises.

1920

U N homme disparut assez obscurément auquel les musiciens auraient dû adresser un hommage ému.
C'est à peine si quelques journaux annoncèrent à son époque la mort de Gustave Lyon, et, parmi ses amis, beaucoup ne furent prévenus que trop tard, par quelques lignes découvertes dans une revue périodique.

Pour les très jeunes générations, le nom de Pleyel évoque seulement l'immense building du faubourg Saint-Honoré ; elles ne purent donc être frappées par une disparition dont l'importance n'échappe pas à ceux qui se souviennent de la vieille « maison » Pleyel à laquelle la personnalité de Gustave Lyon resta intimement liée jusqu'à sa mort.

Au bas de la rue Rochechouart, une haute palissade dissimula longtemps un vaste terrain vague aujourd'hui converti en stade pour la jeunesse. C'est là qu'exista, de 1838 à 1927, la plus touchante « maison des musiciens ».
Peu après la mort d'Ignace Pleyel, compositeur de

musique, élève préféré du grand Haydn, fondateur de la célèbre manufacture de pianos, son fils Camille, abandonnant les « salons » de la rue Cadet, édifia ceux de la rue Rochechouart. A la mort de ce dernier, son associé, Auguste Wolff, resta seul directeur et c'est son gendre, Gustave Lyon, qui lui succéda en 1887. Pendant quarante années, il sut maintenir intacts le style et l'esprit de la maison Pleyel, l'un des derniers refuges de la courtoisie et de l'hospitalité françaises.

L'acoustique de la vieille salle était aussi célèbre que celle du Conservatoire et son passé n'était pas moins riche en souvenirs.

Chopin y avait donné son premier et son dernier concert. Liszt avait été son familier. Rubinstein y parut régulièrement, après y avoir débuté à l'âge de dix ans. Au même âge, Saint-Saëns avait donné là son premier concert et y commémorait l'évènement cinquante ans plus tard. Francis Planté y avait également débuté... et les contemporains sont innombrables, qui gravirent avec émotion les degrés de la vieille estrade, avant d'affronter le public pour la première fois.

Le public, lui, connaissait le grand salon blanc rehaussé d'or. Tout en longueur, sa paroi de droite était garnie de glaces et de fausses fenêtres, la mitoyenneté du mur avec l'immeuble voisin empêchant toute issue ou tout accès de ce côté. La paroi de gauche communiquait, au milieu, avec l'escalier, et aux extrémités avec des pièces remplies de pianos. De mystérieuses parties mobiles dissimulaient de petits salons latéraux ouverts aux soirs d'affluence et d'où l'on apercevait cependant l'estrade et les artistes, grâce à un ingénieux jeu de glaces. L'arc surbaissé du plafond ménageait, au-dessus de l'estrade, un

LA VIEILLE SALLE PLEYEL

frontispice décoré en camaïeu, au sujet duquel nous aurons à revenir plus loin.

Dans un numéro de l'*Illustration*, du 9 juin 1855, la reproduction d'une lithographie représentant la salle Pleyel, un soir de gala, donne une idée exacte de l'éclairage, qui était assuré par quatre lustres et par des appliques. Plus tard, les brûleurs « papillon » des bougies en porcelaine furent supplantés par des becs Auer, et ceux-là même, plus tard encore, par des ampoules électriques. Mais les cristaux des appliques et des lustres furent toujours disposés assez adroitement pour que le progrès s'accordât avec la tradition.

Les acheteurs connaissaient en outre la salle de vente, qui sentait bon le bois et le vernis et dont le centre était occupé par des pianos de différents modèles. Sur le pourtour exhaussé se trouvaient des instruments rares ou anciens. Enfin, on apercevait à la place d'honneur, isolés des autres et protégés par un épais cordon de musée, les deux reliques les plus précieuses : le piano de Chopin et celui de César Franck.

Mais les familiers connaissaient bien d'autres lieux encore et ne cessaient de faire des découvertes dans la vieille maison aux appentis et aux recoins innombrables.

Quand on habitait Montmartre, en descendant à l'ancien Conservatoire par la rue Rochechouart, on serrait un peu plus le bras de la maman ou du bon grand-père en traversant la dangereuse rue de Maubeuge, et l'on ne desserrait pas l'étreinte, bien qu'arrivé au trottoir, car il y avait encore à traverser la première porte cochère de « chez Pleyel », la porte des ateliers, celle d'où sortaient les immenses voitures aux cochers haut-perchés, retenant les gigantesques chevaux dont les fers fracassaient le pavé.

Mais on abandonnait presque le bras tutélaire, pour passer l'autre porte, on s'y arrêtait même, on jetait un œil aux lettres d'or qui nommaient la maison : Pleyel, Wolff et Lyon, pour voir si le premier Y était toujours un peu de travers. On savait bien qu'aucun lourd charroi ne devait ébranler ce porche. Tout au plus avait-on à se garer parfois, lorsque le brave cheval de la « voiture de M. Lyon » montrait ses naseaux... Mais on n'était pas encore admis à entrer. Il fallait d'abord aller plus loin, continuer d'apprendre ses notes.

Et puis, un beau jour, plus tard, on entrait pour « son premier concert ». La chère maman donnerait là une audition d'élèves où l'on jouerait à quatre mains, avec la petite sœur, la *Marche Nuptiale* du *Songe d'une Nuit d'Eté*. Pas dans la grande salle, bien sûr ! Mais dans la petite salle des Quatuors. Derrière l'estrade, on attendrait son tour dans le foyer, en convoitant la pâtisserie et le verre de sirop de groseille qui seraient accordés à ceux qui auraient bien joué... et dont les autres ne seraient pas privés. Le service était fait par des géants débonnaires — les robustes porteurs de pianos assurant le service des salles pour les concerts — attentifs à ce que les virtuoses en herbe n'aillent pas s'amuser trop près du monte-charge ou ne descendent par fouinasser vers les écuries, car la logique inconsciente des petits hommes commandait qu'on commençât par le bas l'apprentissage de la maison où tant d'évènements de votre vie allaient se passer.

Pianiste, on donnerait là son premier concert — le mot récital n'étant pas encore inventé — ; compositeur, vos premières partitions y seraient accueillies par la Société Nationale ou la S.M.I. (Société musicale indépendante). Alors, on devenait peu à peu « de la maison ». On découvrait que telle porte donnait sur un escalier particulier d'allure bourgeoise, qui menait à «l'appartement de M. Lyon », dont le salon communiquait secrètement avec la grande salle des Concerts. Une large fenêtre, qui n'avait l'air de rien, s'ouvrait sur une toile métallique, l'envers du frontispice mentionné plus haut, dont l'innocent camaïeu ne révélait au public de la grande salle que ses figures et ses attributs allégoriques, mais qui permettait au maître de la maison de voir et d'entendre sans être vu.

On n'avait plus rien à apprendre sur le premier étage et, par la bonne grâce hospitalière de celui que l'on commençait à nommer entre soi « le père Lyon », on se familiarisait peu à peu avec l'étage supérieur dont la « salle russe », avec son faîtage robuste, faisait penser à quelque isba suspendue. Ici, les accordeurs mettaient au point le piano qui servirait à Pugno ou le clavecin que Diémer devait jouer le lendemain. Dans les pièces environnantes, des vernisseurs faisaient glisser lentement leurs tampons épais sur les belles pistes d'acajou et de palissandre, avec une obstination toute japonaise et dans une grisante exhalaison de térébinthe.

A l'étage supérieur se trouvait, isolé par un long couloir, le cabinet de travail de Gustave Lyon. Il vous y entraînait parfois pour vous parler de sa dernière invention : car le polytechnicien qu'il avait été exigeait inlassablement de la science qu'elle servît à l'art. Cette conception de l'inventeur prolifique aida certainement aux critiques, qui ne lui furent pas ménagées. L'utilité du piano-double, de la harpe chromatique et du piano à deux claviers ne réussirent pas à s'imposer, certes, mais l'idée en était défendable. Et surtout, elle ressortissait à ce besoin d'aider les artistes et de leur rendre service, qui caractérisa Gustave

Lyon. Il suffisait qu'on lui dit que nos jeux de cloches étaient insuffisants, en France, pour qu'il inventât et construisît aussitôt un carillon perfectionné qu'il mettait à la disposition de tous, avec le plus complet désintéressement ; qu'un compositeur exprimât le désir de voir enregistrer au *Pleyela* une de ses œuvres ,pour que toute sa production figurât au catalogue. Du haut en bas de sa maison, et jusque sous les escaliers, des studios étaient ménagés, où plus d'un flirt, même, s'ébauchait au hasard des quatre-mains !

Au lendemain de l'armistice, il s'enthousiasmait pour une tentative de concerts rétrospectifs, où les œuvres des siècles passés devaient retrouver, dans la vieille salle désuète, sous l'égide d'Ignace Pleyel, le cadre et la composition d'orchestre de l'époque à laquelle elles avaient été écrites. Les organisateurs eux-mêmes durent persuader leur hôte que son mécénat ne devait pas être mis à plus longue contribution.

Mais c'est surtout son rêve d'acousticien qui tenait le plus au cœur de Gustave Lyon. Dans son cabinet de la vieille maison, il montrait avec fierté la maquette de la future salle, dont l'édification devait être, pensait-il, le couronnement de sa vie de labeur et de dévouement.

Elle devait lui réserver, hélas ! bien des amertumes. Certes, la poussée vers l'Ouest de l'activité parisienne commandait d'abandonner la vieille rue Rochechouart, mais il fallait néanmoins se méfier de n'être pas entraîné dans une course vertigineuse au modernisme dépourvu d'idéal. Gustave Lyon ne sut pas y résister. Pour que l'âme de la vieille maison put subsister dans le nouvel immeuble, il eut fallu lui conserver quelques vestiges du passé glorieux. Les amis les plus fervents et les plus sensibles avaient préconisé que l'ancienne salle fut reconstituée en quelque endroit voisin de la nouvelle, telle qu'elle avait existé pendant près d'un siècle. Avec son charmant foyer aux tentures de soie bleue, ses vitrines aux instruments bizarres, le bureau-piano si cocasse d'Ambroise Thomas, la collection d'autographes, dans leurs cadres en bois des îles, et, à la place d'honneur, la vieille carte rose imprimée en belle anglaise, qui avait attribué, pour un louis d'or, la place réservée n° 17, pour « la soirée de M. Chopin, dans l'un des salons de MM. Pleyel et Cie, le 17 février 1848 ».

On ne sut transplanter que le piano de Chopin lequel, perdu dans un hall immense de la cité du ciment armé, donnait bien moins l'impression d'un hôte illustre recevant les hommages de ses visiteurs que celle d'un pauvre redoutant les sarcasmes... ou la « proposition avantageuse » d'un Yankee milliardaire, en vue de son exil définitif. Et l'on baptisa du nom de Chopin un endroit de style moderne où l'ombre de l'auteur des *Nocturnes* ne s'acclimatera jamais.

Gustave Lyon ne devait pas survivre à une telle mésaventure, et, dans les dernières années de sa vie, il ne cessa d'évoquer un passé qui ne pouvait plus revivre, puisqu'il avait laissé massacrer autour de lui les derniers vestiges d'une époque heureuse où l'on savait vivre simplement.

Mais, parmi les musiciens, certains ont à cœur de n'oublier jamais ce que fit pour eux « le père Lyon » en leur maintenant, aussi longtemps qu'il pût, « leur maison », dans le vieux quartier de leur enfance !

Pendant une courte saison, dans les désuets « Salons de MM. Pleyel, Lyon et Cie », les *Concerts Ignace Pleyel* avaient fait revivre le passé en jouant quelques chefs-d'œuvre de la musique symphonique aux XVIe, XVIIe et XVIIIe siècles. Un intime de la maison, Bernard Naudin, dessinateur et musicien, avait composé pour les affiches et les programmes un frontispice où les violes, les hautbois et les bassons, les cors et les clarinettes, les timbales, la harpe et le régale étaient harmonieusement groupés. Au bord des pupitres, on distinguait les chandelles à abat-jour évocatrices de la *Symphonie des Adieux* de Haydn. Sur le pupitre du chef était glissé, entre les pages d'une partition, l'archet qui avait fait la transition entre la lourde canne de Lulli et la fine baguette actuelle.

Quelques œuvres à peu près ignorées furent même révélées au public : *La Messe du Couronnement* de Mozart, des fragments de l'*Orfeo* de Monteverde, dans leur version originale, et la dernière œuvre écrite par Rameau, son ballet *Les Paladins*.

Ainsi, sans qu'ils puissent alors s'en douter, quelques musiciens devaient-ils rendre un dernier hommage au dernier hôte de la vieille maison française.

XII

1919

La Société des Nouveaux-Concerts — Les dernières années de Claude
Debussy — Premier anniversaire de sa mort — Publications
épistolaires.

LORSQUE le Théâtre des Champs-Elysées fut contraint de
fermer ses portes*, l'idée n'était pas venue aux musiciens de l'orchestre que j'avais formé, de s'associer
pour tenter de subsister. Au cours de la première année
de la guerre, j'essayai de regrouper ceux que la mobilisation avait épargnés, puis, aidé par Astruc, j'entrepris de
rompre le silence dans lequel la musique avait été plongée.
Sous le prétexte de concerts aux blessés, donnés au Palais
de Glace, nous essayâmes de faire revivre la Société des
Nouveaux Concerts, dont les débuts avaient été accueillis
avec enthousiasme en 1913, dès le concert inaugural du
luxueux théâtre de l'avenue Montaigne.

Debussy lui-même avait célébré l'évènement, dans la
Revue S.I.M.

Mais cela n'avait pas pu continuer, même une année.

---

* Voir plus loin : Chapitre XV.

Seulement quelques mois, pendant lesquels Debussy avait
tant aimé *son* théâtre — où l'on prenait toujours le temps
pour travailler — et *son* orchestre — dont les répétitions
n'étaient jamais limitées et dans lequel l'usage du remplacement était strictement prohibé. — Quand il était parti
en Russie, pour une tournée de concerts, il lui avait fallu
emporter *ses baguettes,* c'est-à-dire quelques-unes des
miennes, à l'extrémité desquelles j'avais pyrogravé son
monogramme.

Aussi Debussy était-il accouru parmi nous, au Palais
de Glace, pour réentendre l'*Ode à la Musique,* de Chabrier,
solenniser un nouveau « départ ». Notre tentative ne
devait pas durer non plus, mais les quelques concerts qu'il
nous fût permis de donner devaient probablement procurer
à l'auteur de *Pelléas* ses dernières joies orchestrales. Nous
faisions ensemble les programmes et je me souviendrai
toujours de son enthousiasme pour *Namouna,* notamment,
qu'il aimait passionnément et dont les cors de chasse de
la « Parade de Foire » le ravissaient, bien mis en dehors,
pavillons en l'air, éclatant au-dessus du *mezzo-forte* du
reste de l'orchestre — ainsi qu'il est écrit, mais rarement
réalisé.

La mobilisation, en se poursuivant, dégarnit l'orchestre peu à peu et devait, un beau jour, lui enlever jusqu'à son chef.

A partir de cette époque, les intimes de Debussy vont
le voir souffrir longtemps et cruellement, avant de suc-
comber au mal impitoyable qui devait l'emporter, moins
de trois ans plus tard.

On a publié beaucoup de lettres de Debussy, on en a
même publié trop. Les morts illustres n'appartiennent pas

DEBUSSY, PAR STEINLEN
(Collection de l'auteur.)

à la postérité au point que l'on puisse dévoiler certaines de leurs intimes pensées qu'ils avaient *confiées*, de leur vivant, à la discrétion de leurs correspondants. Certains, parmi ces derniers, abusent souvent de cette confiance dans le seul but de se mettre eux-mêmes en évidence et de tirer profit d'une amitié qu'ils avaient souvent forcée.

D'autre part, la multiplicité des publications épistolaires amène des redites, intéressantes parfois, mais parfois aussi fastidieuses. Toutes ne conservent pas l'intérêt constant des correspondances de Gœthe avec Schiller, Eckermann ou le Chancelier de Müller.

Sous l'influence d'un événement ou d'une simple pensée obsédante, on retrouve jusqu'à des phrases identiques dans nombre de lettres adressées par Debussy à des personnalités différentes. A l'occasion de la mort de sa mère, par exemple, à propos de sa chère musique ou de l'océan qu'il aima tant aussi, et qu'il alla revoir, comme pour des adieux, à Pourville, en 1915, à Arcachon l'année suivante et à Saint-Jean-de-Luz pour la dernière fois.

Aussi éviterai-je de tomber dans le travers commun, en révélant parfois quelques phrases seulement du sachet de lettres que je conserve pieusement.

Pendant ces dernières années, je vis assidûment Debussy, qui m'écrivait régulièrement dès qu'il s'éloignait de Paris, souvent déçu par ses déplacements inconfortables.

> « ... Pas très loin de là, on trouve le Grand-Hôtel où nous sommes. C'est un endroit incomparable quant au décor et à la lumière, incomparable ! Pour l'estomac ?...
> Il y a trop de pianos. J'aimais mieux les clairons.
> Il me semble que... c'est manqué ? »

— Les clairons qu'il évoquait étaient ceux qu'il enten-

dait de son cabinet de travail, avenue du Bois, et qui l'aga-
çaient souvent cependant. —

Dès le début de la guerre, presque jusqu'à sa mort,
Debussy composa encore quelques œuvres dont peu émer-
gent, parmi lesquelles : le charmant *Noël des enfants qui
n'ont plus de maison* et trois des *Six Sonates* qu'il avait
projeté d'écrire pour divers instruments, faisant suivre sa
signature de ces mots : « musicien français », comme s'il
avait ainsi désigné son épitaphe.

Il accompagna lui-même le *Noël* et la *Sonate pour
violon et piano* à des concerts de la S.M.I. (Société Musicale
Indépendante). Et ce devait être ses adieux au public !

Il allait maintenant entrer dans la solitude, avec des
alernances de doute et d'espoir. Les rares amis qui peuvent
encore le voir, pour la plupart mobilisés, en seront souvent
empêchés par leur service.

« ... Il y a au Jardin d'Acclimatation un animal fort laid,
qui porte le nom d' « Adjudant-Major », je suppose qu'il doit
être parent du vôtre ?

Autrement, je continue cette existence dans un rond de
caoutchouc, que vous savez. On me fait espérer un mieux dans
une quinzaine de jours. Mais je n'ai pas beaucoup de confiance
et le radium abuse un peu du droit d'être mystérieux.

Si vous avez un moment, venez voir le pauvre invalide et
croyez-moi votre vieux dévoué.

. . . .

« Monsieur Ingelbresse est venu demander des nouvelles »...
Ainsi parla Etienne, maître d'hôtel luxembourgeois, dimanche
dernier ! Mais il n'était plus temps de vous rappeler... D'ailleurs, la maison est mauvaise : ma femme, Chouchou ont la
coqueluche, sale maladie qui s'attrape « plus que vinaigre
n'attrape mouches »... et je ne pense pas que vous auriez aimé
à importer la coqueluche rue Caulaincourt.

Enfin, c'est la série à la noire et ma provision de philosophie est depuis longtemps épuisée. Alors, je grogne désespéré-
ment, heureusement personne n'est là pour m'entendre, car ce
n'est précisément pas joli.

« ...Des gens, sur la voie, font des travaux de ballast ryth-
mant leur travail de cris inarticulés...

Si je ne deviens pas enragé, c'est qu'un Dieu compatissant
veille sur moi...

Seulement, j'en ai assez, assez, assez !

Votre pauvre ami,

C. D.

. . . .

Au cours des derniers mois, Debussy, ne pouvant plus
écrire de musique, en lisait. L'un de ses derniers désirs fut
de relire les œuvres *a capella* que je projetais de faire
exécuter.

Lorsqu'il nous avait fait demander de venir dîner,
nous retournions dans son cabinet de travail aussitôt après
le repas, et il s'assoupissait généralement dans son fauteuil.
Alors, nous nous taisions pour ne pas troubler son répit.
Puis la souffrance le réveillait... Un soir, il nous dit
soudain :

« Mes enfants, allez-vous-en, car je sens que je vais
devenir méchant ! »

Il s'agaçait même de sa petite fille qu'il adorait et qui
était son vivant portrait. La charmante enfant supportait
bien gentiment sa nervosité morbide, qui éclatait brusquement, sous le prétexte le plus futile.

La dernière fois que je vis Debussy, il était couché
dans la petite chambre de Chouchou, presque inconscient,
sous l'influence des stupéfiants. Il parlait à peine et, ne
pouvant plus porter lui-même à sa bouche son inséparable
cigarette, il en aspirait la fumée par un long fume-cigarette
que sa femme lui tendait... Deux jours plus tard, j'étais

145

prévenu de sa mort, qui avait enfin terminé son calvaire. Ses obsèques eurent lieu sous une méchante petite pluie fine, tandis que le canon tonnait sur Paris.

Un an après, j'essayais de réunir encore *son* cher orchestre, afin de donner pour la première fois, en deux festivals, l'ensemble de son œuvre symphonique. Ce ne fut pas aisé, car il fallut obtenir le concours gracieux des musiciens et des choristes, en des temps particulièrement difficiles. Le jour même de la répétition générale, les cors étaient déficients et je dus les remplacer à grand'peine pour le premier concert.

A cette époque, je n'avais encore jamais dirigé *La Mer* et mon inquiétude était grande pour ce début, en de telles conditions. Surtout que j'aperçus, au moment d'attaquer, Philippe Gaubert et quelques autres de mes camarades chefs d'orchestre, ouvrant leur partition de poche pour suivre l'exécution !

Ce furent les dernières manifestations de cette jeune Société des nouveaux concerts, dont les débuts éclatants, au Théâtre des Champs-Elysées, avaient donné tant d'espoir à celui que d'Annunzio avait nommé Claude de France.

XIII

1915-1918
Mobilisation

Surpris en Suisse par la mobilisation, celle-ci devait m'être bienveillante lorsque je regagnai Paris. Appelé après huit mois d'attente, je fus dirigé un jour vers l'hôpital militaire du Val-de-Grâce. Son commandant gestionnaire, lorsque les recrues passaient devant lui pour être affectées, tenait dans une égale déconsidération les sciences et les arts. L'annonce d'une profession libérale était régulièrement suivie de l'envoi dans le service indépendant d'un laboratoire attenant à l'hôpital, celui de la vaccination antityphique. Je dus à ce souci d'ordre et de logique de tomber dans ce service.

Mon «patron», qui savait commander avec esprit, s'accommoda avec bienveillance de mon ignorance en matière scientifique, qui devait lui assurer au moins l'exécution scrupuleuse de ses instructions, sans lui faire craindre les initiatives fâcheuses des spécialistes.

Je voulus d'abord me contenter strictement de la tenue réglementaire qui me serait donnée, mais j'avais appris au dépôt qu'elle consistait en un calot, un capuchon et une paire de sabots. Je fus donc bien obligé de faire de la fantaisie ! Mais il fallait un certain courage pour exhiber sans honte le double deux du chiffre de ma section d'infirmiers. Le combattant admettait bien les services sanitaires de l'arrière, mais les troupes citadines, et particulièrement leurs guerriers auxiliaires, frappaient d'une impitoyable réprobation ceux dont le col était marqué de l'écusson fatal. Certains autres services de l'arrière n'étaient point discutés cependant ; le service de propagande, par exemple, aussi éloignés du front que fussent ses affiliés, tandis que nous...

Mon nouvel état me fit traverser chaque jour un Paris que j'allais découvrir. Le Paris inconnu de ceux qui le quittaient ordinairement à la belle saison. Un Paris d'été persistant que l'on ne retrouverait jamais plus, pensais-je, mais que l'on devait revoir, hélas, à la prochaine dernière guerre.

Avant d'aller reprendre à l'hôpital le travail que j'avais quitté la veille, je ne manquai jamais de traverser le Luxembourg. J'y entrais par la rue du Luxembourg, qui devait bientôt perdre son joli nom pour être rebaptisée de celui d'un héros. Passant devant la charmante maison du jardinier, je côtoyais la roseraie et descendais bientôt les marches qui m'amenaient devant le Sénat.

Le beau jardin était calme et propre, à cette heure il n'appartenait encore qu'à des amis silencieux et discrets. Il fallait cependant le quitter. Quoiqu'en me hâtant à regret, je songeais au labeur interrompu que j'allais retrouver et une foule d'autres travaux me venaient à l'esprit, dans la bousculade des idées matinales qui semblent si aisées à réaliser.

Lorsque je retraversais le jardin vers midi, je pouvais alors m'y attarder un peu, surtout au printemps, quand les charmants petits orangers-boule étaient réapparus et encerclaient de nouveau le bassin ; j'étais inconscienmment ramené à l'allée des Reines, au pied de la statue de Marguerite d'Angoulême, qui avait entendu se moquer les élèves de M. Bergeret. Si le jardin avait perdu son beau calme, du moins n'était-ce pas encore l'envahissement bruyant de l'après-midi. Quelques filets de tennis barraient les jeux de paume désuets où de chastes adolescentes se préparaient dans un anglais de lycée aux « courts » balnéaires. Sous les arbres proches, des « frères-quatre-bras », empêtrés par leurs soutanes, se mêlaient avec une gaucherie puérile de travestis aux jeux des collégiens en récréation, interrompant parfois leurs cris d'un sifflet bénévole.

Je n'avais point cherché, comme tant d'autres, à concilier mes obligations militaires avec l'exercice de ma profession. Quelques amis, qui m'avaient déniché devant mes autoclaves, avaient bien prétendu que leur lointaine ressemblance avec des timbales ne pouvait pas suffire à m'évoquer « le civil » et ils ambitionnaient plutôt pour moi les concerts aux blessés, la propagande ou quelque secrétariat qui puisse m'autoriser même à briguer l'épaulette. Je fus sans mérite à avoir résisté. Mon laboratoire donnait, par une large baie, sur un bout de jardin et le directeur du service auquel j'appartenais possédait l'autorité sage des grands chefs. Il s'assura de la consciencieuse

149

exécution de ses ordres en ignorant, avec un sourire, que mon tiroir contint quelques livres, des plumes et du papier réglé. Quelques bêtes familières m'entouraient et mes camarades préférés étaient tels que s'il m'avait été permis de les choisir.

Leveau, cultivateur du Parisis, ne pouvait s'accoutumer aux tâches sédentaires. Malgré ses cent kilos, il aspirait à « partir dans l'z'autos ! » Chaque soir, dès que le sergent de garde avait pointé sa sortie, il empochait son bonnet de police — unique attribut militaire de son costume — et coiffait une casquette familière, puis il descencendai aux Halles, « revoir un peu les légumes de chez nous », disait-il.

Louche, garçon de café dans un dancing de Montmartre, nous indiquait les différentes façons de rendre la monnaie d'un billet, suivant qu'un client était Français ou étranger et étant donné la quantité de champagne que sa victime avait déjà absorbée. Il possédait une cocasse faculté d'imitation et, sifflottant un air à la mode que les castagnettes de ses doigts sonores accompagnaient, il indiquait, claquetant avec adresse malgré ses sabots, une danse nouvelle à un candide abbé corrézien que François d'Assise n'eût pas désavoué et qui se prêtait volontiers, amusé, à ce rôle de disciple imprévu.

La vie de Louche était uniquement absorbée par les conquêtes galantes. « Ah ! me répétait-il souvent, si j'avais un métier comme le vôtre ! Si j'vivais tout l'temps dans les théâtres ! Mais j'voudrais avoir un' poul' nouvelle tous les jours ! » Un soir qu'il se préparait à sortir, attentif devant le débris de miroir qui me réflétait la mèche avantageuse, collée au front, de ses cheveux noirs luisants de brillantine, ses yeux saillants et ses solides dents blanches sous sa petite moutache aux guillemets ineffables, je lui criai de loin, en riant : « Tout de même, ce que c'est que d'être beau môme ! » Alors lui, interrompant l'ordonnance savante de sa cravate azurée, tourna la tête vers moi dans un haussement d'épaules excédé et répliqua, convaincu : « Oh ! ça m'em...bête d'êtr' beau môme ! »

Déjardin, un placide petit charretier trapu, ne supportait pas d'être enclos. Il sauta obstinément le mur jusqu'à ce qu'on lui accordât de partir au front. Quand, par hasard, il n'était pas consigné, il venait me serrer la main avant d'aller retrouver le bon pavé des rues et me priait de lui « faire l'hospitalité de cinquante centimes ».

Enfin, j'avais Jean Bordes, mouleur en plâtre, le plus brave, le plus divers et le plus spirituel des artisans parigots que j'aie rencontré. Fagoté comme un tourlourou de caf' conc' faubourien, il ne se départissait jamais d'un calme traînard et, sans interrompre sa besogne, imitait le camelot, nous aspergeait d'eau en marmottant un *orémus* ou nous envoyait les répliques les plus inattendues des drames de cape et d'épée qu'il avait suivis jadis à Montmartre, à Montparnasse ou aux Gobelins :

> « *Savez-vous nager, Marguerite ?* »
> « *Peut-être est-il temps encore de nous sauver !* »

. . . .

> « *Au dehors, le bruit des balles !* »
> « *Au dedans, le choc des verres z'et des baisers !* »

. . . .

Il accordait une touchante considération à mes travaux clandestins, bien qu'il sût cependant que les divertissements et les jeux s'en trouveraient arrêtés pour quelques heures. Quand il s'apercevait que je m'y préparais, il fixait un instant sur ma page interrompue les points noirs et les queues des notes, qu'il avait imagées à sa façon. Levant vers moi son bon regard embroussaillé et clair de chien briard, il me disait simplement, avec un regret : « Alors, tu vas encore te r'mettre à faire tes pipes ? »

Ma prédilection pour ces humbles camarades et mon refus de briguer le moindre galon m'avaient attiré la désapprobation et même l'animosité des pharmaciens qui avaient réussi à se faire affecter dans le service. Je ne m'en souciais pas et me divertissais à les oberver. Leurs préoccupations ordinaires étaient partagées entre d'interminables parties de bridge ou de poker et le commentaire des communiqués ou des « décisions ». L'une de ces dernières les avait particulièrement atteints dans leur vanité puérile, un certain pharmacien-aide-major était arrivé un matin très nerveux en déclarant : « Il est inadmissible que l'on nous ôte les galons plats ! » C'était à un moment où le haut-commandement avait tenté de différencier les officiers combattants des « assimilés ».

Tout un petit univers gravitait dans les quatre-vingt mètres carrés de notre laboratoire et de ses dépendances.

Je ne m'étais pas tout de suite remis à « faire des pipes ». Pour tromper la trêve forcée de mes activités professionnelles, j'occupais mes moments de liberté à guider les travaux de quelques jeunes instrumentistes, dont il me semblait que les dispositions dûssent être encouragées. Auparavant, pendant plus d'une année, j'avais lu, exclusivement, et relu pour combler un peu les lacunes de l'instruction générale trop hâtive, qui est le fait de tant de musiciens. Mon existence, si active avant la guerre, étant devenue

152

bien calme maintenant, j'avais pu tout à loisir considérer
le chemin parcouru, réfléchir à mes erreurs et sourire parfois, rétrospectivement, à mes enthousiasmes, mes aversions
ou mes emportements.

La musique, ayant suivi l'ambiance générale, s'était
organisée peu à peu dans l'état de guerre, après avoir été
longtemps interdite par un gouvernement qui s'imaginait
probablement forcer ainsi au recueillement les civils, après
leur avoir enjoint de se taire et de se méfier pour sauver
la Patrie !

La première autorisation accordée, des essais dispersés
de concerts furent tentés, après quoi les officiels, rassurés,
rentr'ouvrirent leurs portes. Le Conservatoire envoya à la
Sorbonne ses légionnaires, qui y fondèrent les Matinées
nationales.

J'avais assisté à l'une de ces séances populaires auxquelles Euterpe, devenue pratique avec les événements,
conviait tour à tour Thalie, Calliope ou Terpsichore, pour
l'aider à donner un éclectisme productif à des programmes
de bon ton. Un virtuose fameux dirigeait l'orchestre, vêtu
de la même vareuse horizon qu'avaient adopté les mondai-
nes les plus civiques, sa robuste poitrine était ornée de la
même croix d'honneur qui devait récompenser bientôt les
exploits du barde Botrel et de nos braves chansonniers aux
armées. A la fin du concert, il avait déchaîné d'un geste
héroïque ses cohortes sonores dans une *Marseillaise* qui
faisait malheureusement penser moins aux volontaires de
la République qu'à la belliqueuse immobilité des soldats de
Faust :

Gloire immortelle de nos aïeux,
Sois-nous fidèle, mourons comme eux.
Et sous ton aile, soldats vainqueurs,
Dirige nos pas, enflamme nos cœurs.
　　Dirige nos pas,
　　Hâtons le pas,
　　Dirige nos pas,
　　Ne tardons pas,
　　Marchons, marchons,
　　(Ne tardons pas.)
Qu'un sang impur (hâtons le pas)
　Abreuve nos sillons.

Les associations Colonne et Lamoureux tentèrent alors un mariage de raison que la paix devait rompre opportunément, juste avant le divorce. Les repas spirituels étant frappés des même restrictions que les autres, les théâtres nationaux avaient dû organiser des spectacles écourtés d'où étaient proscrits tous hors-d'œuvre ou entremets superfétatoires. L'intérêt n'y perdait pas, au contraire ; on sortait agréablement repu et non plus gavé comme jadis de ces soirées auxquelles le démocratique veston obligatoire donnait uniformément un air de fête nationale, qui évoquait le temps de paix et ses représentations gratuites.

Enfin, tous les programmes, comme les communiqués étaient soigneusement expurgés par une censure vigilante, dont le tir de barrage mitraillait impitoyablement les musiques défaitistes. Proscrits : le boche Mozart et le Schumann teuton. Boches interdits : Schubert, Hændel ou Mendelssohn-Bach, Haydn ou Weber : tudesques prohibés, sans parler de Wagner l'impie, qu'on n'aurait sû nommer sans être sacrilège !

Quant à Beethoven, on l'avait naturalisé Belge pour l'aimer mieux encore, et ne pas priver les concerts du rendement assuré des neuf symphonies.

Les éditeurs avaient moins bien réussi leur mobilisa-

154

tion. Leur levée en masse devait tout d'abord offrir à la patrie en danger une édition classique populaire, destinée à remplacer définitivement Breitkopf, proclamé indésirable. Mais, des enrôlement volontaires prévus ou promis, certains s'étaient fait attendre encore...

Qui sait si un astucieux abstentionniste ne songeait pas à profiter du retard causé par sa défection pour tenter de créer seul, en hâte, l'édition nationale, moins nette d'impression, sur du papier moins beau, et plus chère peut-être, mais qu'importe, bien française !...

Dans l'état mi-civil de mobilisé-auxiliaire, on éprouvait une dualité paradoxale. Chez soi, tout ramenait sans cesse à la guerre — inquiétudes, tristesses, alertes, bombardements, colis aux combattants et aux prisonniers — Tandis que la vie de laboratoire vous reportait au temps du service militaire. C'est ainsi que, n'ayant jamais aimé les dimanches, j'appréciais alors la sensation de liberté du repos dominical nous soit encore accordée.

Certains dimanches étaient marqués d'une pierre blanche : ceux où Steinlen nous emmenait chez Anatole France. Le bon maître devait quitter bientôt la « Villa Saïd » pour se retirer en Touraine. Lorsqu'il revenait à Paris, il recevait ses fidèles dans un hôtel proche des Champs-Elysées, où d'innombrables visiteurs venaient s'entrenir avec lui des événements.

Le plus souvent, l'auteur du *Jardin d'Epicure* mettait en application ses sages préceptes :

Plus je songe à la vie humaine, plus je crois qu'il faut lui donner pour témoins et pour juge, l'ironie et la pitié. L'ironie que j'évoque n'est point cruelle, elle ne raille ni l'amour ni la beauté ; elle est douce et bienveillante, son rire calme la

colère et c'est elle qui nous enseigne à nous moquer des
méchants et des sots, que nous pouvions, sans elle, avoir la
faiblesse de haïr.

Il lui arrivait cependant d'abandonner les « deux bonnes sœurs conseillères » et de réagir avec véhémence. Une
fois surtout, qu'un richissime négociant en perles fines, qui
se piquait de littérature et s'érigeait en protecteur des arts,
avait dépassé les bornes de la décence.

Au cours d'un échange de vues sur l'injuste répartition des richesses de ce monde, le marchand de perles avait
abondé à tel point dans le sens du maître, que ce dernier lui avait répondu qu'il pouvait faire beaucoup plus que
lui-même pour démasquer de trop flagrants abus. — « Mais,
comment ? » avait demandé le marchand. — « Simplement
en « *écrivant* » ce que vous venez de dire ! » — « Moi, maître, mais quelle importance pourrais-je donc avoir ? Comment pourrait-on prendre en considération un écrit venant
de moi ? » — C'est alors qu'Anatole France éclata réellement. — « Ah ! ah ! s'écria-t-il, j'étais bien sûr que vous
vous défileriez ! Car vous savez très bien qu'en écrivant ce
que vous vous êtes laissé aller à dire, vous seriez aussitôt
flétri par les vôtres et vilipendé par votre secte ! »... Ce qui
devait faire disparaître à jamais le milliardaire socialisant.

Pendant mes périodes de permissions, nous allions parfois retrouver le bon maître à la Béchellerie, la belle maison qu'il avait choisie sur les côteaux, au-dessus de Tours,
pour s'y retirer. L'intimité y était moins troublée qu'à Paris
et nous passâmes là d'inoubliables instants. Courteline, qui
vivait alors à Tours, y montait souvent avec nous.

Un certain dimanche, nous fûmes conviés à l'audition
d'une partition d'opéra écrite sur les *Noces Corinthiennes*.

La veille, en nous invitant, Anatole France m'avait demandé de me placer auprès de lui, le lendemain, pour le renseigner, « car, — avait-il ajouté — il ne connaissait rien à la musique » ; je crois même qu'il s'en souciait fort peu. L'entrée indispensable d'un piano dans la vieille maison l'avait choqué comme une injure faite aux beaux meubles dont elle était remplie ; il s'y était résigné comme devant l'inévitable et à la condition expresse que l'instrument disparaîtrait aussitôt après la séance.

Le lendemain, le compositeur ayant pris possession du piano, entouré de quelques chanteurs, l'audition commençait. Un peu avant la fin de chaque acte, Anatole France, en se penchant vers moi, me prévenait : « Attention ! ça va finir ». Avant d'attaquer le second acte, le compositeur annonça qu'il avait modifié la métrique des vers, remplaçant les alexandrins par des octosyllabiques plus propices à la musique. Avant le dernier acte, il déclara avoir procédé à quelques coupures indispensables dans le texte. Et, à chaque fois, Anatole France acquiesçait avec bienveillance. Enfin, lorsqu'il m'eut glissé à l'oreille pour la troisième fois que « Ça allait finir ! », l'audition se termina, tout le monde applaudit et Courteline, s'approchant du musicien, lui dit en tirant sa montre : « Bravo ! cher ami, une heure cinquante-sept minutes, exactement ». — A peine les invités exceptionnels étaient-ils partis, que le piano était prestement enlevé. Et l'on ne parla plus musique jusqu'aux adieux, après le dîner familier.

Non loin de Tours, au bord de l'Indre, — à Azay-le-Rideau, si mes souvenirs sont exacts, — résidait Lucien Guitry. Son amitié et son admiration pour Steinlen dataient de loin. Lorsque le grand acteur avait dû incarner *Crainque-*

bille, il avait scrupuleusement reproduit à la scène la silhouette du héros, telle que de magnifiques dessins venaient de la fixer. Le livre avait été dédié par Anatole France à ses deux amis :

A Alexandre Steinlen et à Lucien Guitry qui ont su donner, l'un en une suite d'admirables dessins, l'autre par une belle création de son génie dramatique, un caractère de grandeur tragique à l'humble figure de mon pauvre marchand des quatre-saisons.   A. F.

Un jour, nous avions quitté Tours pour aller rendre visite à Lucien Guitry ; Courteline était de la partie, mais nous n'avions pas pu décider Anatole France à abandonner sa chère Béchellerie. En chemin, je pensais au grand acteur en me souvenant de ce mot de lui, que Steinlen m'avait rapporté : Guitry s'entretenait avec des amis dans le foyer du Gymnase et, au cours d'un entr'acte, quelqu'un s'était inquiété de savoir si le prochain acte n'était pas commencé. Guitry avait simplement entr'ouvert la porte d'accès de la scène, puis, l'ayant aussitôt refermée, avait répondu : « Non, ce n'est pas encore commancé, car *ils* ont encore leur voix naturelle ».

Arrivés à la résidence du comédien illustre, celle-ci nous apparut comme un petit château trop neuf, qui semblait édifié en stuc et dont les murs avaient l'air « plantés » pour la durée d'un acte, par un décorateur insoucieux de réalisme. Au milieu de la cour, autour d'un pressoir flambant neuf, se trouvaient quelques ouvriers vinicoles et devant eux, les éclipsant par sa robuste stature, le créateur de *Samson,* vêtu d'un treillis bleu impeccable, son cou puissant émergeant d'un éclatant foulard de cachemire, botté de cuir fauve et coiffé d'un feutre magnifique aux larges

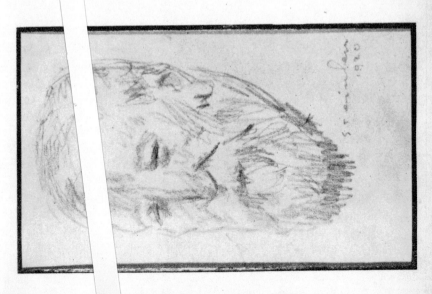

ANATOLE FRANCE, PAR STEINLEN
(Collection de l'auteur.)

bords, auquel était fixé un monocle de *gentleman-rider*.
En nous apercevant, il s'écriait joyeusement : « Mes bons
amis, c'est un simple vigneron que vous surprenez en train
de faire ses vendanges ». Si Guitry avait bien sa voix naturelle, son costume était resté théâtral.

Mais, ne sont-ce pas les violons d'Ingres qui reposent
les artistes de leur dur labeur ? Ainsi la comtesse de
Noailles se plaisait-elle à faire de la stratégie, dans l'atelier
de sa tante, la princesse de Polignac, devant ses cousins,
émerveillés de la sagacité du poète. ... Ainsi les musiciens se
laissent-ils aller à écrire, parfois, des souvenirs...

La dernière fois que je vis Anatole France, c'était à
Montmartre. Après un déjeuner dans un « bistrot-tabac » où
l'avaient invité quelques littérateurs teintés de socialisme,
et dont la politique plus tard devait modifier les convictions. En sortant de table, l'auteur de *Crainquebille* avait
accepté de monter chez Steinlen prendre le café dans l'intimité. Me trouvant un instant seul avec lui, je n'avais pu
m'empêcher de reparler des professions de foi énoncées au
déjeuner. Alors le bon maître, avec son fin sourire, m'avait
dit en conclusion : « Et puis ! Ils sont si bêtes ! »...

XIV

1912-1914

L'A.C.P. (Association Chorale de Paris) et l'enthousiasme de Debussy pour la musique à capella — Fête nocturne, au Collège d'Athlètes de Reims.

LES choristes parisiens s'inquiétaient de voir Gabriel Astruc, animateur des Grandes Saisons de Paris qu'il avait créées, faire appel chaque année à des chorales étrangères. Après les chœurs russes, ceux du Concertgebow d'Amsterdam, ceux de Leeds étaient venus chanter *Boris*, la *IXᵉ Symphonie* ou les *Passions*, et l'on annonçait déjà l' « Orféa Catala » de Barcelone. Or, les Français venaient de faire un effort évident pour la création du *Martyre de Saint Sébastien*. On verra plus loin* que j'avais été chargé de la responsabilité du chant et des chœurs. Jusqu'alors, ces derniers n'avait jamais eu affaire à un chef aussi exigeant et nos premiers contacts n'avaient pas été sans faire jaillir quelques étincelles. Mais les hommes ne demandant, en somme, pas mieux que d'être dirigés, j'étais arrivé assez vite à secouer l'apathie et à triompher de la routine.

---

* Chapitre XVII

Donc, en 1912, une délégation était allée trouver Astruc. S'appuyant sur l'effort réel accompli à l'occasion de *Saint Sébastien*, les choristes parisiens réclamaient de participer aussi bien que les groupements étrangers aux grandes manifestations symphoniques. — « Mais vous ne vous êtes pas organisés ? » — avait répondu Astruc. — « Nous comptons bien le faire », avait répliqué la délégation. — « Et vous n'avez point de chef ! » — « Nous en aurons un et comptons même demander à celui que vous nous aviez vous-même désigné pour *Saint Sébastien*. »

Peu après qu'Astruc m'eut mis au courant de sa conversation, je recevais la visite de la même délégation et je posais quelques conditions à mon acceptation : Pour tenter de rivaliser avec les remarquables groupements étrangers, il convenait d'atteindre leur nombre et de se plier à leurs rigoureuses conditions de travail. Je considérais qu'une année au moins de répétitions hebdomadaires était indispensable avant d'affronter le public et que la future chorale ne devrait pas compter moins de cent cinquante chanteurs, à ses débuts. Enfin, il ne convenait pas d'escompter une aide matérielle avant d'avoir fourni une preuve artistique. En conséquence, les choristes associés devraient payer — comme moi-même, d'ailleurs — une cotisation mensuelle pour couvrir les frais d'achat de musique et de location d'une salle de répétitions.

Mes visiteurs partis, je ne pensais pas qu'ils dussent convaincre leurs camarades de satisfaire à mes exigences. Le groupement ne comptait alors que quatre-vingt membres environ, peu disposés, pensais-je, à doubler leur nombre pour voir de ce fait diminuer de moitié leurs chances de bénéfices éventuels. Et cependant, quelques semaines après, j'étais invité à venir faire la connaissance de mes futurs associés, réunis au nombre de cent cinquante, dans la salle de réunions d'un café du boulevard Barbès, qui allait devenir notre studio de répétitions.

La première répétition eut lieu le 18 novembre 1912 ; les répétitions se poursuivirent régulièrement chaque semaine, pendant un an. A la fin de l'année 1913, elles eurent lieu deux fois par semaine et tous les jours pendant le mois de janvier 1914. Le 31 du même mois, l'A.C.P. donnait à la salle Gaveau son premier concert, qui lui était redemandé le 17 février suivant. Le programme, exclusivement composé d'œuvres *a capella,* comprenait un motet à double chœur de Bach, des madrigaux de la Renaissance, d'Orlando de Lassus, de Josquin des Prés et de Claude Lejeune, la célèbre *Bataille de Marignan* de Jannequin, des *Madrigaux* de Monteverde et de Palestrina, un *Psaume* de Mendelssohn, deux *Chorals* de Moussorgsky, un *Chœur* de Sokolow, des *Chansons pour Voix d'hommes* de Borodine et de Grieg, les *Trois Chansons de Charles d'Orléans* de Debussy, des *Madrigaux* de Reynaldo Hahn et un *Hymne à l'Eté* de Florent Schmitt, pour double chœur et soli, dans lequel l'auteur du *Psaume* avait accumulé les difficultés.

La presse fut unanime à célébrer l'événement et à en souligner l'importance. Debussy retrouva, à cette occasion, le charmant enthousiasme qu'il avait témoigné à l'orchestre des Nouveaux-Concerts :

« Dans ce dernier mois, un événement assez considérable s'est accompli très simplement : nous avons une Société chorale profesionnelle. Evidemnemt, ça n'a l'air de rien, parce que l'on suppose qu'à Paris, ville d'associations, de syndicats, elle devait nécessairement exister. Il n'en était rien. Nous nous contentions jusqu'ici d'en constater l'existence... à l'étranger.

« A tous points de vue, il faut encourager cette tentative de rénovation chorale et, si elle a le tort grave d'être vraiment française, tâchons de le lui pardonner. »

Je conserve un souvenir ému des braves gens qui tentèrent avec moi, de tout leur cœur, cette aventure et je pense plus particulièrement aux quelques-uns qui formaient notre comité et se dépensèrent sans compter. Combien de soirées se passèrent chez moi à accomplir les besognes matérielles les plus rebutantes ! Car, les frais étant assumés par la communauté, nous avions souci de les réduire au minimum. Souvent même, Steinlen nous aidait et son affectueuse sollicitude était inlassable.

Dès notre premier concert, le public s'était intéressé à notre entreprise et nos associés furent assez tôt récompensés de leurs efforts par des bénéfices matériels inespérés, qui eussent été en augmentant si la guerre n'avait pas éclaté cette année même.

Cette première saison d'activité de l'A.C.P. se termina par sa participation à la Fête du Collège d'athlètes de Reims, donnée le 24 juin. La ville des Sacres et des Vins de Champagne possédait un Collège d'athlètes ou moniteurs et monitrices, entraînés par l'apostolat d'un officier de marine convaincu, le lieutenant Hébert, entreprenait de redonner aux petits-fils des Gaulois intrépides, des muscles suffisants pour prétendre toujours « maintenir le ciel au bout de leurs lances ».

Sur la colline rémoise, un stade et ses dépendances avaient été édifiés et c'est pour son inauguration officielle qu'une grande fête avait été organisée, à laquelle le Tout-Paris devait se rendre. J'avais été chargé de la partie musicale. Aux musiciens, choristes, athlètes et enfants rémois se joindraient, venant de Paris, des groupes différents de danseuses plastiques, dalcroziennes ou autres, et l'A.C.P. La mise en scène était confiée à mon ami Durec, remarquable animateur — prématurément disparu — qui venait de

164

triompher au Théâtre des Champs-Elysées, et la partie décorative était assurée par le peintre Maxime Dethomas.

On eut à cette occasion la révélation des ressources de « drapé » du tissu-éponge, aux teintures variées, dans lequel les péplums et les tuniques avaient été taillés.

Les répétitions partielles avaient eu lieu, pour les Parisiens, au Vélodrome d'Hiver et, pour les Rémois, au stade. Les divers éléments furent ensuite réunis sans qu'aucun flottement ne se manifestât.

La fête devait commencer à la chute du jour pour se poursuivre dans la nuit, la lumière solaire étant peu à peu remplacée par celle de puisants phares d'autos et de projecteurs de marine.

En feuilletant un album de photographies, je me remémore les morceaux que nous avions joués.

Voici d'abord, émergeant de tous côtés, le peuple des choristes. J'avais dû écrire spécialement le morceau d'introduction au cours duquel des fanfares de cors répondaient, de l'orient, aux appels de trompettes lancés de l'occident, avant que choristes et enfants n'intervinssent tour à tour en poussant de robustes *Evohé !* ou de simples cris de joie. — Puis ,descendant du portique central, la théorie tanagréenne des jeunes femmes de la haute société rémoise. Les premiers athlètes et les premières danseuses apparaissaient à leur tour ainsi que des chars de vendangeurs traînés par des bœufs. Tout ceci sur des fragments de la *Khovantchina,* de Boris, ou de la *Pskovitaine,* car nous sommes en pleine influence des Russes de Diaghilew. Un peu plus loin, voici d'autres athlètes, armés d'arcs, dans l'attitude des Polovstiens du *Prince Igor,* dont les danses, en éclatant soudain, devaient entraîner tous les groupes. Et voilà la danseuse Trouhanova emportée par l'un des athlètes qui, la tête ornée de pampres, fait penser au Bacchus ivre de Michel-Ange, à Florence. On était parvenu à réunir dans ce collège modèle de magnifiques spécimens de ce que pourrait devenir la race française, après quelques générations de culture sportive intelligente.

Un autre instantané avait surpris Eugène Bigot, l'un de mes assistants alors, indiquant à un musicien comment on devait jouer des longues trompettes d'*Aïda,* empruntées à l'Opéra. Plus loin encore, un nouveau groupe d'athlètes simule l'*Enlèvement des Sabines,* personnifiées par quelques rythmiciennes. Et comme tous ces clichés ont été tirés au cours des répétitions, me voici moi-même, chaussé de sandales et seulement vêtu d'un pantalon léger et d'une chemise de sport, indiquant des pas aux danseuses et même, grimpant par un rétablissement au haut d'un portique, pour mieux distinguer le « dessin » de la mise en scène peut-être... à moins que ce ne soit simplement pour le plaisir d'accomplir une prouesse.

Comme j'étais jeune alors ! Comme nous étions tous jeunes, aveuglés par la douceur de vivre, enthousiastes et confiants en l'avenir !

Mon ami le mécène de ce Collège d'Athlètes me reprochait même gentiment de me multiplier trop parfois. Et ce n'était pas toujours sans raison. Je me souviens qu'il me dit un jour : « Mais mon cher, un général ne doit pas avoir à goûter la soupe ! » Parole que j'ai souvent méditée depuis, non sans conserver la conviction que le meilleur général doit *parfois,* cependant, se rendre compte par lui-même de la qualité du rata.

Cette fête n'avait pas seulement été « rêvée », comme celle dans la cour du Louvre, à l'époque de la VIIIᵉ Olym-

166

piade. Nous l'avions vécue, comme Augustin Meaulnes avait vécu la fête étrange du domaine mystérieux. Elle avait été patiemment préparée et réussie. Elle pouvait donner espoir pour l'avenir...

Mais de tout cela, quelques mois plus tard, il ne restait plus rien. A l'emplacement du Collège d'athlètes, ne subsistaient que des ruines parmi les trous d'obus. Et des merveilleux jeunes hommes, espoirs d'une race plus robuste, combien devaient échapper au carnage ?...

XV

1912-1913
Le Théâtre des Champs-Élysées

Fondation du Théâtre des Champs-Elysées — Gabriel Astruc, animateur
des Grandes Saisons de Paris — Le Pavillon de Hanovre — Paroles
de C-M. Widor sur les architectes — *La marche écossaise* — Début
d'intimité avec Debussy — Première représentation en français de
Boris Godounow.

E N ce temps-là, un édifice d'allure désuète existait
encore au coin de la rue Louis-le-Grand et du boulevard des Italiens, face au Restaurant Paillard et au
Théâtre du Vaudeville, qui bornaient la chaussée d'Antin
C'était le Pavillon du Hanovre. Un magasin d'orfèvrerie en
occupait le rez-de-chaussée. Au-dessus, appliquée à la balus-
trade du balcon, une enseigne indiquait : « Société musicale Gabriel Astruc ». Derrière la fenêtre du balcon se
trouvait le somptueux cabinet en rotonde de l'homme qui,
pendant vingt années, avait réussi à imposer au public et
aux artistes la dictature de son génie des spectacles
fastueux.

A chaque retour du printemps, les Parisiens d'avant

1914 évoquèrent longtemps avec mélancolie le temps heureux des « Grandes Saisons » d'alors. Un seul homme en réglait l'ordonnance. De son bureau, Gabriel Astruc donnait des ordres précis et sûrs qui ne se discutaient jamais et qu'on exécutait toujours. L'ancien éditeur qu'il était n'avait pas d'égal pour composer une affiche ou un programme, en disposer le texte et en choisir les caractères typographiques. — Par lui, j'ai pris le goût des caractères *bâtons* qui se « lisent » mieux, de loin, que tous autres, parce que dépourvus de déliés.

De forte corpulence et d'allure assyrienne, Astruc était généralement vêtu avec l'élégance qu'on nommait alors celle du boulevardier. A la belle saison, il coiffait hardiment le chapeau melon ou le haut-de-forme gris des turfistes. Son goût inné des bijoux se révélait à la perle de sa cravate, aux lourdes bagues gemmées qu'il portait au petit doigt velu de chacune de ses mains, aux émeraudes de ses manchettes et à l'épaisse gourmette d'or qui entourait son poignet droit. Sa boutonnière était invariablement ornée d'un œillet pourpre, qu'il abandonna dès qu'il put le remplacer par un ruban de la Légion d'Honneur, longuement convoité.

Du jour au lendemain, l'animateur des « Grandes Saisons » arrivait à donner au Châtelet une apparence d'élégance et de gaîté, à annihiler même son odeur, qui tenait à la fois de la cave et du cirque. A peine le vieux théâtre municipal venait-il de terminer ses représentations du *Tour du Monde en* 80 *jours* ou de *Michel Strogoff,* que les peintres, les décorateurs, les électriciens s'en emparaient à minuit, pour le transfigurer en moins de quarante-huit heures. Et pendant toute la durée des festivités prinianières, les plus belles femmes de Paris se succédaient aux

170

premières loges et au balcon, car Astruc-le-Magnifique, comme on le nommait alors, entendait que son public ne fut point choqué par un parallèle défavorable entre le spectacle de la scène et celui des entr'actes. Nul ne l'égala jamais dans la « composition » d'une salle.

Ainsi, au cours de vingt années, offrit-il à Paris, entre autres solennités, les premières représentations de la *Salomé* de Richard Strauss, et la révélation des opéras et des *Ballets-Russes* de Diaghilew. De l'audacieuse réunion de d'Annunzio, de Debussy, de Bakst et d'Ida Rubinstein devait sortir *Le Martyre de Saint Sébastien*. Enfin, il réalisa le rêve de sa vie en créant « son » théâtre des Champs-Elysées. Là devait commencer son calvaire et s'annoncer son crépuscule.

Ma première collaboration avec Astruc remontait à 1906, lors des représentations du *Clown*, opéra éphémère du Comte de Camondo, mécène des musiciens, qui chercha dans la composition musicale un délassement à ses labeurs de financier. Astruc m'avait rappelé plus tard, pour la création du *Martyre de Saint Sébastien* ; nos relations étaient devenues cordiales, du fait de sa vieille amitié pour Steinlen, dont j'étais alors le gendre. Enfin, il me convoquait un jour, au Pavillon de Hanovre, pour me parler du Théâtre des Champs-Elysées.

Jusqu'ici, pour les « Grandes Saisons », il avait été fait appel aux musiciens et aux choristes d'une grande association parisienne. Cette collaboration ne pouvait plus être envisagée désormais, le nouveau théâtre lyrique devant s'assurer aussi bien que l'Opéra et l'Opéra-Comique l'exclusivité de son personnel. Mais, d'autre part, les

anciens bénéficiaires des « Grandes Saisons » n'entendaient pas renoncer à leurs avantages ; aussi n'avaient-ils
pas hésité à prédire au nouveau directeur qu'il ne parviendrait pas à former sans eux un orchestre et une chorale.

Telle était la situation lorsque Astruc, après quelques
consultations préliminaires, avait pris la décision de me
faire venir pour me demander, en somme, si je me sentais
capable de relever le défi que lui avaient lancé les musiciens. Sur ma réponse affirmative, il me proposait de
m'installer aussitôt auprès de lui et de me mettre à la
besogne. Mais je le priai de me fixer d'abord sur ses intentions d'avenir à mon sujet. Il se révéla alors toujours affir-
matif, mais moins précis : J'aurais certainement ma place
dans le nouveau théâtre... la direction des chœurs, notamment, me serait certainement dévolue... et il ne serait pas
impossible que je conduisisse aussi l'orchestre... parfois... Je
l'interrompis en lui disant que si j'acceptais de « construire » l'instrument qu'il ambitionnait, c'était d'abord pour
l'utiliser moi-même ; que je prendrais d'ailleurs la responsabilité de la chorale aussi bien que celle de l'orchestre,
comptant me servir de l'un comme de l'autre et de donner
aux choristes un excellent chef, de mon choix.

Seulement voilà ! Astruc avait déjà pressenti pour
l'orchestre un de mes confrères et il était embarrassé de la
promesse qu'il lui avait faite. Je poussai l'esprit de conci-
liation jusqu'à accepter le principe — désastreux — de
deux chefs se partageant la direction musicale et, pour
satisfaire l'impatience d'Astruc, je me mis immédiatement
au travail... Mais, chaque soir, je remportai chez moi mes
documents jusqu'à ce qu'un beau jour, mon confrère lui-
même n'ayant pas consenti au tandem proposé, je demeurai seul, comme il convenait.

Dans les combles du Pavillon de Hanovre, je partageais un bureau avec l'une des plus précieuses collaboratrices d'Astruc, qui était aussi sa cousine. Cette personne intelligente et perspicace accepta de m'aider pour le secrétariat du service que j'avais à diriger, ajoutant cette nouvelle tâche aux multiples fonctions qu'elle assumait déjà dans la maison. Parmi ces fonctions, le service de la Presse n'était pas le moins important. Contre les murs de notre bureau commun s'élevaient d'immenses casiers remplis de dossiers renfermant, classés par année, des extraits de presse et des fiches relatifs aux artistes et à toutes les manifestations artistiques. Tous les matins, Mlle Astruc devait lire le courrier théâtral et artistique des principaux journaux français et étrangers. Chaque fois qu'un nom connu était cité, commenté ou critiqué, une coupure était prélevée pour être communiquée à Astruc, puis jointe au dossier particulier. Losqu'un nouveau nom apparaissait, il devait être repéré et « pris en observation » quelque temps. Quand le « jeune espoir » avait acquis quelque renommée, il était immédiatement signalé à Astruc, qui le « suivait » alors personnellement jusqu'au moment où il trouverait à l'employer.

Mais il fallait être de la maison pour déceler ces détails de son organisation. Les visiteurs habituels et les familiers mêmes connaissaient surtout de la Société Musicale l'étage inférieur. Sa longue antichambre aux murs garnis de grandes eaux-fortes, parmi lesquelles les sujets allégoriques des drames wagnériens par Fantin-Latour alternaient avec les portraits de Beethoven, Brahms, Sadi-Carnot et d'autres encore, dont celui, bien inattendu, d'un docteur Astruc, ancêtre du maître de céans. Une double porte de cuir isolait le cabinet en rotonde où siégeait

173

Astruc, devant son somptueux bureau Louis XV, auquel était assorti le mobilier et jusqu'au piano à queue de Pleyel. Aux murs, des copies de maîtres anciens voisinaient avec des lithos en couleur et des dessins de Steinlen Willette, Forain, Rivière, qui attestaient les attaches du ci-devant éditeur avec les anciens habitués du « Chat-Noir ».

Parfois, dans ce cabinet même, des dîners ou des soupers étaient donnés, grâce à la proximité du Restaurant Paillard, dont Astruc était l'habitué. Alors, avant d'aller passer son frac, il priait la téléphoniste de demander au coiffeur Lespès d'envoyer d'urgence « l'artiste de M. Astruc ».

De chaque côté du bureau, des portes communiquaient avec les pièces où se tenaient les deux hommes de confiance d'Astruc, à gauche son caissier et à droite son administrateur. Ce dernier, Flamand d'origine, mettait à l'aise ses interlocuteurs, grâce à un savoureux roulement des *r*, qu'il avait élevé à la hauteur d'une institution. L'autre était un bizarre personnage. Lorsqu'on était en conférence avec Asruc, il vous apparaissait soudain conmme si le fantôme de l'amiral Coligny, dont il rappelait les traits, était passé ainsi qu'au cinéma *au travers* du panneau de sa porte. Il glissait alors jusqu'auprès de son maître et lui chuchotait à l'oreille, *sans remuer les lèvres*, quelques mots auxquels Astruc répondait invariablement, sans interrompre son entretien avec vous, par une courte phrase, telle que : « Entendu, vingt-cinq mille ». Et le spectre s'évanouissait soudain, comme *en fondu*, avant même d'avoir rejoint sa porte, à ce qu'il vous semblait.

Donc, au-dessus de ces appartements imposants et mystérieux, je me tenais dans une mansarde, recevant à longueur de journée des choristes et des musiciens qui venaient s'inscrire pour les concours futurs. Entr'eux, — je l'appris plus tard — ils se disaient : « Alors, tu l'as vu, Inghel ? », ce qui amenait cette réponse : « Oh ! non, tu penses bien qu'il n'est pas là. Y'a seul'ment une petite gueule d'Anglais qui vous prend votre nom ! ».

De temps en temps, la monotonie de ma besogne ingrate était interrompue par de plaisants intermèdes. Ainsi, un jour, mon garçon de bureau ayant introduit deux jeunes personnes, je crus reconnaître en l'une d'elles une ancienne pensionnaire des « Bouffes-Parisiens », au temps où j'y dirigeais l'orchestre pour des représentations de *Lysistrata*. Dans ce théâtre, la directrice avait exigé de ses « dames des chœurs » des qualités spectaculaires bien plus que musicales. Sans illusion sur les chances que pouvait avoir ma visiteuse d'entrer aux Champs-Elysées aussi aisément qu'aux Bouffes-Parisiens, je devais l'inscrire néanmoins pour les auditions et j'attendais qu'elle se retirât lorsqu'en me désignant la personne qui l'accompagnait, elle ajouta : « Et puis, y'a aussi ma copine ! » — Ah oui ! Mademoiselle, — répliquai-je. Et je reprenais pour *la copine* l'interrogatoire habituel : « Nationalité ? Age ? Voix ?... » A cette troisième question, mon interlocutrice se troubla soudain, rougit et, certainement honteuse d'avoir oublié une leçon ressassée, murmura, décontenancée : « Voix... basse... » Je précisai : « Alors, contralto ? », ce qui déclencha, dans un sourire idiot, cet aveu dépourvu de malice : « C'est vrai, je m' rappelle jamais ! »

Tout en poursuivant ces inscriptions, j'élaborais des projets d'engagements pour le personnel futur. Une fois celui des musiciens mis au point et agréé par Astruc, je trouvai plus expéditif d'aller moi-même le communiquer

175

au Syndicat, où il fut accueilli avec enthousiasme. Les conditions faites étaient, en effet, supérieures à celles-mêmes des théâtres nationaux et la stabilité assurée pour une durée minima de trois années à quatre-vingt-dix musiciens libres d'engagement. Peu après, deux délégués syndicaux rendaient visite au nouveau directeur, sous prétexte de le remercier de son initiative, mais en réalité pour remettre en question le principe même du contrat. Au Conseil syndical siégeaient des musiciens appartenant à l'Association symphonique, bénéficiaire jusqu'ici d'une exclusivité pour les « Grandes Saisons », celle-là même qui avait prédit à Astruc qu'il ne parviendrait pas à former son orchestre. Peu importait que quatre-vingt-dix musiciens de talent et sans emploi fixe fussent pourvus soudain d'un engagement avantageux. Il était seulement intolérable que l'éventualité d'un fructueux cumul échappât de ce fait à un groupement occulte, une sorte de syndicat dans le syndicat, qui draînait à cette époque toutes les « affaires » pour les répartir à ses seuls affiliés. Pour que la manœuvre fut vivement déjouée, il aurait suffi que le directeur renvoyât à son chef d'orchestre les gens du syndicat. Mais Astruc accepta la discussion, mieux, il consentit à ce que j'en fusse exclu ! Ce qui n'empêcha pas qu'il dût souvent me faire appeler, lorsqu'il craignait par trop de tomber dans un piège.

Les directeurs se laissent toujours prendre à traiter directement avec les syndicats. Or, pour discuter *professionnellement* avec les salariés, il faut avoir été soi-même professionnel et c'est là ce qui manque à la plupart de ceux qu font mine de diriger en ne faisant que *suivre* ceux qu'ils commandent.

L'accord se fit malgré tout sur cette dernière concession, qui devait d'ailleurs se retourner plus tard contre les musiciens : le dédit prévu au contrat étant de trois années d'appointements, les délégués syndicaux avaient prétendu qu'il fut ramené à un an. En vain avais-je invoqué l'éventualité d'une rupture imputable à la direction, qui devait justement se produire au bout de quelques mois.

Et un beau jour, la « petite gueule d'Anglais » fut invitée à déjeuner par son patron, qui devait emmener ensuite ses convives visiter le théâtre qu'il avait fait édifier. Il y avait là les architectes et Van Dyck, le célèbre ténor wagnérien, auquel devait être confiée la direction scénique.

Je me souviendrai toujours de ma première visite au chantier de l'avenue Montaigne. A peine étions-nous arrivés devant la fosse d'orchestre que j'étais frappé par sa profondeur exagérée et ses dimensions restreintes. Astruc me dit : « Voici votre orchestre, mon petit, quatre-vingt-dix musiciens ! » Je hasardai qu'il me semblait impossible d'en faire tenir plus de soixante. « Quatre-vingt-dix, répliquait l'architecte, auquel je demandai aussitôt de m'indiquer la superficie. — « Soixante mètres carrés. » — « Donc, soixante musiciens », concluais-je. L'autre, aussitôt, rétorquait que la petite-flûte n'a pas besoin d'un mètre carré, à quoi j'opposais que les timbales exigent beaucoup plus. Enfin, j'apprenais probablement à l'architecte que les gens de métier ont accoutumé de baser la superficie des orchestres sur une moyenne d'un mètre carré par musicien.

« Nous reparlerons de cela quand Weingartner sera là », trancha Astruc. Car le célèbre *Gast-dirigent* devait

177

venir conduire un de ses traditionnels cycles Beethoven et, alternativement avec moi, les premières représentations du *Freischütz* et de *Benvenuto Cellini*.

Une fois sur la scène, c'est Van Dyck qui allait se plaindre de l'absence de toute arrière-scène, permettant l'évacuation d'un des côtés du théâtre pendant le jeu. Une fois arrivés dans les coulisses du côté « cour », les personnages ou les groupements de chœurs, de danse ou de figuration s'y trouveraient coincés, ne pouvant, avant le baisser du rideau, regagner l'autre côté « jardin », où se trouvait l'unique porte d'accès ou de dégagement. Van Dyck signalait en outre l'exiguïté de cette unique porte à un seul battant, par laquelle n'aurait pu passer, par exemple, la moindre Brunhilde au casque empenné, portant lance et bouclier. Nous devions peu après continuer hors de scène le constat de carence révélé précédemment.

Cependant, affirmaient notre directeur et son architecte, la machinerie bénéficierait, elle, de tous les avantages du modernisme des théâtres de l'étranger. A ce moment, je pensais à un certain dispositif qui m'avait émerveillé jadis, à l'Opéra de Dresde. Il s'agissait d'un petit meuble placé à l'avant-scène et destiné aux régisseurs et aux chefs de chant. Une tablette formant pupitre servait à placer une partition. Au-dessus, un jeu de boutons électriques, avec de nombreuses indications des services éloignés. Et parmi ces indications, celles-ci qui m'avaient intrigué : vent, pluie, tonnerre. En appuyant sur ces boutons-là, le chef de chant pouvait à son gré déchaîner les éléments et même en nuancer la violence. Je demandai donc à l'architecte parisien de m'indiquer où se trouvait le tonnerre. Et sur un ordre donné au machiniste, descendait des cintres, pendue à un fil..., la vieille plaque de tôle des antiques mélos, qui servait au théâtre montmartrois de mon enfance !

Avant de poursuivre, j'évoquerai l'ombre du plus chenu des musiciens français, de Charles-Marie Widor, qui, jusqu'à quatre-vingt onze ans conserva l'esprit le plus fin et le plus clairvoyant, ironisant même à propos de son extrême longévité, lorsqu'il s'écriait : « Le bon Dieu m'a certainement oublié ! »

Widor était déjà plus que septuagénaire lorsqu'il s'exprimait ainsi, en 1919 :

> « A peine Bernier venait-il d'apprendre sa nomination d'architecte chargé de reconstruire l'Opéra-Comique, qu'il s'empressait de boucler sa valise pour aller visiter les principaux théâtres des deux mondes. Le jeune architecte, aux prises avec son premier projet de théâtre, ne trouvait rien ici qui put le servir. Force donc à ce malheureux de courir le monde et d'observer. Mais que vaudront ces études s'il n'a pas les moyens d'observation nécessaires ?
>
> « S'il manque de sensibilité musicale, que produira-t-il ? Nous le savons : une salle hérissée de corniches, de chapiteaux, de motifs sculpturaux, de reliefs de tous genres ; sur le cadre du rideau des figures en saillie, nymphes brandissant des trompettes, groupes d'amours, panoplies d'instruments, attributs mythologiques, l'accumulation de toutes les banalités décoratives constituant le maximum de fautes à commettre contre l'acoustique. Inutiles, ces visites à Covent-Garden, à la Scala de Milan, au San-Carlo de Naples et Lyceo de Barcelone, il n'aura rien vu, rien entendu, rien compris. »

Le public et la plupart des musiciens ne connaissent de l'Opéra-Comique, que la salle. Ils ignorent donc encore les erreurs les plus graves que commit le « jeune » Bernier » en construisant son théâtre. Ici déjà, l'absence de toute arrière-scène rend la manutention de décors presque impraticable et exige un personnel de machinistes plus nombreux du double que dans un théâtre de mêmes dimensions. Il ne fut pas prévu de salles de répétitions ni de foyer pour les choristes, que l'on rencontre encore assis sur les marches des escaliers lorsqu'ils ne sont pas en scène. Nul foyer n'ayant été prévu pour l'orchestre, les musiciens doivent se tenir, aux entr'actes, dans un couloir en sous-sol, humide, mal odorant et sans aération. Les studios d'étude pour les chanteurs furent également oubliés et les premiers directeurs durent emménager là, sans qu'aucun espoir d'amélioration put être espéré jamais, nul agrandissement ne pouvant être envisagé.

Ceci se passait en 1898. Or, quinze ans après, était édifié le Théâtre des Champs-Elysées, dont la salle, évidemment, est splendide et l'acoustique excellente, mais dont les « communs » — la scène et ses dépendances — dénoncèrent la même ignorance de l'architecte des moindres exigences techniques d'un théâtre. Là aussi n'existaient, au début, ni salles d'études, ni foyer des chœurs ; le foyer de l'orchestre voisinait également dans la cave avec le calorifère ; les loges d'artistes étaient sombres et insuffisamment aérées par des vasistas stupides ; les locaux administratifs à peu près inexistants. On mit devant le fait accompli des techniciens usagers, chefs d'orchestre, chefs des chœurs, metteurs en scène, régisseurs, administrateurs, au lieu de les avoir consultés auparavant, et même lorsqu'on dressait les plans ! — Un coup de gomme est tellement moins coûteux à donner qu'un coup de pioche ! — Donc, après avoir, lui aussi parcouru le monde, l'architecte des Champs-Elysées comme celui de l'Opéra-Comique n'avait rien vu, rien retenu, ni rien compris. Et pour pallier à ses erreurs, on devait encore attendre l'arrivée de Weingartner, qui ne ferait que corroborer les critiques faites par les gens de métier.

Dès que les entrepreneurs eurent mis à notre disposition les locaux suffisants, les concours commencèrent. Devant un jury de choix, défilèrent des centaines de compétiteurs, qui eurent à triompher d'épreuves sévères pour être admis à faire partie des chœurs et de l'orchestre. Astruc présidait naturellement le jury, mais me laissait prudemment la charge d'ordonner les épreuves. Néanmoins, il ne pouvait résister à prendre seul certaines initiatives. Ainsi rédigeait-il le soir, sans me consulter, le communiqué destiné au journal *Comœdia*. C'est ainsi qu'après le concours de contrebasse, on put lire : « Hier, sous la présidence de M. Gabriel Astruc, directeur général, a eu lieu le concours de contrebasse. Ont été admis : MM... (suivaient les noms). Aujourd'hui les flûtes et demain les bois. » — On sait que dans l'orchestre, les flûtes, fabriquées jadis en bois, restent normalement apparentées au groupe des *bois,* bien que les facteurs aient généralement adopté maintenant le métal pour leur fabrication.

Une dernière offensive nous était réservée par les anciens profiteurs des « Grandes Saisons ». Au jour fixé pour le premier concours des « cuivres », celui de cor, le jury au complet attendait le premier des concurrents lorsque l'appariteur entra, annonçant qu'aucun n'était encore arrivé. Aussi imprévu que cela puisse paraître, on attendit un quart d'heure, puis une demi-heure, mais pas plus, car nous avions compris qu'un interdit sur la compétition avait dû être mis par le « Syndicat des Abbesses ». Ainsi nommait-on une sorte de marché noir des musiciens soufflants, qui tenait ses assises dans un bistrot de Montmartre, rue des Abbesses. Les affiliés, déjà titulaires des meilleures places de Paris, trustaient en outre toutes les affaires occasionnelles et jusqu'aux nouveaux emplois qui se présentaient. Ne povant être partout à la fois, ils se faisaient « remplacer » par des jeunes, qui devaient leur rembourser une partie de ce qu'ils gagnaient. Or, l'on savait que la pratique des « remplacements » serait sévèrement proscrite au nouveau Théâtre et l'on avait essayé d'empêcher les jeunes de se présenter au concours. Mais ce fut en vain, car au bout de quelques jours était formé un magnifique orchestre, qui allait pouvoir rivaliser avec les meilleurs existant alors.

Ici, se place une anecdote dont le récit pourrait aider les jeunes d'aujourd'hui et de demain à supporter l'inévitable effritement qui guette leurs illusions. Je dépassais à peine la trentaine lorsque venait de m'être confiée la direction musicale de ce nouveau Théâtre des Champs-Elysées. Vingt ans avant l'Orchestre National, j'avais donc constitué une première fois un bel orchestre de jeunes, une chorale excellente, aménagé dans ses plus petits détails tout le mécanisme compliqué et délicat d'une grande scène moderne. Un bel après-midi, je devais faire résonner pour la première fois devant mon directeur l'orchestre et les chœurs réunis dans le grand studio.

L'*Ode à la Musique,* par laquelle devait débuter le concert inaugural, allait d'abord interrompre pour la première fois le fracas des marteaux et le chant des ouvriers dans l'immense chantier. L'ouverture du *Carnaval romain* suivrait et Paul Dukas me taquinerait plus tard d'avoir oublié au début le second point d'orgue — celui de la clarinette — en dirigeant par cœur inconsidérément. L'émotion de tous était profonde et mon directeur se trouvait en outre rassuré par la valeur de ses troupes. Car on peut penser quelles menaces de *fiasco* avaient été formulées alors, les mêmes d'ailleurs qui, plus tard, devaient être faites lorsque je fus appelé à fonder l'Orchestre National.

Le photographe de *Comœdia* était là, il prit naturellement de nombreux clichés et le lendemain matin — n'oublions pas que j'avais trente ans ! — je me précipitai sur le journal pour y voir effectivement en bonne place la photo, représentant bien l'orchestre et les chœurs, mais aussi devant eux, sur mon estrade, Weingartner... qu'un astucieux camouflage avait parachuté à ma place, sur l'ordre du directeur, qui s'y connaissait en publicité et avait voulu rassurer ainsi sa prochaine clientèle.

Le célèbre *kapellmeister*, en arrivant, allait d'ailleurs se montrer extrêmement bienveillant pour son jeune confrère et confirmer tout ce qu'il avait fait et dit. Aussi entreprit-on immédiatement de surélever et agrandir la fosse d'orchestre. A coups de chalumeaux oxydriques... et de billets de mille, on dut démolir ce qui avait été construit inconsidérément et reconstruire ensuite à la hâte. C'est par miracle que l'on put être prêt quand même à la date fixée pour le concert inaugural à l'occasion duquel Astruc n'avait pas craint de réunir — pour deux heures — dans une apparente union sacrée, les plus illustres musiciens d'alors. Saint-Saëns, Fauré, d'Indy, Debussy et Dukas se succédèrent au pupitre, tandis que l'honneur m'était échu de diriger l'*Ode à la Musique* de Chabrier et le *Scherzo* de Lalo.

Puis vinrent les représentations de *Benvennuto Cellini* de Berlioz, du *Freischütz*, du *Barbier de Séville* et de *Lucie de Lamermoor* ; le traditionnel Cycle Beethoven, dirigé par Weingartner, la création de la *Pénélope* de Fauré et celle des *Nocturnes* de Debussy, avec une réalisation scénique tentée par Loïe Fuller.

A cette époque, je n'étais pas encore entré dans l'intimité de Debussy. Je la redoutais même, ayant toujours craint d'approcher de trop près les auteurs des œuvres que j'admirais. Un soir, seul au studio avec l'orchestre, je travaillais les *Nocturnes* quand, soudain, dans l'encadrement de la porte qui venait de s'ouvrir parut l'auteur.

— Pourquoi ne m'avez-vous pas appelé plus tôt ? J'ai fait dans cette partition de nombreuses modifications que vous deviez connaître avant d'aller plus loin... D'ailleurs, on a déjà joué ici une autre œuvre de moi sans m'offrir de venir l'entendre...

Debussy faisait allusion à un concert donné par un célèbre virtuose, au cours duquel la revanche de la musique sur l'acrobatie avait été prise par la *Marche écossaise*, que j'avais d'abord connue dans sa version à quatre mains, grâce à Ravel, au temps de notre jeunesse. C'était un des morceaux que j'avais le plus envie d'entendre à l'orchestre et je n'y avais pas manqué, lorsque je l'avais pu. Répondant à la dernière phrase de Debussy, je lui disais qu'aucun de nous n'eût osé lui imposer le reste du programme acrobatique, mais il ajoutait, non sans mélancolie :

— Eh ! bien, mon petit, je ne l'ai jamais entendue.

Or, nous étions en 1913 et la *Marche écossaise* datait de 1891 ! En ce temps-là, les plus grands musiciens savaient attendre.

Ainsi qu'il fut déjà conté autre part*, la répétition ayant été aussitôt interrompue, la première audition de la *Marche écossaise* fut donnée à son auteur qui, très ému, sut dire, après un silence :

— Mais, c'est joli.

---

* *Diabolus in Musica*

184

Quelques semaines plus tard, la glace était rompue et Debussy se sentait chez lui dans cette maison de la musique où chacun, maintenant, osait lui révéler sa ferveur. Loïe Fuller « osait » plus encore que nous tous. Un jour, elle s'approcha de *son* auteur et lui confia mystérieusement : « Si vous saviez, Miste Debioussy ! Si vous saviez comme les *children* ils aiment cette miousic des *Noctiourn's* ! Tout' le jour ils le chantent... Tenez, *come with me, please...* » Et en entr'ouvrant la porte du foyer de la danse où, dans un pêle-mêle de liberty multicolore, sirènes et nuages grignotaient des sandwiches et des oranges, Loïe, impérieuse, s'écria : « *Children ! Miste Debioussy !* » Et les *children* de se mettre aussitôt à piailler, de leurs petites voix aigrelettes le chant des sirènes :

la la   la la la la   la la   la la la la la la la la

Puis ce fut l'investissement du nouveau temple de la musique par les Russes de Diaghilew, dont les chanteurs, choristes, danseurs, peintres, costumiers, chefs d'orchestre et des chœurs, régisseurs et chorégraphes se disputaient soudain les loges, la scène, les foyers et les couloirs mêmes.

Les représentations de *Boris* et de *Khovantchina* devaient alterner avec celles des ballets. Pour la scène du Sacre de *Boris*, les chœurs français furent ajoutés aux chœurs russes, afin de donner plus d'ampleur au déploiement du peuple et plus de puissance à ses *Slava !* lancés au Tzar Chaliapine. Le célèbre metteur en scène Sanine

185

s'était présenté d'une façon inattendue aux choristes parisiens :

— Mes chers montaigniens, c'est moi Sanine, l'ours russe ! Ecoutez-moi, je vous explique ce qui se passe : Boris, le Tzar, paraît... C'est comme votre Briand, votre Poincaré !... Alors, vous vous prosternez... Faites une fois avec moi !

Et, le moment venu, *l'ours russe* hurlait un si tonitruant : « Prosternez-vous ! », en renversant ceux des choristes à portée de ses poings puissants, que la foule entière, terrifiée, suivait le mouvement.

Depuis leur première descente du vieil Empire, « les Russes » avaient jusqu'ici réussi à apporter chaque année aux Parisiens un nouveau sujet d'émerveillement. Il fallait d'autant plus se surpasser cette fois, pensait Serge Pavlovitch, ainsi que la tribu nomade nommait son barine. Il comptait sur Strawinsky, dont le *Sacre du Printemps* devait aussi bien triompher que *Pétrouchka*, après *L'Oiseau de Feu* ; sur Debussy aussi, qui avait accepté d'écrire spécialement sa partition : *Jeux*, et même sur Nijinsky, qui devait assumer la lourde tâche de succéder, comme chorégraphe, à Fokine, bien que son essai pour l'*Après-Midi d'un Faune*, l'année précédente, n'eût pas été convaincant.

Diaghilew se complaisait à se renouveler sans cesse, quitte à n'être pas toujours suivi par son public et ses amis mêmes. Il savait utiliser jusqu'au snobisme, pour la réussite de ses tentatives les plus audacieuses. Plus tard, après-guerre, il put dire : « Cette fois-ci, je vous apporte quelque chose de *très méchant* ! ; se trouvant alors en pleine décadence, il fut aveuglément suivi par « ses » snobs. Tandis que ceux-ci se trouvèrent déroutés par la témérité des deux nouvelles créations survenant en pleine apogée de l'illustre compagnie. On peut dire que la réalisation scénique de Nijinsky marqua le début de l'inévitable déclin.

La première du *Sacre* fut tumultueuse ; celle de *Jeux* choqua surtout le public par le parti-pris licencieux de la chorégraphie.

Ce fut la grosse déception d'Astruc, habitué à réaliser chaque année les plus fortes recettes de ses « Grandes Saisons » avec les Ballets-Russes. D'autant qu'il avait dû consentir à d'imprudents sacrifices pour conserver l'exclusivité des représentations que Serge Pavlovitch aurait tout aussi bien données, comme précédemment, à l'Opéra ou au Châtelet. Il ne dut pas manquer d'en prévenir Astruc, que je me souviens avoir vu sortir un jour de son bureau, véritablement blême, annonçant à son administrateur et à moi-même : « Voici l'homme qui vient de m'étrangler ! », nous désignant Diaghilew, souriant de son triomphe. C'est ce dernier qui, jusqu'alors, avait eu besoin d'Astruc prestigieux impresario ; les rôles étaient maintenant inversés aux dépens de l'imprudent directeur. Les recettes d'admirables représentations de *Boris* et de *Khovantchina* avec Chaliapine n'atteignirent même pas trois mille francs, tandis que le célèbre baryton exigeait que son cachet, plus élevé du double, lui fut remis avant son entrée en scène !

L'injustice et l'incompréhension du public devaient être cruelles à Astruc, bien sûr, mais il s'était malheureusement engagé trop à la légère dans une aventure dont la précarité était inévitable.

A l'origine, le nouveau théâtre devait s'élever au rond-point des Champs-Elysées, à l'emplacement même de l'ancien Cirque d'Eté, proche de l'actuel Théâtre Marigny, et familier aux mélomanes, du fait que les Concerts

Lamoureux s'y donnaient, l'hiver. Mais les rivalités agissantes et les difficultés financières devaient faire obstacle au projet inital. C'est alors qu'Astruc, escomptant trop tôt la poussée vers l'ouest de la haute société parisienne, pensa tenir en mains son public, au point de l'entraîner jusqu'à la place de l'Alma. L'acquisition fut donc décidée d'un terrain — trop exigu — sur lequel allaient être édifiés *les* Théâtres des Champs-Elysées. Car les nécessités d'exploitation devaient exiger que *deux* salles de spectacles fournissent aux actionnaires d'éventuels dividendes.

A cette époque, l'avenue Montaigne, à peine fréquentée, n'était encore desservie par aucune ligne de métro ou d'autobus. Cela devait empêcher l'appoint indispensable du petit public et même du public moyen. Les mélomanes de condition modeste hésitaient parfois à accepter des billets de faveur gratuits, en pensant aux frais de taxis et de pourboires qui devaient presque atteindre les dix francs-or de ce temps-là.

En outre, l'entreprise partait sans répertoire, avec une reprise de l'admirable *Freischütz*, qui n'avait jamais fait recette nulle part, le *Benvenuto Cellini* de Berlioz, qui n'avait jamais mieux réussi et quelques concerts. En vain, des amis prévoyants avaient-ils rappelé au directeur néophyte que l'Opéra, ni l'Opéra-Comique, malgré leurs subventions, ne pourraient subsister avec deux ou trois ouvrages seulement, fussent-ils *Faust*, *Manon* et *Carmen*. Soit ! Pour hâter l'établissement d'un répertoire, Astruc allait alors promettre à ses abonnés de leur donner chaque mois une création, mais sans avoir consulté auparavant ses collaborateurs, qui lui auraient facilement prouvé les impossibilités matérielles d'une telle gageure. Et c'est ainsi que l'on allait repartir après la courte trêve des vacances.

Maintenant, les événements vont se précipiter et avec eux les maladresses du directeur, chaque jour plus anxieux du lendemain. C'est en vain qu'il se compromettra jusqu'à monter le banal opéra-mélo d'un musicien médiocre, mais fortuné, le renflouement est impossible. « Diriger, c'est prévoir », me dira un jour Albert Carré. Et prévoir, c'est aussi bien penser à l'insuccès qu'au succès. Or, Astruc n'escompta jamais que le triomphe ! Il comptait trop uniquement sur l'influence typographique des affiches, qu'il excellait à « composer ». Mieux eût valu qu'il annonçât moins de coûteuses vedettes, mais possédât un fond de répertoire patiemment établi. De même, s'il n'était pas indispensable de faire venir Weingartner pour « parapher » l'organisation artistique, il eût été utile de prendre modèle sur n'importe lequel des théâtres d'outre-Rhin, pour l'édification pratique de la nouvelle maison de la Musique.

Mais Astruc ne supportait pas la contradiction ; devant les éventualités les plus périlleuses, il s'imaginait triompher des objections les plus raisonnables en lançant une de ses boutades familières : « Cet incident n'a aucune importance, j'en fais mon affaire, enchaînons ! » Et l'on « enchaîna » ainsi jusqu'à ce qu'un triste jour, au bout de sept mois d'exploitation, le directeur dut avouer à tous qu'il se trouvait contraint de capituler. Sans préparation ni réserves, Astruc-le-Magnifique avait entrepris trop à la légère de lutter contre les citadelles de la Musique.

Avant d'en parler à tous, Astruc m'avait fait appeler chez lui un matin pour m'annoncer la nouvelle fatale que je n'étais pas sans pressentir, toute marche en avant étant presque interrompue depuis la rentrée des vacances. C'est ainsi que nous nous attardions sur les dernières répétitions de *Boris*, que nous devions donner en français pour la première fois.

Lorsque Astruc m'eut parlé, je ne trouvai d'autre chose à lui dire que ceci :

— Nous devrions au moins finir en beauté et donner, ne fut-ce qu'une fois, « notre » *Boris*.

— Mais comment, puisqu'il n'y avait même plus d'argent pour payer le mois en cours ?

— Gratuitement !

Alors, Astruc me dit :

— Etes-vous donc tellement sûr de tenir ainsi en mains tout le personnel, pour escompter son acceptation à un tel projet ?

Je répondis que je croyais pouvoir l'affirmer et qu'en tout cas j'allais consulter aussitôt les intéressés.

L'après-midi, je réunissais par groupes corporatifs les chefs de services, chanteurs, choristes, musiciens, machinistes, électriciens, accessoiristes, habilleurs et habilleuses, contrôleurs et ouvreuses et jusqu'aux plus humbles collaborateurs de la grande maison qui tous, sans exception et spontanément, acceptèrent d'offrir à leur Directeur la première représentation en français du chef-d'œuvre de Moussorgsky.

Les répétitions furent émouvantes ; d'eux-mêmes, les travailleurs proposèrent à leurs chefs d'en prolonger la durée autant qu'ils le jugeraient utile. C'est qu'aucun d'eux ne voulait croire à la réalité de l'écroulement ; tous pensaient qu'un miracle de survie sortirait de cette représentation. Et le matin même de la représentation, une grande dame mélomane et fortunée, m'ayant fait appeler, me demanda de quelle façon elle pouvait venir en aide à ce personnel subitement jeté au chômage. Je répondis que le

190

vœu de tous était de poursuivre autant que possible les représentations de *Boris*, mais que certains frais indispensables étaient à prévoir pour cela, tels que location de la salle, éclairage, chauffage, publicité...

La somme nécessaire pour « tenir » quelques représentations me fut aussitôt offerte, à la seule condition expresse qu'elle était mise à la disposition du personnel et non pas à celle du directeur défaillant. On peut imaginer avec quelle joie fut accueillie la nouvelle. Il n'y avait plus à obtenir maintenant que l'agrément d'Astruc. Aussi, le soir, me trouvant seul avec lui sur la scène, peu avant la représentation, lui faisais-je part de notre désir unanime.

« Quelle utopie ! — s'écriait-il — comment voulez-vous que l'on puisse obtenir quelque chose sans un directeur responsable ? Nous sommes déjà en pleine anarchie ! »

A quoi je répliquai que la seule représentation que nous allions *lui offrir* témoignait au contraire de la discipline librement consentie d'un personnel dévoué à un idéal.

— Eh ! puis, vous oubliez complètement qu'au cas même où j'accepterais, il y a des frais indispensables auxquels je ne peux plus faire face.

Je racontai alors ma visite du matin et l'offre généreuse qui m'avait été faite.

— Alors, c'est différent. S'il s'agit d'un apport financier, qu'on vienne m'en parler et je l'examinerai !, trancha Astruc.

Je dus bien lui préciser qu'il ne s'agissait *plus* d'apports financiers à *ses* entreprises. Et c'est donc la représentation sans lendemain de *Boris* qui allait commencer.

En montant au pupitre, je n'aperçus dans la salle pleine que Debussy, qui ne nous avait pas quittés pendant les répétitions, nous aidant souvent de ses conseils. A

191

chaque entr'acte, il me rejoignait sur la scène et nous allions en hâte nous réfugier dans mon bureau, la gorge serrée, émus aux larmes par les paroles d'espoir jaillissant des groupes que nous avions traversés :

— Eh ! bien, vous êtes content ? Ça marche bien ? On ne s'arrête plus, n'est-ce pas ? On continue ?...

Et cependant, à la fin du dernier tableau, lorsque le pitoyable innocent, abandonné dans la clairière glacée, eut exhalé sa complainte, le rideau, en descendant lentement, ensevelit les espoirs et les illusions...

Tout au début de l'audacieuse aventure, Astruc faisait visiter à Steinlen son théâtre, encore dans les plâtras. Il désignait la scène, expliquant qu'elle serait surmontée des bas-reliefs de Bourdelle — avec leurs personnages qui semblent systématiquement se mouvoir dans des lieux trop bas de plafond. — Et il nous précisait le cérémonial après lequel apparaîtrait au public le premier décor :

— D'abord, comme dans tous les théâtres, se lèvera le rideau de fer ; on apercevra alors un rideau d'argent qui se lèvera à son tour avant l'ouverture, découvrant enfin un rideau d'or...

Et il concluait par une formule toute personnelle :

— Ce seront, en somme, les trois âges : l'âge de fer, l'âge d'argent et l'âge d'or !

Astruc avait trop escompté de l'âge d'or et de l'âge d'argent où l'on vivait alors. L'impresario de génie, devenu manager, avait lassé par son imprévoyance les plus dévoués de ses commanditaires.

De même devait-il, par la suite, décevoir ses amitiés les plus fidèles. C'est ainsi que, dans ma gratitude pour la confiance qu'il m'avait témoignée, j'avais à cœur d'avoir eu l'idée et d'être parvenu à lui faire offrir par tout son personnel l'ultime hommage de cette représentation unique de *Boris*. Or, dans un livre de souvenirs qu'il allait publier plus tard, il n'hésita pas à déformer la vérité en associant à cette initiative une sorte de factotum dont l'activité stérile n'avait jamais fait que nuire à tout et à tous autour de lui.

Mais il n'importe, on devra toujours à la mémoire d'Astruc-le-Magnifique la reconnaissance d'avoir été le seul, en France, à courir le risque d'édifier à la musique « sa » maison. Et il mérita bien le jugement de Debussy, considérant l'échec de sa tentative comme une « aventure infiniment triste et désobligeante pour l'art ! »

XVI

Les Ballets Russes de Serge de Diaghilew

Serge de Diaghilew — Concerts, opéras et Ballets russes — Chaliapine, Fokine, Nijinsky, Pavlova, Karsavina — Les peintres Alexandre Benois, Nicolas Roerich et Léon Bakst — Rymsky-Korsakow et Igor Strawinsky.

A<small>U</small> temps de ma mobilisation, pendant la guerre 1914-1918, mon camarade Jean Bordes, disait, avec son humour de titi, que nous faisions partie, tous deux, de la meilleure classe, la classe 1900, la classe « fin de siècle ». Il avait bien raison. Notre jeunesse avait été la plus heureuse, et la longue période de paix dont elle avait bénéficié avait favorisé la formation des jeunes artistes.

Deux événements successifs avaient éveillé leur enthousiasme et aiguillé leurs aspirations : la révélation de *Pelléas* et celle des Russes.

A cette dernière est lié le nom de Serge de Diaghilew, dont les tentatives audacieuses allaient influencer, non seulement le théâtre et les artistes, mais aussi la mode, dans le monde entier. Il suffit, pour s'en rendre compte, de feuilleter la collection des programmes luxueux des « Grandes Saisons » de Paris ,dans lesquels la publicité oppose à chaque page les modèles « fin de siècle » des couturiers et des modistes aux costumes « nouveau siècle » de Bakst et de Benoît.

C'est en 1906 que Diaghilew entreprit sa conquête de Paris, par une exposition de peinture russe contemporaine. L'année suivante, il donnait à l'Opéra une série de concerts historiques russes, dirigés par Nikisch et Rimsky Korsakow. En 1908, toujours à l'Opéra, il révèle *Boris Godounow* avec Chaliapine, que l'on retrouve en 1909 au Châtelet, incarnant Ivan le Terrible de la *Pskovitaine*. Au cours de cette saison, les opéras alternent avec les Ballets, dont la révélation soulève un enthousiasme unanime, et qui constitueront généralement seuls les spectacles des saisons suivantes.

La jeunesse d'avant 1914, de même qu'elle s'empilait à l'amphithéâtre de l'Opéra-Comique, à chaque représentation de *Pelléas*, ne manquait pas une des soirées des Russes au Châtelet ou à l'Opéra. Diaghilew avait autorisé son impresario à accorder des « cartes de circulation » à quelques artistes privilégiés, mais ces cartes ne donnaient droit qu'à pénétrer dans le théâtre. Il fallait ensuite se débrouiller pour se caser où l'on pouvait, debout dans les étroits vomitoires ou assis sur les marches, grâce à la complicité rétribuée des ouvreuses, qui louaient aux plus offrants les coussins réservés aux enfants, pour les représentations ordinaires du *Tour du Monde en 80 jours* ou de *Michel Strogoff*. On ne pouvait guère croire à la chance de trouver de véritables places vides, car toutes avaient été achetées. Non seulement on ne manquait pas une soirée, mais on arrivait à pousser le prosélytisme jusqu'à faire entrer plusieurs camarades avec une même carte, confiée à un complice, déjà porteur de la sienne et qui, aux entr'actes, allait chercher dehors quelque néophyte non encore promu *aficionado officiel*.

Nous n'étions pas admis alors à approcher le génial animateur, mais sa silhouette nous était déjà familière. De haute stature et de corpulence robuste, Serge de Diaghilew avait l'aisance et la distinction natives du grand seigneur. Sa physionomie était à la fois attirante et inquiéante avec, comme paricularités, une mèche blanche qui tranchait sur sa chevelure foncée et, sous sa petite moustache rèche, une mâchoire inférieure légèrement proéminente, qu'un ironiste avait comparée à celle de Toby-Chien, le bull célèbre de Colette. Son crâne était développé à un point tel que ses chapeaux étaient toujours trop étroits. Son regard perçant semblait dépasser souvent sa vision immédiate et il jouait de son monocle, comme pour dérouter ceux qu'il observait sur ses introspections. Encore que son accueil fut cordial, il restait distant, et son sourire était réticent. On sentait qu'il ne s'écartait jamais du but qu'il poursuivait, ne s'intéressant aux hommes qu'en fonction de leur utilité éventuelle, qu'il s'agisse d'artistes, de financiers, du public ou des snobs, desquels il sut se servir en maître.

Diaghilew avait d'abord fait des études de droit, puis avait travaillé la musique et s'était occupé de critique d'art, avant de se lancer dans la grande entreprise qui le rendrait célèbre dans le monde entier. A ses connaissances foncières s'ajoutaient des qualités de chef, rarement égalées. Au milieu de sa tribu, dans les pires moments d'embarras financiers qui retardaient les payes, comme dans les triomphes, le génie despotique du barine ne fut jamais discuté et nul n'avait jamais répondu *niet*, mais toujours, dans une complète abnégation de soi-même : « *Da !* Serge Pawlowitch ».

L'innovation la plus frappante apportée par les Russes était d'ordre décoratif. Chez nous, jusqu'ici, le costumier et le décorateur travaillaient sans liaison apparente, suivant l'un et l'autre leur fantaisie et observant leurs traditions. Nos hôtes printaniers allaient nous émerveiller soudain par la coordination de leurs mises en scène, grâce à une unité de conception picturale. Chez eux, costumiers et décorateurs étaient seulement chargés de la réalisation pratique des maquettes, imaginées par un seul peintre. En outre, un parti-pris de simplification du décor supprimait les encombrantes « constructions » de jadis. Les praticables et les accessoires étaient réduits au minimum et la toile peinte employée, même pour certains costumes, tels que ceux de *Boris*, par exemple, ce qui constituait une économie considérable pour la fabrication comme pour le transport.

Au point de vue musical, il avait fallu, au début, s'en tenir à des adaptations de Chopin, pour *Les Sylphides*, de Schumann, pour le *Carnaval* et de quelques compositeurs russes pour *Cléopâtre*. Les danses polovtsiennes avaient été détachées de l'opéra *Le Prince Igor* de Borodine, et un drame chorégraphique, audacieusement imaginé sur la symphonie *Shéhérazade* de Rimsky-Korsakow, avait même soulevé la réprobation des héritiers du maître. Mais, dès la seconde année, Diaghilew allait demander à des musiciens d'avant-garde d'écrire spécialement des partitions de ballets. Et c'est ainsi que nous eûmes coup sur coup la révélation du génie de Strawinsky avec *L'Oiseau de Feu* et *Pétrouchka*.

Les artistes ne devaient pas moins nous stupéfier. Tous les chanteurs et tous les danseurs étaient de grande classe. On nous avait prévenu que le « comparse » n'existait pas plus, dans les théâtres impériaux de Russie, que les « rôles de second plan », la seule hiérarchie du talent y étant admise. C'était pour nous un bouleversement des coutumes, surtout en ce qui concernait le ballet d'opéra où l'avancement était le plus souvent dû à l'ancienneté.

Des chanteurs amenés par Diaghilew, un artiste magistral se détacha immédiatement. L'évocation de cette époque fera toujours surgir la grande ombre de Fédor Chaliapine, disparu en 1938.

Evidemment, le célèbre chanteur fut-il souvent en désaccord avec les musiciens, surtout vers la fin de sa vie, et plus particulièrement avec celui qu'il nommait — paraît-il — son pire ennemi : le chef d'orchestre. Mais c'est qu'ayant si longtemps coiffé le bonnet constellé des tzars, un mimétisme l'avait probablement amené à une mégalomanie indigne de sa valeur. On doit maintenant oublier ses plus inadmissibles licences avec les textes pour garder seulement le souvenir, et le donner en exemple, du plus admirable chanteur que nous ayons entendu, autant que du plus grand tragédien lyrique qu'il nous ait été donné de voir.

Favorisé par sa stature de géant, Chaliapine devait apparaître successivement à Paris dans ses deux créations les plus saisissantes : *Boris* et *La Pskovitaine*. Cette dernière n'ayant pas eu la carrière triomphale de *Boris*, ceux-là sont rares qui ont conservé le souvenir de l'incarnation d'Ivan le Terrible.

Pendant tout le premier acte de l'opéra de Rimsky, il était seulement *question* du Tzar cruel. A la dernière scène, les policiers faisaient irruption sur la place et, à coups de knout, contraignaient le peuple à se prosterner ; puis, enfin, débouchait soudain, du fond extrême de l'immense scène du Châtelet, Ivan le Terrible, ployé sur l'encolure de son cheval lancé au *galop*, qui s'arrêtait net... au niveau de la rampe, maîtrisé par le cavalier fourbu, suant sous sa pesante cotte de mailles et haletant comme s'il venait de parcourir des verstes infinies... Le rideau tombait alors sans que Chaliapine eût encore donné un son ! Plus tard, au cours d'un prochain tableau, après une terrible altercation avec un courtisan, ce dernier sortait et, au moment même, le Tzar en fureur lui lançait à toute volée sa longue canne, dont la pointe acérée se plantait dans le sol, au talon du fuyard qui semblait vraiment n'être pas atteint par miracle.

L'interprétation de *Boris* pourrait encore être présente à la mémoire de ceux qui virent Chaliapine vers la fin de sa vie. Néanmoins, c'est surtout aux représentations d'avant 1914 qu'il faut se reporter pour conserver de lui le souvenir le plus ému. Car il n'y avait encore rien de traditionnel dans son jeu, dans le détail du mouchoir, par exemple, pendant la scène du récit de Chouisky, au deuxième acte, et celle du récit de Pimène, au quatrième. Ce détail semblait alors fortuit et touchait au subline au moment de la mort. En retrouvant Chaliapine bien vivant dans les coulisses, on ressentait un réel soulagement et on lui serrait la main avec reconnaissance, pour avoir seulement « fait semblant » de mourir, et de quelle façon !

C'est une grande leçon qu'il a laissée aux chanteurs, s'ils ont su la comprendre : toujours faire passer l'intérêt de l'action dramatique *avant* le souci du chant. Mais il en est une autre, non moins précieuse, que tous les chanteurs devraient méditer sans cesse, et surtout ceux favorisés par *la voix*. Ce géant, qui avait un organe à sa taille, fut un des chanteurs qui savait le mieux chanter *piano*. Et s'il conserva toute sa vie ses qualités de douceur, c'est qu'il sût n'abuser jamais de sa propre puissance.

De même que Chaliapine se détacha immédiatement au-dessus des meilleurs chanteurs, Michel Fokine s'imposa, non seulement parmi les meilleurs danseurs, mais comme le plus grand chorégraphe de tous les temps. Le plus fécond aussi, car pendant près de trente années son génie créateur ne cessa de se renouveler. Danseur, Fokine avait fixé de façon inoubliable les personnages de l'Arlequin du *Carnaval*, de l'esclave de *Cléopâtre*, du général polovtsien du *Prince Igor*, du nègre argenté de *Shéhérazade*, de l'émouvant Ivan Tzarévitch de *L'Oiseau de Feu* et du pitoyable Pétrouchka. Quant à son œuvre de chorégraphe, elle ne saurait être détaillée puisqu'elle engloba *toutes* les créations des Ballets-Russes à leur époque la plus glorieuse.

Autour de Fokine, parmi les meilleurs danseurs qui devaient profiter de son enseignement inestimable, Anna Pavlova, Vaslav Nijinsky et Thamar Karsavina allaient conquérir une renommée universelle.

Leur célébrité fut telle qu'on en arriva à confondre l'apport de chacun dans l'œuvre commune. L'apparition de Nijinsky, par exemple, risqua de nous faire oublier Fokine, tant il en reprit les créations de façon éblouissante. Et de même, surgissant après Pavlova, Karsavina, qui allait éclipser aussi une artiste singulière, mime plutôt que danseuse, laquelle avait fait de Cléopâtre et de la sultane Zobéïde de *Shéhérazade*, une création saisissante. C'était Ida Rubinstein, qui devait abandonner bientôt les Ballets Russes pour inaugurer, avec *Le Martyre de Saint Sébastien*, la série de ses fastueuses représentations dont elle serait toujours la principale protagoniste.

Mais ne risque-t-on pas de confondre aussi bien, dans

le ciel, les étoiles ? De même qu'on ne peut plus compter les créations de Fokine, on ne pourrait nommer aucun des satellites qui entouraient la constellation des prestigieux danseurs cités plus haut. Il convient cependant de mettre à part un maître obscur que bien peu de familiers de la tribu inouïe soupçonnèrent.

Dans l'organisation parfaite imaginée par Diaghilew, un incroyable vieillard avait été choisi pour veiller à ce que la rude règle de la technique classique ne fut pas négligée, mais au contraire observée chaque jour, rigoureusement. Il était seul à n'être pas Russe. C'était Enrico Cecchetti, transfuge de la Scala de Milan, où il retournerait professer jusqu'à sa mort, plus tard, après la période héroïque. Dès le début, il nous avait subjugués sur la scène en jouant cet impayable Florestan du *Carnaval*, « l'homme aux gants verts », duquel tout Paris parla à l'époque. Il avait été aussi l'eunuque de *Shéhérazade* et le charlatan à la flûte de *Pétrouchka*. Il méprisait ces deux derniers rôles et en détestait la musique des partitions. Un soir qu'on le félicitait après *Shéhérazade,* il disait, avec son fort accent napolitain : « Pouah ! ne m'en parlez pas, je préférerais que l'on me tue dès le début de cette horrible chose ! » Mais, « à l'école », il se retrouvait dans son élément, en redevenant l'illustre maître de danse, farouche observateur des traditions de Noverre et de Petipa, devant lequel toute la troupe s'inclinait. Celui qui disait parfois à Nijinsky, inlassablement rappelé par un public délirant après *Le Spectre de la Rose :* « Tu as mal dansé ce soir, il faut venir demain matin avant les autres à la leçon ! »

Des peintres révélés par Diaghilew, un surtout, Léon Bakst, devait devenir populaire à Paris, au point qu'on lui attribua parfois l'exclusivité des décors. C'est lui qui nous avait émerveillés avec *Cléopâtre*, le *Carnaval* et *Shéhéra-zade*. Mais c'était Nicolas Rœrich qui avait imaginé la symphonie des rouges d'*Igor* ; Golovine, le château et les jardins fabuleux de *L'Oiseau de Feu*, ainsi que les costumes des Princesses enchantées, des Kikimoras, des Bolibochki et autres sujets infernaux de Kostchéï l'immortel, tandis qu'Alexandre Benoît avait été le peintre de *Gisèle* et de *Pétrouchka*.

Dans un même ordre d'idée, on ne pense plus, en évoquant l'époque glorieuse des Ballets-Russes qu'à ceux devenus populaires par leur maintien au répertoire. Seuls, les assidus des premières saisons, ceux qui n'en manquaient pas une représentation, peuvent se souvenir encore de l'incroyable féerie du tableau sous-marin de *Sadko*, avec ses poissons dansants, parmi les algues et les coraux ; des *Contes russes* avec la sorcière Baba-Yaga et le chat légendaire ; du *Narcisse* éphémère où Nijinsky était si charmant, accroupi au bord du petit lac où se reflétait son image ; des estampes et des laques chinoises du *Rossignol* et surtout du *Coq d'Or*, dont la réalisation avait présenté cette innovation hardie et jamais renouvelée : afin que l'évolution des personnages de l'Opéra de Rimsky ne fut jamais entravée par la « statique » habituelle des chanteurs, chaque rôle avait été dédoublé. Sur la scène, les danseurs *jouaient* l'action avec toute la fantaisie que Fokine avait donnée au Roi Dodon et à son peuple. De chaque côté de la scène, les chanteurs et les choristes, uniformément vêtus de simarres et coiffés de cagoules, sous leurs bonnets carrés, étaient assis sur d'étroits gradins où ils étaient disposés comme en espaliers. Rejoignant un lambrequin, ces deux côtés constituaient un cadre, peint en teintes foncées où les violets sombres prédominaient, et qui mettait merveilleusement en valeur les rouges du décor et des costumes, imaginés par Nathalie Gontcharova.

A cette époque, on retournait inlassablement aux Russes comme à *Pelléas,* ainsi que l'on relit ou réentend sans satiété les meilleurs livres et les meilleures partitions. Ce bel enthousiasme s'attiédira déjà à la période décadente d'après 1918, qui précédera le déclin.

Les Ballets-Russes étaient à leur apogée lorsque l'occasion me fut offerte de les diriger. Ils venaient de triompher avec la création de *Pétrouchka,* dont la partition avait été remarquablement dirigée par Pierre Monteux, leur chef d'orchestre. Celui-ci était mon aîné et l'un de mes camarades, qui, n'ayant pas encore trouvé à Paris l'occasion de se manifester comme il l'ambitionnait, s'était résigné à voyager avec la troupe nomade. Pierre Monteux avait dû, pour cela, demander un congé à l'Administration des Concerts Colonne, dont il était le second chef. Vers la fin janvier 1912, Pierné, victime d'un accident, dut interrompre son service aux mêmes Concerts Colonne, Monteux, ne voulant pas manquer l'occasion qu'il attendait depuis longtemps de monter au pupitre, me télégraphia de Berlin pour me demander si j'accepterais de venir le remplacer pendant un mois.

Je n'hésitai pas, bien que l'on m'eût demandé de remplacer Pierné pour des représentations d'*Antar* à l'Odéon, et, peu de jours après, j'arrivai dans la capitale allemande. J'appris alors que Diaghilew avait accueilli avec colère la demande de congé de son chef d'orchestre, auquel il avait répondu qu'il refusait et ne voulait pas même savoir le nom de son remplaçant éventuel, dût-il être Nikisch !

C'était une prise de contact assez désobligeante qui ne me rebuta pas néanmoins et, après une simple répétition, j'entrai en fonctions.

Steinlen et sa fille m'avaient accompagné et nous étions tous trois ravis de notre escapade familiale. Après l'Allemagne, nous devions aller en Autriche et, pour comble de plaisir, en Russie ! Une fois Monteux parti, Diaghilew s'excusa très gentiment de l'ostracisme qu'il avait manifesté devant la défection de son chef d'orchestre et tint à m'assurer du plaisir qu'il avait de me voir auprès de lui. Peu à peu, il ne parlait même plus de Monteux et se plaisait à envisager ma présence comme définitive, bien que je lui eusse nettement signifié mon intention de m'en tenir à la promesse faite à mon confrère de le remplacer pendant un mois.

Au bout de trois semaines, sachant que Monteux était prêt à rentrer, bien qu'il craignit de n'être pas rappelé, j'agis de telle façon qu'il retrouva sa place ,ainsi qu'il avait été convenu entre nous. Et je regagnai Paris, avec le seul regret de n'avoir pas été en Russie, le voyage ayant été contremandé par suite de l'incendie du théâtre Marie de Saint-Pétersbourg, où nous devions jouer.

Pendant mon court séjour, j'avais pu observer la différence entre les représentations à Paris et en tournée. Différence inévitable, mais pénible pour mon enthousiasme. C'était une expérience utile et un beau voyage ; nous avions fait connaissance avec Berlin, Dresde, Vienne et leurs musées. Et aussi, je rapportais un précieux document qui me permit de découvrir la vérité sur *Boris Godounow* et de la révéler au public et aux musiciens, vingt-trois ans plus tard, dès la fondation de l'Orchestre National*.

---

* Cf. Tome II. (Vers les temps nouveaux)

Je dirigeai de nouveau les Ballets-Russes à Paris, l'été suivant, puis occasionnellement beaucoup plus tard, sans avoir jamais envisagé l'éventualité de me lier avec eux. L'inévitable dictature de Diaghilew imposait à la musique trop de concessions pour que je pusse y consentir toujours. Nous savions nous apprécier l'un et l'autre, tout en comprenant que nos idéals ne pouvaient se concilier.

C'est au Théâtre des Champs-Elysées qu'en 1913 Diaghilew commença ses défis au public. La hardiesse de son évolution constante devait décevoir parfois ses amis les plus convaincus. La création du *Sacre du Printemps* et de *Jeux* allait déchaîner le tumulte et l'indignation. La chorégraphie en avait été confiée à Nijinsky dont l'essai, avec l'*Après-Midi d'un Faune*, n'avait pas été heureux.

En 1914, les Ballets-Russes réapparaissent en plein éclat à l'Opéra, puis la guerre survient et ils partent pour l'Amérique. Nous ne les retrouverons qu'à la Paix, sans Fokine, qui les a quittés, ni Nijinsky que la maladie a terrassé. Diaghilew tente de renouveler avec des musiciens et des peintres français sa belle aventure, il comptera sur « ses » snobs pour y parvenir. Mais il n'a pas songé à leur futilité. Il aura beau multiplier les gageures en annonçant qu'il apporte « quelque chose de très méchant », *on n'aura plus peur.*

D'autre part, ses musiciens, ses peintres, ses chorégraphes et ses danseurs ne peuvent être comparés à ceux des débuts. Ses moyens financiers ne sont plus les mêmes. Il a dû renoncer au Théâtre des Champs-Elysées et ne peut pas toujours obtenir l'Opéra ou le Châtelet. Une saison ne peut avoir lieu qu'à la Gaîté Lyrique. Enfin, un arrangement survient avec le Casino de Monte-Carlo, qui permet à Diaghilew d'assurer la vie de son personnel en lui épargnant les aléas épuisants de l'existence nomade.

A la mort de Diaghilew, survenue brusquement à Venise, en 1937, l'un des directeurs monégasques tenta de continuer seul l'exploitation des Ballets-Russes « de Monte-Carlo ». Sa meilleure intention fut de s'assurer la collaboration de Fokine pour remonter dans leurs traditions exactes les plus illustres créations des débuts.

Mais il y avait plus d'un risque à courir dans cette entreprise. Tout d'abord, la renaissance de l'époque glorieuse pouvait exiger un recul plus grand. On a dit plus haut, qu'en feuilletant aujourd'hui les luxueux programmes des anciens Ballets-Russes, on était frappé par les pages de publicité, qui affirment la désuétude des modes d'avant-guerre. Les femmes surtout ne se retiennent pas de sourire sans pitié aux élégances des célébrités d'alors, habillées par Paquin, Redfern ou même par le hardi novateur Poiret ! Elles n'imaginent pas un instant qu'il en sera de même plus tard, pour leurs invraisemblables chapeaux, leurs sacoches en bandoulière et leur parapluie-Chamberlain avec lequel elle « cannent » crânement sur les boulevards.

L'influence des Russes avait été telle qu'elle avait même atteint l'ameublement. L'art de Bakst, surtout, n'avait pas tardé à forcer jusqu'aux vitrines des grands magasins. Or, il y a longtemps que les Parisiennes ont rejeté de leur home les coussins encombrants, les draperies compliquée ou les lanternes arabes du harem de Shariar.

Au point de vue chorégraphique même, le classicisme « évolué » des anciens pensionnaires des théâtres impériaux n'apparaît plus aux jeunes générations tel qu'il nous était apparu alors. Toujours dans les vieux programmes des débuts, la photographie impitoyable a fixé telles attitudes qui « datent » autant aujourd'hui que datait alors la technique conventionnelle de nos ballerines officielles, par rapport à celles des sylphides de Diaghilew.

Au point de vue musical, on pouvait redouter d'autres désillusions. Lors d'une exécution au concert du *Sacre du Printemps,* en 1937, Florent Schmitt ne s'était-il pas écrié : « Quand on pense que l'on s'est battu pour ça ! »

Du *poulailler* des Russes comme de celui de *Pelléas,* on ne pouvait se douter de cet envers de la féerie : l'amoindrissement fatal des chefs-d'œuvre par leur entrée « au répertoire », le remplacement progressif des meilleurs interprètes par des doublures souvent insuffisantes et parfois indignes — Mélisandes ou Zobéïdes d'occasion, Pelléas de lavoir ou nègres déteints — on ne pouvait soupçonner ce résultat inévitable des économies obligatoires occasionnées par les tournées : aussitôt après Paris, la décoration serait simplifiée et la figuration réduite ou supprimée. Et surtout, l'orchestre serait moins nombreux et moins bon, les répétitions accordées avec parcimonie. C'est un travers commun à la plupart des directeurs que d'imposer à la musique les pires restrictions. Ils pensent trop que « ça ne se verra pas », sans imaginer que « ça s'entendra » et qu'on doit compter avec cette réprésaille involontaire de la muse malmenée. C'est pour cela qu'un jour à Turin, avant même d'aller à la Scala de Milan, où j'aurais cependant été heureux de diriger, j'avais définitivement rompu avec Diaghilew, lequel, stupéfié, m'avait dit que personne ne l'avait jamais quitté ! « Eh bien ! je serai donc le premier », avais-je répondu. — « Alors, nous pourrions dire

que vous êtes malade ? » avait répliqué l'orgueilleux barine. — « Non pas, — avais-je conclu — nous dirons simplement que nous ne pouvons plus nous entendre ! »

Fut-il vrai qu'un jour, Diaghilew et Fokine, ayant eu
la curiosité de revoir quelques-uns de leurs ballets de la
grande époque, se soient esclaffés devant leur désuétude ?
La chose est difficile à croire, tant il semble impossible
que des chefs-d'œuvre comme *Carnaval*, *Pétrouchka* et
L'Oiseau de Feu puissent avoir été à ce point éphémères.
Il est possible que Diaghilew, dans son inlassable ardeur
prospectrice, ait pu sourire injustement des premières
créations de ses Ballets-Russes. Mais si Fokine avait souri,
lui aussi, ce dut être moins des ballets eux-mêmes que de
leur exécution.

Sous la souillure des interprétations indignes, une
œuvre aussi rarement jouée que *Pelléas* peut devenir méconnaissable jusqu'à faire rire. Et l'on sait jusqu'à quel
point ont pu être déformées des partitions telles que *Faust*
ou *Carmen*, du fait des fausses traditions imposées par le
mauvais goût et la routine. Il en fut exactement de même
pour les chefs-d'œuvre les plus populaires des Ballets-
Russes. Lorsque Fokine quitta la direction chorégraphique
des ballets de Diaghilew, il perdit tout contrôle sur ses
propres œuvres. D'autres maîtres de ballet vinrent, dont
l'apport enrichit certainement le répertoire de la compagnie tout en le renouvelant. Mais ils étaient trop éloignés
de l'idéal de Fokine pour veiller utilement au maintien de
ses traditions. Certains même ne l'avaient pas connu. Tous,
cependant, eurent à s'occuper de ses ballets, vaguement
renseignés par un régisseur dont la mémoire pouvait être
mise en défaut par les labeurs journaliers dans de nou-

veaux styles, et par la déprimante habitude. C'est ainsi
que, le snobisme aidant, on s'accoutuma à sourire, comme
Diaghilew, aux vieilleries d'avant 1914.

Avec Diaghilew, Fokine, Bakst, Chaliapine et Nijinsky, s'éteignit la grande lignée de ces Russes inouïs qui
étaient descendus du vieil empire des Tzars pour émerveiller et conquérir des générations qui disparaissent peu à
peu. On doit à la mémoire de Serge Pavlovitch qu'un des
survivants de ceux qui l'ont connu tente d'édifier son
« Tombeau ». De la grande figure du barine illustre, se
dégage plus d'un enseignement, et peut-être, surtout, le
secret de son ascension et de son déclin.

S'il réussit, c'est qu'il fut à la fois un artiste et un
chef, dualité peu fréquente. Il ne négligea jamais rien pour
le bien de ses entreprises et ne craignit pas de s'entourer
des plus grands talents comme des plus hautes compéten-
ces. Il repoussa toujours les médiocres. Sans qu'il ignorât
les contingences, il se refusa toujours à ce qu'elles puissent
entraver son œuvre. Et surtout, surtout ! il ne songea
jamais à tirer de cette œuvre des succès ou des profits
personnels. Il était trop grand seigneur pour s'abaisser à
cela. On peut dire qu'il vécut et mourut, sinon pauvre, du
moins sans avoir acquis la moindre fortune, après un
labeur immense. Combien d'artistes, combien de *ses* artistes purent en dire autant ?

Il a été dit ailleurs que, pour parvenir à s'imposer,
il n'hésita pas à s'assurer avec adresse de l'appoint des
snobs. Il ne fut pas seul. Aujourd'hui encore, où le snobisme a atteint jusqu'aux classes moyennes, par une manifestation de notre décadence, l'auteur du *Soulier de Satin*
en usa de même avec cette partie du public qu'il connaît

bien aussi. Sur la scène de la Comédie-Française, « les machinistes feront les quelques aménagements nécessaires sous les yeux même du public pendant que l'action suit son cours. Au besoin, rien n'empêchera les artistes de donner un coup de main. Les acteurs de chaque scène apparaîtront avant que ceux de la scène précédente aient fini de parler et se livreront eux-mêmes à leur petit travail préparatoire... S'ils se trompent, ça ne fait rien... Il faut que tout ait l'air provisoire, en marche, bâclé, incohérent, improvisé dans l'enthousiasme !» Puis *L'Annonceur* paraîtra et, s'adressant au public, l'entretiendra familièrement en l'engageant à ne pas tousser, concluant ainsi sa harangue : « Ce qui vous paraîtra incompréhensible sera ce qui est le plus beau ! »

Il n'en faut pas plus pour faire la conquête des bons snobs, qui craignent avant tout de sembler n'avoir pas compris.

A en user ainsi, les meneurs de jeu risquent de se laisser prendre à leur propre piège et de tomber eux-mêmes dans le travers commun. Ainsi Diaghilew pour retenir « ses » snobs, n'hésita-t-il pas à vouloir chaque année surenchérir sur ses gageures. C'était là le danger pour la pérennité de son entreprise, parce que la futilité et la versatilité des snobs s'apparente à celle des Bandar-Log, du *Livre de la Jungle*, de Kipling :

> Sur la branche haute, en rangs nous rêvons
> A de beaux secrets que seuls nous savons.
> Songeant aux exploits que le monde espère,
> Et qu'à l'instant notre génie opère
> Quelque chose de noble et de sage fait
> De par la vertu d'un simple souhait...
> Quoi... Je ne sais plus... Etait-ce important ?
> Le peuple-singe est étonnant !

1911

Le Martyre de Saint Sébastien

Le Martyre de saint Sébastien. — Gabrièle d'Annunzio et Ida Rubinstein.
— Révélation de la partition de Debussy à la première répétition
d'ensemble au foyer du théâtre — Découverte et débuts de Ninon
Vallin — Interdit de l'Archevêque de Paris — Les dispositions scéniques
préjudiciables à la partie chorale de l'œuvre — Une victoire mutilée.

Aux premières années des Ballets-Russes, lors de la
création de *Cléopâtre* et de *Shéhérazade,* on avait
aussitôt remarqué l'être étrange qui avait personni-
fié la sultane Zobéïde et la Reine d'Egypte. L'entrée en
scène de cette dernière avait été curieusement imaginée.
Dans l'immense salle hypostyle qui donnait sur le Nil,
tous les personnages s'étaient peu à peu groupés dans des
entrées successives. Soudain apparaissait, porté par des
esclaves, un long sarcophage que l'on plaçait debout, au
centre de la scène. Le couvercle enlevé, puis le sarcophage
lui-même, on distinguait Cléopâtre, que les esclaves avaient
laissée seule, chrysalidée telle qu'une momie, dans les ban-
delettes qui l'enserraient. Ces dernières, formées de voiles

aux différentes couleurs, étaient successivement déroulées avec symétrie, puis ramenées vers le fond, tendues, tout ceci en une danse gracieuse imaginée par Fokine. Une fois la dernière bandelette enlevée, ,s'animait alors Ida Rubinstein, la danseuse-mime dont le corps était élancé et mince avec l'exagération d'un personnage de Greco.

Comme on l'a dit précédemment, Mme Ida Rubinstein abandonna au bout de deux saisons la troupe des Ballets-Russes pour monter elle-même des spectacles de son choix. Ceux-ci devaient révéler un idéal opposé à celui de Diaghilew, lequel faisait tout par lui-même, pour les autres, tandis que son ancienne pensionnaire ferait tout pour elle-même, par les autres.

Disposant de moyens financiers illimités, Mme Ida Rubinstein allait stupéfier Paris par sa magnificence. Elle serait peut-être parvenue à le conquérir en consentant parfois à monter des spectacles où elle ne parût point. Mais n'eût-elle fait que d'avoir monté *Le Martyre de Saint Sébastien,* elle s'est acquis la reconnaissance des musiciens.

Fut-ce elle, ou bien Astruc, qui imagina d'unir d'Annunzio à Debussy, on ne sait. L'animateur des « Grandes Saisons » de Paris, qui avait le goût de réunir les célébrités, a bien pu, en cela, avoir sa part d'inspiration. Toujours est-il qu'assuré des crédits illimités de la fastueuse interprète, il lui procura, ainsi qu'à ses deux auteurs, les collaborateurs qui lui semblaient le mieux désigné pour les servir.

C'est au mois de février 1911 que Debussy avait accepté d'écrire la partition pour *Le mystère* de Gabriele d'Annunzio, qui devait être représenté en mai de la même année. Il avait déclaré que des mois de recueillement lui auraient été nécessaires pour composer une partition adéquate au drame mystérieux et raffiné du poète. Aussi se crut-il obligé de ne donner de musique que ce qu'il jugea digne de l'être. Les premières répétitions devaient le surprendre encore en plein travail.

De son côté, Gabriele d'Annunzio travaillait nuit et jour, corrigeant les épreuves de son œuvre — la typographie, comme il disait — qui devait paraître en librairie en même temps que sur la scène du Châtelet. Retiré dans un somptueux hôtel de Versailles, parmi les étrangers en séjour, il se plaisait à répéter : « Je suis le seul Français de Versailles ». Il surveillait là les essais de son interprète et son inspiratrice, qui s'était fait aménager dans le palace un studio aux murs duquel d'innombrables reproductions des chefs-d'œuvre consacrés à *L'Archer d'Emèse,* s'offraient à sa vue pour inspirer son mimétisme.

Le poète veillait partout à la préparation du spectacle qui devait ramener les auditeurs « aux mystères du XVI° siècle et célébrer la foi chrétienne en vers octosyllabiques ».

Aux journalistes venus pour l'interroger à propos du grand événement artistique qui se préparait, d'Annunzio avait déclaré :

« J'ai chassé de mon écriture, pour composer *Saint Sébastien,* tous les termes qui ne sont pas de race authentique, c'est-à-dire qui ne datent pas d'au moins quatre siècles. Mon culte pour Saint Sébastien date de ma première jeunesse, de ma période d'humanisme.

« Je n'ai pas manqué de mettre en œuvre, dans ce mystère ce qui fut peut-être le moment le plus intense et le plus tragique de la conscience chrétienne aux premiers temps : le choc imprévu de la grâce, l'illumination foudroyante, la conversion soudaine.

« L'angoisse de Sébastien, les implorations de ceux qui lui demandent de leur faire voir Dieu, éclatent avec un élan tellement pathétique que je n'ai pu le traduire sans larmes. Et cela encore n'est pas le pont culminant, quoique de ce moment l'onde d'émotion ne fasse que s'élever jusqu'à la fin par les épisodes inattendus, jusqu'à sa dernière et sublime effusion musicale. Car, quelle que soit l'opinion de la critique et du public sur mon poème, je suis assuré que chacun reconnaîtra dans la partition de Claude Debussy la plus divine source de l'émotion. Pour avoir permis cette œuvre musicale, quoiqu'il arrive, on me pardonnera ! »

Ces dernières phrases suggèrent un parallèle entre *Le Martyre de Saint Sébastien* avec lequel Debussy remporta sa dernière victoire et *Pelléas* avec lequel il avait livré son premier combat. On sait qu'à cette époque Mæterlinck, qui aurait dû être l'allié fraternel sur lequel devait pouvoir compter Debussy, lui avait fait défaut et même plus : s'était révélé comme son adversaire. C'est cependant la musique qui allait sauver la pérennité de *Pelléas*, dont l'admirable symbolisme peut sembler parfois désuet, au point d'expliquer même certains sarcasmes des béotiens, aux premières représentations.

Tout au contraire, d'Annunzio exalte son musicien et s'efface devant lui. Dans la belle ordonnance typographique à laquelle il tenait tant, il fait précéder chacune des cinq « mansions » de son mystère d'un résumé analytique qui en commente l'action dans sa langue magnifique. Mais auparavant, avant même d'énumérer les personnages, le poète tient à s'adresser à l'assistance, comme faisait le héraut ou le meneur de jeu au moyen-âge. Il en présente les auteurs, et de telle façon qu'il laisse le plus grand mérite de l'œuvre commune à son musicien :

« ...Or, le nom
de cet ouvrier pèlerin
de ce Florentin en exil,
qui bégaye en langue d'oïl
comme le bon Brunet Latin,
est tellement dur qu'on l'enchâsse
mal dans la résille de plomb
au bas du vitrail rouge et bleu.
Est-il peut-être, plaise à Dieu,
plus doux dans la langue du *si*.

Mais l'autre est Claude Debussy
qui sonne frais comme les feuilles
neuves sous l'averse nouvelle
dans un verger d'Ile-de-France,
où des amandiers sans amandes
illuminent l'herbe alentour,
dans un bosquet de Saint-Germain
qui se souvient de Gabrielle,
du Roi faune, et de leur amour :
« Cher cœur, je vous voyrré demayn... »

Pour réaliser le plan de son œuvre, telle qu'il la conçoit, le célèbre poète italien a dépouillé les librairies, couru les musées, établissant sa minutieuse documentation.

« Mes premières études sur le sujet — déclara-t-il, furent faites il y a trois ans, dans le domaine des Landes dramatiques, des dévotions, des représentations suivant les formes primitives du Théâtre italien aux XIIIe, XVIe et XVe siècles. »

Et voulant expliquer pourquoi il écrivit ce mystère en français, Gabriele d'Annunzio avoue que c'est par amour de la France :

« J'ai pensé — dit-il — qu'un esprit n'atteint au fin fond d'une race que s'il descend au plus mystérieux de ses sanctuaires, celui du langage. Ni les collines, ni les rivières, ni les châteaux, ni les cathédrales, n'en auraient donné la clef comme cette étude du vieux parler. Mériter le droit de haute cité dans la doulce France où le voisin de Dante fut appelé

Brunet Latin, est une noble tâche à laquelle je me suis efforcé. Puisse mon hommage à ce pays de culture et de lumière n'être point indigne de son génie ! »

Il explique enfin, non pas le choix de son interprète essentiel, mais l'influence qu'eût celle-ci sur le choix-même de son sujet :

> « La volonté de faire un dict sur le beau saint du catholicisme m'est venue de la rencontre d'une extraordinaire créature qui incarne le type même de l'enthousiaste défenseur de la foi, tel qu'il est apparu depuis des siècles à l'imagination des artistes et à la ferveur des dévôts. Aucun ne se peut comparer en force et en pureté d'expression avec la vision que donne cette artiste, et qui a tout juste autant de muscles qu'il faut pour supporter une draperie de songe et de douleur. »

Bien qu'on ait alors trouvé cet hommage excessif et qu'on ait pensé qu'il s'adressait plus encore au mécénat princier qu'à l'interprète, cette dernière, cependant, n'en était point indigne. La créatrice de Cléopâtre aux Ballets-Russes était prédisposée, par sa silhouette d'androgyne, à incarner Saint Sébastien. Avec persévérance, elle était parvenue à assimiler ses attitudes à celles fixées jadis par Bonsignore, l'Espagnolet, le Sodoma, le Perugin et Mantegna, dont d'innombrables reproductions l'entouraient et qu'elle avait conjuguées pour fixer son personnage. Dès le début du mystère, c'était bien le chef de la cohorte d'Emèse qu'on reconnaissait, de façon saisissante, appuyé sur son grand arc, regardant en silence les jeunes martyrs les deux frères jumeaux Marc et Marcellien, liés aux deux colonnes de la même arcade. Et la persistance de son immobilité favorisait l'illusion d'une incarnation séculaire, tandis qu'au cantique de foi chanté par les gémeaux, les gentils répliquaient par des invectives, les hérauts hurlaient pour imposer le silence et que le préfet menaçait.

Soudain, l'affranchi Guddone, puis les archers d'Emèse s'inquiétaient de ce que Sébastien perdît son sang, qui coulait de sa main percée par l'arc même sur lequel elle s'appuyait. Et c'est le miracle de ce stigmate qui devait faire sortir le Saint de son mutisme :

> Archers laissez couler mon sang.
> Il faut qu'il coule. Pas de lin,
> femmes, pas de baume. Laissez
> couler mon sang.

Pour la plupart des assistants, le charme allait être rompu, dès ces premiers vers. La voix qu'ils « attendaient » du Sébastien statique n'était pas celle qu'ils entendaient. Non pas que l'accent exotique de l'interprète pu choquer. — Le personnage « idéal » de Mélisande ne devait-il pas rester longtemps « marqué », par l'accent américain de Mary Garden ? — Mais chez Mme Ida Rubinstein, la raucité de la voix trop « forcée » était rebutante, comme la monotonie d'une sorte de débit syllabique comparable à celui que l'on emploie malgré soi pour se faire comprendre à l'étranger, au moyen de quelques phrases recueillies dans des manuels de conversation. Cette voix semblait artificielle et inhumaine. On sentait trop que tout cela provenait d'un travail opiniâtre, et ne venait pas de l'âme. Pendant près de trente années, la créatrice du *Martyre de Saint Sébastien* persisterait inlassablement dans sa tentative, sans que jamais ses partisans parvinssent à imposer leur prosélytisme.

Revenant à la période des débuts, quittons pour un instant le poète pour la musique.

Tandis que d'Annunzio et son interprète travaillaient à Versailles dans leur palace, que le peintre et le metteur en scène commençaient à occuper la scène du Châtelet, les musiciens mettaient au point peu à peu, la difficile partition que Debussy terminait. La collaboration musicale avait été répartie entre quelques disciples fervents de l'auteur de *Pelléas*. André Caplet, mon aîné de quelques années ,et plus intime alors que moi auprès de Debussy, l'aidait activement pour l'orchestration et devait diriger l'orchestre. La direction des chœurs et du chant m'ayant été confiée, j'avais appelé auprès de moi, en qualité de chefs de chant, deux de mes amis auxquels je devais en partie la révélation de Debussy, comme on le verra en son temps.

Pour interpréter les rôles de la *Vox Cœlestis* et de *la Vierge Erigone*, Debussy et Caplet avaient choisi notre amie commune Rose Féart, l'une des plus remarquables cantatrices de l'époque, que son extrême modestie avait empêchée de conserver la place qu'elle avait eue à Paris et à l'Opéra.

La partition comportait en outre deux voix de contralto solo et huit choryphées. Pour choisir ces dernières, j'avais organisé des auditions, au cours desquelles j'allais entendre une jeune débutante que l'on m'avait signalée et qui n'était autre que Ninon Vallin. Dès que je l'eus entendue, je signalai à Caplet que je venais de découvrir la *Vox Cœlestis* rêvée, dont l'emploi convenait moins bien, d'ailleurs, au soprano dramatique de Rose Féart, qui n'avait pas encore été pressentie. Mais Caplet répondit que le choix de Debussy étant fait, il n'y avait plus à revenir dessus. Ninon Vallin fut donc engagée comme choryphée et doublure éventuelle de Rose Féart.

Dans les combles du théâtre, la salle de danse servait de studio aux chœurs. Les morceaux de la partition nous arrivaient par fragments, aussitôt imprimés par l'éditeur. Nous ignorions souvent ce qu'il y avait d'orchestre entre deux interventions du chœur. Et lorsque nous parvenaient les feuillets intermédiaires, j'oubliais souvent de faire attaquer mes chanteurs, dans le ravissement d'une nouvelle découverte. De son côté, Caplet faisait répéter l'orchestre. Enfin, un beau matin de mai, chanteurs et musiciens furent réunis au foyer du théâtre pour une répétition à l'italienne. Ce jour était aussi celui où Debussy, pouvant enfin quitter sa retraite, allait entendre sa partition.

Tous ceux qui participèrent à cette répétition-là eurent alors la révélation du chef-d'œuvre. Et Debussy lui-même qui, simplement pleura !

Le musicien de *Pelléas* venait de remporter ce matin-là sa dernière victoire. Mais celle-ci deviendrait bientôt une victoire mutilée. Les servitudes que le théâtre allait imposer à la musique compromettraient l'exécution de la partition, malgré toutes les précautions que nous avions pu prendre.

J'avais voulu que mes deux chefs de chant et moi-même nous nous tenions, non pas dans la coulisse, mais *en scène*, costumés, parmi nos chanteurs, ainsi qu'il est d'usage partout ailleurs qu'en France. Sur la page de garde du bel exemple de la « typographie » qu'il m'offrit, d'Annunzio avait inscrit, de sa large écriture, en rehaussant de rouge les mots latins :

à D.-E. Inghelbrecht
« *qui choros duxit* »
avec la robuste noblesse d'un
maître en simarre noire
portrait par Holbein.

221

Il y avait donc, en plus de la simarre noire, deux simarres rouges pour aller, des uns aux autres, affermir une attaque ou assurer une intonation. Mais il y avait aussi Léon Bakst, qui établissait ses rapports de tons — à lui — en transférant ingénument un soprano parmi les basses ou un ténor parmi les altos, au cours des répétitions en costumes. Il y eut surtout la déplorable disposition des chœurs du Paradis, magnifiquement édifiés *a capella*, dont on ne put avoir idée, parce qu'ils étaient chantés du fond de l'immense scène, derrière un décor !

Vers la fin de la première *mansion*, Sébastien, « l'archer certain du but », s'est désarmé pour entrer pieds nus dans le parallélogramme des braises ardentes et y danser sa danse extatique. Des voix éparses s'étagent alors dans l'espace en murmurant le nom du Saint :

Sébastien, Sébastien,
tu es témoin !

Lors de la création, le public se montra hostile ou indifférent à l'œuvre nouvelle écrite à la gloire du Christ, mais sur laquelle l'Archevêque de Paris avait jeté l'interdit. Et la plupart des fervents de *Pelléas* même ne crurent pas au nouveau chef-d'œuvre. Seul, devait conserver la foi, le petit groupe d'amis qui avait « été témoin » au matin de la première répétition révélatrice.

A cette répétition, Ninon Vallin avait dû remplacer Rose Féart, encore éloignée de Paris. Aussitôt, Debussy et Caplet, subjugués, m'avaient déclaré qu'ils trouvaient eux aussi que la jeune chanteuse inconnue était la *Vox cœlestis* rêvée. Et ils prétendaient que l'on renonçât simplement au concours de notre amie Rose Féart. Je leur dis alors que cette dernière était maintenant engagée, il était trop tard. Mais il n'y eut de cesse qu'il en fût comme le Maître voulait et la magnifique carrière de Ninon Vallin commença donc à la création du *Martyre de Saint Sébastien*. Je devais apprendre plus tard, par ma chère Rose Féart elle-même, qu'on s'était bien gardé de la renseigner sur les précautions que j'avais prises pour ménager sa sensibilité, et que l'on m'avait même imputé la décision prise...

Dès l'année suivante, le petit groupe « qui avait été témoin » entreprit de faire rendre justice à la partition de Debussy, qui fut exécutée seule, à deux reprises, aux concerts d'orchestre de la Société musicale indépendante. Debussy, dont la sensibilité extrême était presque morbide, demeura inquiet de l'expérience le matin de la dernière répétition. Peut-être n'avait-il pas encore assez confiance en moi, ce n'était pas encore l'époque des Champs-Elysées. Il ne vint pas au concert où sa partition fut triomphalement accueillie.

La musique avait retrouvé sa mise en valeur exacte, mais il lui manquait encore l'ambiance poétique pour la signification de certains morceaux. C'est alors qu'en accord avec Debussy comme avec d'Annunzio, j'eus idée de confier à un récitant une condensation du texte, plus spécialement extraite du rôle du Saint. Malheureusement, la guerre étant survenue, ce projet ne put être réalisé qu'après la mort de Debussy, aux Concerts Pasdeloup.

Dès la fondation de l'Orchestre National et pendant dix ans, *Le Martyre de Saint Sébastien* fut donné chaque année au moins une fois. Pour faciliter la compréhension des auditeurs, et indépendamment du texte indiqué plus haut, chaque partie était précédée d'une analyse extraite du résumé par lequel d'Annunzio, dans sa langue magnifique, indique le sens de chacune des cinq « mansions » de son mystère. Il est préférable que ce texte analytique soit dit par le speaker, ou par un autre récitant, mais non par l'artiste désigne pour les extraits du rôle du Saint. L'annonce du meneur de jeu — Nuncius : Douces gens, un peu de silence ! — doit être dite, comme au théâtre, avant le prélude joué par l'orchestre, mais *après* l'analyse de la première « mansion ». Il est utile d'y faire quelques coupures. On pourrait aussi modifier ou parfaire cette adaptation du texte littéraire en y faisant intervenir, par exemple, une voix de femme à de certains endroits, notamment au deuxième acte, pour les litanies entre le Saint et la Fille malade des fièvres. L'essentiel sera de ne jamais morceler l'audition par un entr'acte et d'éviter, pendant les actes, les applaudissements, auxquels pourront seulement être réservées les courtes interruptions entre les actes, avant l'analyse de la prochaine « mansion ». Comme pour toutes les œuvres où la musique alterne avec un texte poétique, on devra veiller à ce qu'aucun « froid » ne rompe l'atmosphère, entre ces alternances. Présentée de cette façon, l'audition du *Martyre de Saint Sébastien* dure environ une heure vingt minutes. L'expérience a démontré qu'il n'y aurait pas avantage à excéder cette durée.

On a parfois envisagé une reprise à la scène de l'œuvre de d'Annunzio et Debussy, mais non sans redouter les nombreuses difficultés qu'elle comporterait. Les conditions ne seraient plus aussi exceptionnelles qu'au temps où la richissime artiste avait entrepris sa gageure. On ne peut prétendre du texte du *Martyre de Saint Sébastien* ce que l'on a dit de celui de *Pelléas,* dont le symbolisme peut sembler aujourd'hui désuet. Gabriele d'Annunzio ayant assigné lui-même à ses vers de dater au moins de quatre siècles, ce recul suffit pour leur conserver la fraîcheur d'un mystère d'Arnould Gréban ou de Marguerite de Navarre. Mais le « Florentin en exil » parvint si bien à identifier son idéal à celui des vieux maîtres du moyen-âge qu'il ne se soucia pas plus qu'eux du rapport entre les dimensions de son « dict » luxuriant et l'action réduite de ses « mansions ». La stagnation fréquente des personnages des « cinq verrières consacrées à Sébastien » fait souvent penser à l'action au ralenti des drames wagnériens, mais sans que la musique puisse aider le spectateur à patienter entre les épisodes.

Pour l'audition symphonique, il s'était agi seulement d'extraire du texte les fragments qui motivent les différents morceaux de la partition.

Pour tenter de remettre à la scène le mystère, on devrait se résoudre à pratiquer d'importantes coupures dans les trois mille neuf cents vers qui composent *L'Ystoire de Monseigneur Sainct Sébastien*. Et qui oserait entreprendre une tâche aussi grave, sans craindre d'être sacrilège ?

On a parlé aussi du cinéma. Et, certes, des tentatives isolées ont déjà prouvé que le film pouvait servir à des réalisations de qualité. Mais comment serait alors traitée la musique ? Ce ne sont pas les expériences faites jusqu'ici avec *L'Arlésienne* ou *Carmen* qui pourraient apaiser nos appréhensions sur le « découpage » éventuel de l'œuvre de d'Annunzio et de Debussy.

Maintenant que la partition de Debussy est sauvée, désormais, du silence, on voudrait croire qu'un jour viendra où l'œuvre de d'Annunzio quittera l'ombre des bibliothèques pour être animée de nouveau.

XVIII

1910

Sociétés et Escouades d'Avant-Garde. — La « Nationale ». — La S.M.I.
(Société Musicale Indépendante). — Le *Psaume* de Florent Schmitt. —
Comparution d'un jeune compositeur devant Edouard Colonne.

JADIS, c'était la Société Nationale, fondée peu après la
la guerre de 1870, par Saint-Saëns et Romain Bussine,
qui révélait les jeunes espoirs de la musique française. Fauré, d'Indy, Debussy et Dukas y firent jouer leurs
premières œuvres. C'est là qu'avait été donnée la première
audition de *L'Après-Midi d'un Faune*, sous la direction de
Gustave Doret. Au lendemain de *Pelléas*, quand l'impres-
sionnisme était roi et qu'Henri de Régnier et Claude
Monet étaient ses prophètes, Ravel avait fait jouer ses
Sites auriculaires et, bienveillant aîné, avait entr'ouvert la
porte à ses cadets. C'était l'événement de l'année que ce
concert d'orchestre de la Nationale, qui clôturait la saison
en révélant chaque fois un nouveau disciple de Debussy
ou de d'Indy. Car c'étaient là les deux seules tendances en
présence.

Vint la scission, en 1909. Les d'Indystes demeurèrent
à la Nationale, tandis que la S. M. I. (Société Musicale In-

dépendante), fondée par Fauré et ses élèves, sous l'impulsion de Ravel et de Florent Schmitt, accueillait les indépendants et esquissait un mouvement de prospection internationale. Parmi les plus grands événements de son activité, se placèrent la révélation du *Psaume* de Schmitt et celle du *Saint Sébastien* de Debussy, dont les représentations scéniques, ainsi qu'on l'a dit, n'avaient pas suffi à révéler complètement la puissance.

Puis ce fut l'autre guerre, à laquelle ne pouvaient survivre les deux groupements. Mais les jeunes musiciens d'alors s'organisèrent d'autre façon, par escouade, pourrait-on dire, et sans négliger l'appoint indispensable de la publicité et du snobisme, auxquels avaient généralement répugné leurs aînés. C'est ainsi que naquit, vers 1920, le groupe des Six, puis, un peu plus tard celui de l'école dite d'Arcueil. A la même époque, se réunissaient sous le signe du Triton les représentants les plus français des tendances *Mitteleuropa*. Enfin, un dernier groupement s'annonçait en 1936, celui de la « Jeune France », reprenant un titre créé autrefois par Berlioz. Par la logique même du flux évolutif qui amenait ce dernier groupe un reflux emmenait vers la vieille France les précédentes escouades d'assaut évoquées plus haut. Aussi les « lions », devenus vieux, étaient-ils venus au premier concert « Jeune France », attentifs à découvrir la rassurante faiblesse qui leur permettait de conclure « qu'en somme, tout cela ne cassait rien ! »

De tous temps, les critiques simplistes ont stigmatisé les musiciens qu'ils ne comprenaient pas, en les nommant « chevaliers de la fausse-note ». Et souvent, l'épithète fut décochée, d'une génération à l'autre, par ceux-là mêmes qui en avaient été affublés jadis.

Aujourd'hui, les groupements prospecteurs n'auraient plus aucune signification. A peine au sortir des écoles, les jeunes compositeurs trouvent au cinéma et à la radio des débouchés fructueux, souvent funestes d'ailleurs pour leurs dons, en ce qu'ils les incitent à produire vite et trop.

Jadis, les sociétés d'avant-garde étaient seules à permettre aux compositeurs de lutter contre l'ostracisme des chefs d'orchestre et des directeurs de théâtre. Les jeunes musiciens ne peuvent imaginer à quelles rebuffades purent se heurter autrefois leurs aînés.

Un peu avant 1910, un jeune compositeur avait été convoqué un soir chez Edouard Colonne, pour la présentation d'une œuvre inédite. Il attendait depuis un instant au rez-de-chaussée de l'hôtel particulier de la rue de Montchanin, lorsque le jeune chef des chœurs de l'Association des Concerts, Pierre Monteux, vint le chercher et lui fit gravir l'escalier au haut duquel se trouvait le cabinet du Maître.

Edouard Colonne était à sa table, les jambes protégées par une épaisse couverture. En face de lui se trouvait Gabriel Pierné, son chef-adjoint et futur successeur.

— Bonsoir, Monsieur, dit Colonne, je suis bien aise de vous voir. J'ai beaucoup connu monsieur votre père, c'était un excellent serviteur dont j'ai gardé le meilleur souvenir !

Le père du jeune musicien avait fait partie, en effet, de l'orchestre de l'illustre dictateur, mais l'avait quitté pour entrer au groupement rival dirigé par Lamoureux. Or, Colonne avait bonne mémoire et gardait une rancune tenace à ceux qui l'avaient quitté ! Ça promettait !

— Dites-moi, poursuivit Colonne, j'ai là une œuvre de vous, dont le titre est bien long : *Pour le jour de la pre-*

mière neige au vieux Japon. Croyez-vous que cela puisse réellement intéresser notre public, la neige... et au Japon ? Vous savez, vous appelleriez ça : *Pour le jour du premier soleil n'importe où,* que les auditeurs n'y attacheraient pas plus d'importance ! Pourquoi ne diriez-vous pas tout simplement : *Fantaisie japonaise ?* Si nous acceptons votre partition, il faudra adopter ce titre plus *simple !*

A ce moment, Colonne ouvrit la partition.

— Et puis, il y a des mesures à cinq temps, là-dedans ! C'est inutilement difficile et cela fait perdre du temps. Pourquoi n'écrivez-vous pas comme tout le monde, à deux, trois et quatre temps ? Et quelle batterie compliquée ! Il faudrait sûrement des supplémentaires, et vous savez que c'est coûteux !...

Puis, avec un soupir résigné :

— Enfin, jouez-nous ça !

Décontenancé par des préliminaires aussi peu engageants, le jeune musicien se serait probablement enfui si Pierné ne l'avait poussé vers le piano, devant lequel il s'installa avec lui pour exécuter à quatre mains la réduction. A peine le dernier accord venait-il d'être joué que Colonne refermait rageusement la partition en lui assénant un coup de poing et déclarait :

— Eh bien ! *On-ne-vous-joue-ra-pas !* Vous faites partie d'une *bande* qui se moque des chefs d'orchestre, des musiciens et du public avec des élucubrations telles que celle-ci ! (Nouveau coup de poing au manuscrit.) On vous a fait venir parce que vous êtes le plus jeune, afin de vous donner une leçon et pour que vous préveniez vos camarades que nos artistes n'ont pas de temps à perdre pour travailler de telles choses, non plus que notre public pour les écouter ! Rentrez chez vous, monsieur, asseyez-vous *là-des-sus* (dernier coup de poing) et écrivez-nous quelque chose de *simple*. Apportez-le. Nous le jouerons peut-être alors, car nous sommes sans parti-pris et ne demandons pas mieux que d'aider les *vrais* musiciens.

Quelques semaines après, dans une chronique du *Mercure de France*, un jeune espoir de la critique — devenu depuis éminence — relatait cette séance d'un tribunal qu'il déclarait digne d'*Ubu-Roi*. Et quelques années plus tard, Pierné, devenu président de l'Association des Concerts Colonne, rappelait l'auteur et exécutait sa partition en se jouant des mesures à cinq temps.

Je peux d'autant mieux garantir l'authenticité de cette histoire que c'est à moi-même qu'elle arriva, Ravel et Schmitt étant « chefs de bande » des ennemis n° 1 d'Edouard Colonne. La partialité de certains critiques n'était pas moins flagrante. L'un des plus éminents à l'époque, qui avait tourné en dérision ma partition lors de sa création à la Nationale, lui avait trouvé de l'intérêt dix ans plus tard, jouée par Pierné et par Chevillard.

L'utilité des groupements d'avant-garde fut donc évidente en son temps, et surtout celle de leur aînée, la Société Nationale. Lorsque j'y fus accueilli, en 1904, Fauré et d'Indy en étaient présidents, mais l'indolence du premier aidant, le second en avait fait peu à peu une filiale de sa *Schola Cantorum*. La scission survint à l'occasion du refus d'une partition présentée par un élève de Ravel. Entraîné par quelques-uns de ses anciens élèves, Fauré consentit à démissionner pour fonder la S.M.I. Le coup de force motiva des débats dans la presse, dont la futilité éclate surtout rétrospectivement. Mes sympathies allaient tout naturellement au nouveau groupement, qui m'offrit une place dans son comité. Mais j'appartenais au comité de la Nationale et, lui ayant promis une œuvre inédite pour son concert d'orchestre annuel, ayant en outre promis de diriger ce concert, je déclarai à mes amis de la S.M.I. que je pourrais les retrouver seulement la saison suivante, après avoir rempli mes engagements et pris congé de d'Indy, duquel, personnellement, je n'avais eu qu'à me louer. Mes camarades me tinrent rigueur d'une décision simplement dictée par un sentiment de probité et de courtoisie. Mais ils devaient revenir bientôt vers moi, ayant à me demander de les tirer d'embarras.

Fauré protégeait à ce moment les débuts d'un jeune chef d'orchestre, qu'il avait imposé à son comité pour diriger le premier concert d'orchestre de la S.M.I., dont le programme comprenait, entre autres œuvres inédites, la création de fragments de l'*Heure Espagnole* de Ravel et du *Psaume XLVII* de Florent Schmitt. Cette dernière partition apparaissait à l'époque comme une gageure pour les exécutants. Par amitié pour Florent Schmitt, j'avais accepté d'en monter les chœurs. Ils étaient au point et les premières répétitions d'orchestre étaient déjà commencées lorsqu'à la veille de la dernière, le jeune chef annonça qu'un accident au bras l'empêchait de continuer. On me demanda alors de le remplacer et je n'eus qu'une nuit pour travailler tout le programme, dont le fameux *Psaume !* Dans cette dernière partition, j'eus surtout à gommer les innombrables *graffiti* dont elle avait été surchargée et qui la rendaient illisible.

L'œuvre de Florent Schmitt avait été donnée quelques années avant, en 1906, à une audition des envois de Rome. L'accueil avait été incertain. Mais au concert de la S.M.I. le *Psaume* prit une revanche éclatante et sa révélation fut alors considérée comme l'un des événements les plus marquants de la musique française.

La magnifique partition demeure comme l'œuvre maîtresse de Florent Schmitt, qui l'écrivit à Rome, durant son séjour à la « Villa Médicis », en 1904. On y sent déjà, chez le musicien, que l'influence debussyste aura à peine effleuré, une prédilection pour les polyphonies puissantes. Mais sa puissance n'outrepasse pas la limite d'absorption de nos tympans. Elle n'est point « survoltée », comme on pourra dire de tant d'autres, plus tard, ce mot étant devenu à la mode. Florent Schmitt n'échappera pas alors à la boulimie sonore.

Après l'apparition de Debussy, en réaction contre l'emprise wagnérienne, Florent Schmitt, avec le *Psaume,* semble réagir contre le danger du debussysme ; par ses origines lorraines qui le rapprochent de Wagner et aussi sa formation rigoureuse au Conservatoire. Son influence aura été salutaire en cela.

Si le public ne s'était pas fait un épouvantail des mots « musique moderne » et « musique savante », il lui serait apparu plus tôt que la compréhension du *Psaume* est aussi aisée que celle du final de la *XIᵉ Symphonie,* dont la construction est bien moins logiquement établie. Plus développé, le *Psaume* aurait risqué de réussir moins bien. Sa concision a contribué à son succès maintenant universel.

Dès le début, la trompette éclatante, évoquée au dernier verset, amène en trois mesures, par ses sonneries multipliées sur un fond de timbales, l'explosion du chœur:

« *Nations, frappez des mains toutes ensemble. Chantez la gloire de Dieu. Mêlez vos voix !* »

Sous le chœur, un rythme de danse guerrière révèle le

233

goût du musicien pour l'orientalisme biblique, que l'on retrouvera dans *La Tragédie de Salomé* et maintes autres de ses partitions.

Après un court développement, puis un bref silence, l'orchestre se tait et l'orgue entre magistralement, accompagnant le chœur pour le second et le troisième verset :

Parce que le Seigneur est très élevé et très redoutable et qu'Il est le roi suprême qui a l'empire sur toute la terre. Chantez la gloire de Dieu par des cris d'une sainte allégresse, Gloire au Seigneur.

Les trompettes interviennent de nouveau et l'orchestre rentre, amenant un *fugato* propre à tranquilliser les juges de l'Institut.

« Rude et autocratique » — ainsi que lui enjoint l'auteur — le chœur à l'unisson passe au verset suivant :

Il nous a assujetti les peuples, Il a mis les nations sous nos pieds.

Puis il s'apaise peu à peu, amenant la partie médiane de l'œuvre où, sous les balancements des cordes, le violon-solo et le basson dialoguent d'abord. La voix s'élève alors du soprano-solo, dont la mélodie commente avec émotion le nouveau texte :

Il a choisi dans son héritage la beauté de Jacob qu'il a aimé avec tendresse.

A bouches fermées, le chœur soutient les vocalises de la chanteuse, tandis que les arpèges des harpes bruissent comme des zéphyrs. Le développement de cet épisode aboutit à un *pianissimo* velouté de l'orgue seul, du plus grandiose effet. Les voix s'étagent ensuite sur de nouveaux arpèges de harpes. Un bref *crescendo* ramène les sonneries de trompettes et tout retombe dans le grand calme d'arpèges *pianissimo* et dans la placidité inattendue de la tonalité d'*ut* majeur.

Peu à peu s'élève alors, s'arpègeant d'une voix à l'autre du chœur, la première phrase du dernier verset :

Dieu est monté au milieu des chants de joie...

Dans un long et patient *crescendo*, les entrées successives des voix sont suivies de celles des trombones répétant l'arpège auquel les mots du texte sacré sont désormais liés. Alors, les chœurs passent à la seconde phrase :

... et le Seigneur est monté à la voix de la trompette éclatante

tandis qu'éclatent de nouveau toutes les trompettes, dont les cors répètent la sonnerie et que revient la danse guerrière du début :

Nations, frappez des mains toutes ensemble.

Peu après, se contrepointant à la danse guerrière, survient un rappel du choral :

Parce que le Seigneur est très élevé et très redoutable

amenant bientôt la péroraison magnifique, toutes forces déployées des chœurs, de l'orgue et de l'orchestre.

Je ne compte plus les auditions du *Psaume* que j'ai dirigées et je suis fier d'avoir contribué à le faire connaître et aimer. Je conserve aussi un souvenir ému de sa première audition, de l'émotion qu'elle me donna... et du trac qu'elle me valut ! Car, ainsi qu'il a été dit plus haut, j'eus à le diriger au pied levé, après une unique répétition. Or, il m'arriva, le soir du concert, deux aventures qui auraient pu m'être funestes si j'eusse perdu mon sang-froid.

A peine venais-je de commencer, qu'arrivant à la première intervention des chœurs seuls et de l'orgue, en posant ma main gauche sur le pupitre, je faisais descendre celui-ci jusqu'à mes genoux ! Connaissant heureusement de mémoire toute la partie chorale, j'eus le temps de demander à mon violon-solo de remonter le pupitre et de l'assujettir mieux.

Vers la fin de la partition, dans le *tutti* d'orchestre qui précède la dernière entrée en choral, du chœur, un même dessin mélodique se répète pendant plusieurs pages, dans un mouvement très rapide et avec de fréquents changements de mesure à trois et à cinq temps. A ce moment, je tournai deux pages au lieu d'une ! Un de mes amis, qui m'observait, me raconta que je devins blême, soudain. Néanmoins, pendant la marche vertigineuse des quelques mesures qui me séparaient de la grande attaque du chœur et de l'orgue que je devrais déclencher, je pensai à la première sonnerie de la « trompette éclatante » en me disant que, si le musicien avait bien compté ses mesures, ce repère me permettrait de reprendre tout en mains. Et grâce au Seigneur, duquel nous venions de chanter les louanges, il en fut ainsi. Mais une fois sorti de scène j'éclatai en sanglots, sans pouvoir me décider à aller saluer le public, réaction normale à l'aventure que je venais de vivre.

XIX

1908 - 1909

Le Théâtre des Arts. — Robert d'Humières. — Création de *la Tragédie de Salomé* de Florent Schmitt — Miss Loïe Fullet — Fête à Versailles en l'honneur de Gabriel Fauré — Les Jardins du Tour du Monde — Débuts de directeur de M. Jacques Rouché.

Au temps de mon enfance, l'Opéra n'avait pas contribué seul à mon initiation au théâtre. Limitée par les boulevards extérieurs d'alors, la périphérie parisienne avait ses scènes populaires à Montmartre, aux Batignolles, à Belleville, aux Gobelins et à Montparnasse. On y jouait surtout le drame. C'est au théâtre Montmartre, proche de la maison familiale, que me furent révélées les aventures du *Bossu ou le petit Parisien*, de *La Porteuse de Pain*, du *Chevalier de Maison Rouge* et de tant d'autres drames de cape et d'épée. Dans le quartier, les artistes jouissaient de la considération générale. Parmi mes parents, l'oncle Charles s'honorait de l'amitié de certains d'entre eux et surtout du plus populaire, Berthelot, lequel conservait jusque dans la rue sa dignité de « père-noble ». Il avait connu mon oncle enfant et lorsqu'il le rencontrait, lui disait invariablement la même phrase, en roulant superbement ses *r* et en agitant de la main droite, avec une

distinction du grand siècle, son mouchoir de dentelle :
« Boujourr' Charrl', ton pèrr' va bien ? Ta mèrr' aussi ? ».

Le public des Batignolles différait de celui de Montmartre en ce qu'il était moins populaire et plus provincial, comme le quartier lui-même ; il se montrait moins friand d'émotions violentes. Le directeur, ou plutôt la directrice, qui géra longtemps les cinq théâtres, abandonna donc un jour celui du boulevard des Batignolles, qui connut alors des périodes de relâche et des tentatives particulières, toujours éphémères.

Peu à peu, les vieux théâtres du quartier durent, pour subsister, changer de genre en se modernisant. C'est le Théâtre des Batignolles qui commença, en changeant de nom. Il se nomma le Théâtre des Arts, mais une servitude obligea les différents locataires à laisser figurer sur sa façade son titre originaire, qui subsista longtemps.

En 1908, Robert d'Humières en devenait à son tour directeur. Son nom était surtout familier aux lecteurs de Rudyard Kipling, de qui il avait traduit, en collaboration, la plupart des livres. Pour les débuts de sa direction, le gentilhomme-poète avait écrit un scénario de ballet-pantomime intitulé *La Tragédie de Salomé*, dont Miss Loïe Fuller devait incarner l'héroïne. Florent Schmitt ayant été choisi comme musicien, m'avait amicalement désigné comme chef d'orchestre ; pour ma plus grande joie, à cette époque où il n'était pas aussi aisé que maintenant aux jeunes chefs d'orchestre de trouver une place. Depuis une dizaine d'années déjà, j'ambitionnais de pouvoir gagner ma vie en dirigeant, car il était plus aléatoire encore, pour les jeunes d'alors, de compter sur la composition pour y parvenir.

Après avoir fait connaissance avec Robert d'Humières et m'être entendu avec lui, j'eus d'abord à aller relancer, dans les Pyrénées, Florent Schmitt, qui prétendait y terminer tranquillement sa partition, impatiemment attendue à Paris. Je parvins à le décider de repartir avec moi, afin que la copie du matériel fût entreprise aussitôt.

Etant donné l'exiguïté du théâtre, l'effectif de l'orchestre avait été réduit au minimum. La première version de la partition, devenue célèbre depuis, fut écrite pour vingt musiciens et constitua l'une des réussites les plus parfaites de l'auteur du *Psœume*. Plus tard, de nouvelles versions pour grand orchestre paraîtraient de *La Tragédie de Salomé*, mais sans pouvoir faire oublier à ceux qui l'avaient entendue, la version originale.

Pour créer une ambiance galiléenne, avant même que ne se lève le rideau, sur la terrasse du Palais d'Hérode, dominant la mer Morte, Robert d'Humières avait fait masquer le vieux cadre de scène par une sorte de portique en stuc peint, composé de colonnes cannelées et d'un architrave. Hérode, Hérodias et Saint Jean-Baptiste demeurant personnages épisodiques, l'action était limitée à une série de danses exécutées par Salomé. Ces danses relevaient de l'idéal lumineux imaginé par la créatrice de la danse serpentine, par laquelle Miss Loïe Fuller s'était déjà rendue célèbre au temps de l'Exposition de 1889.

Au cours des répétitions, Miss Loïe Fuller dansait bien moins qu'elle ne se complaisait à d'interminables « essais » de projections sur le décor. Dans sa fierté de posséder une collection de clichés coloriés, qu'elle déclarait « unique », elle ambitionnait d'en employer le plus grand nombre au cours de son nouveau ballet. C'est ainsi que, de son kaléidoscope géant, nous vîmes projeter au-

16

dessus de la mer Morte des nuages et des flammes, des fleurs et des écharpes, des paysages glaciaires, des papillons et des mains coupées, des galantines, la tête de Jean décapité, des salamis et mille autres fantaisies dont elle s'émerveillait, mais qui n'étaient pas sans nous inquiéter. Un jour, avec son fort accent américain, elle mit le comble à tout en déclarant à notre directeur :

— Miste d'Oumière, j'ai eu un' bonne idée cett' matin. Pendant la danse de l'effroi, Sam — son électricien particulier — enverra dans tout' le scène le tête de Jean le Baptiste avec des pipallons qui volent tout autour !

On eut peine à limiter les débordements de son imagination et nous arrivâmes à la répétition générale sans qu'elle eût jamais répété en costumes ses fameuses danses: celle des Perles, celle du Paon, celle des Serpents, des Eclairs et de l'Effroi. Au cours de la première, elle sortait d'un coffre quantité de perles qui s'échappaient de ses mains pour retomber bruyamment sur la scène, en dépit du scherzo léger de Schmitt. Parlant du costume de la seconde, elle nous avait annoncé qu'elle aurait « dix mille plumes de paon dans le queue » — et sa prononciation du dernier mot prêtait à une troublante confusion ! — En réalité, elle était affublée d'une énorme traîne ocellée, solidement arrimée à sa taille par une ceinture de gymnaste. Apparaissant au haut d'un escalier très élevé, elle devait parvenir à faire faire « la roue » à son appendice caudal en pesant sur deux rudes leviers de fer. Or, le soir de la générale, on aperçut bien au haut des marches la fille du tétrarque sortant d'une petite porte, mais elle avait compté sans l'étroitesse de celle-ci, par rapport aux dimensions de la fameuse queue, qui serait restée prisonnière dans la coulisse, si de vigoureux machinistes n'avaient prêté la main à sa libération.

Enfin dans la danse des éclairs, Miss Loïe Fuller déchaînait la foudre en rapprochant l'un de l'autre deux éléments électriques, qu'elle tenait en mains et vers la fin, un bolide devait tomber du ciel, presque aux pieds de Salomé évanouie. Pour cela, le fidèle Sam avait imaginé de faire glisser sur un fil de fer tendu en diagonale une espèce de boite à conserves fluorescente... laquelle s'arrêta au milieu de sa course... Alors, on vit Miss Loïe Fuller s'accroupir et pleurer comme une enfant, en disant : « ô mon plus beau truc, il a raté ! »

Ces multiples incidents ne devaient pas apparaître aux spectateurs tels qu'à nous-mêmes, ausi n'occasionnèrent-ils aucune réaction malveillante. Le public ne pouvait tenir rigueur à l'ancienne étoile de la danse serpentine d'avoir imprudemment forcé son talent, puisqu'elle avait ainsi permis à la musique française de compter un chef-d'œuvre de plus.

Après une cinquantaine de représentations de *La Tragédie de Salomé*, Robert d'Humières fit d'intéressantes tentatives de prospection dramatique étrangère. Il monta, dans des versions françaises de lui-même, un drame révolutionnaire russe, *Le Grand Soir*, de Léopold Kampf, *Candida*, de Bernard Shaw, *La Demande*, un acte cocasse de Gogol, *L'Eveil du Printemps*, curieuse pièce allemande, « tragédie d'adolescence » de Franck Wedeking, dont plusieurs rôles étaient joués par des enfants. Pour cette dernière pièce, nous avions choisi des partitions appropriées, parmi lesquelles, les *Scènes d'Enfants* de Schumann dont j'avais orchestré spécialement quelques morceaux, et que je devais compléter trente ans plus tard.

Robert d'Humières conserva quelque temps notre petit orchestre qui jouait alors pendant les entr'actes, innovation qui avait plu au public. J'avais adapté pour mes vingt musiciens nombre d'œuvres que j'aimais et commençais déjà mes efforts de prospection et de vulgarisation, notamment pour les œuvres de Fauré, à peine jouées alors dans les concerts dominicaux. En outre, nous donnions chaque semaine des matinées musicales consacrées à des compositeurs contemporains. Pour certains d'entre eux, nous dépassions le cadre de la musique de chambre. C'est ainsi qu'en décembre fut représentée la *Pastorale de Noël* de Reynaldo Hahn et qu'au mois de juin une fête en l'honneur de Fauré était organisée à Versailles.

Rien n'est plus hasardeux que la musique en plein air dans notre région de l'Ile de France. Et cependant, Robert d'Humières, qui adorait les fêtes autant qu'il aimait la musique, avait décidé que notre Festival Fauré aurait lieu dans le parc de Versailles. Donc, à la fin d'une après-midi grise de juin, le Tout-Paris le plus sélectionné se trouvait réuni au Bosquet des Trois Fontaines, l'ancien Théâtre de Verdure du Grand Roi. Après que l'orchestre et les chœurs eurent exécuté la *Pavane*, des artistes dramatiques lurent des poèmes classiques et modernes sur Versailles. Ensuite, un dîner fut servi par petites tables à l'Hôtel des Réservoirs. Puis les convives descendaient la pente douce du célèbre « tapis vert » tandis qu'un orchestre invisible jouait l'Elégie et la Sicilienne de *Pelléas*. Arrivée au bord du Grand Canal, l'assistance s'embarquait sur la flottille des gondoles illuminées, tandis que dans la gondole-majore prenaient place Gabriel Fauré, Reynaldo Hahn et quelques rares privilégiés. Une fois les embarcations éloignées du rivage, commençait alors une de ces

Sgondalate telle que celles auxquelles avait participé Reynaldo, autrefois, à Venise. Car la gondole-majore avait à son bord un excellent Pleyel, et aux dernières notes de la *Sicilienne,* venues de terre, répondait sur l'eau, chantée par Reynaldo la chanson de *Shylock* « Oh ! les filles ! Venez les filles aux voix douces... ». Puis ce furent d'autres mélodies : *Au bord de l'Eau, Lydie, Nell, Les Roses d'Ispahan, Soir, Le Secret, Le Parfum Impérissable* et d'autres encore, tant étaient insatiables les personnages de cette fête galante. Car pour certains, le départ sur les frêles gondoles avait bel et bien été un Embarquement pour Cythère !

Pendant ce temps, l'orchestre s'était transporté au pied du Grand Escalier de Trianon, d'où il lança l'appel des trompettes de *Shylock,* pour rappeler aux navigateurs que la fin du concert devait avoir lieu là, avant le débarquement. La flotille scintillante nagea alors de toutes ses rames et s'immobilisa à quai, tandis que les chœurs et l'orchestre reprenaient le concert.

Toute la journée, le temps avait été couvert et nous avions bien craint pour la réussite de notre fête. Mais les Dieux devaient être avec nous, car au moment où Reynaldo prononçait les mots : « Au calme clair de lune, triste et beau... » la Lune apparaissait soudain, sortant des nuages pour se refléter dans l'eau... Alors, sur la gondole, raconta plus tard Reynaldo, Fauré ferma doucement le piano et nous restâmes quelques instants sans parler...

Mon premier contact avec les coulisses d'un théâtre devait comporter une part d'éducation sentimentale. Je fus subjugué par les charmes d'une jeune actrice qui, sans être indifférente à mes sentiments, voulait éviter néanmoins qu'ils n'allassent jusqu'à compromettre sa vie. Elle riait gentiment de me voir prendre trop au sérieux notre penchant l'un vers l'autre car, jouant les coquettes dans la vie ausi bien qu'au théâtre, il ne lui eut pas déplu qu'une aventure futile contrastât pour quelque temps avec la monotonie d'une union plus raisonnable. Elle se moquait de mes préjugés en m'appelant « tombé du nid », ce que je trouvais alors inexact et blessant.

Depuis, j'ai compris que la clairvoyance s'acquiert et s'affine avec les années, pour les « tombés du nid ». Je ne sais plus qui a dit : « J'ai rarement éprouvé de désillusions, ayant eu peu d'illusions ». Il y a longtemps que je pense, moi, qu'ayant eu trop d'illusions, je ne peux plus éprouver de désillusions.

A l'occasion de la centième représentation de *La Tragédie de Salomé*, qui avait continué sa carrière aux Ballets-Russes, Robert d'Humières avait organisé une garden-party. Dans une lettre charmante, il me disait ne pouvoir imaginer sans moi cette célébration et m'indiquait que nul lieu plus que les jardins du Tour du Monde n'était propice pour nous retrouver. J'hésitai d'autant moins à accepter que je connaissais l'endroit fixé.

Sauf quelques rares initiés, les parisiens ignoraient alors ce qu'étaient les « Jardins du Tour du Monde ». Aux environs de 1900, un riche banquier avait fait don aux boursiers du Tour du Monde — désignés par l'Université de Paris — d'une vaste propriété située à Boulogne, au bord de la Seine, près du Pont de Saint-Cloud. Un petit hôtel particulier était aménagé pour recevoir ceux d'entre eux qui désiraient s'y retrouver et même y séjourner parfois. Les boursiers avaient latitude d'y recevoir des amis auxquels ils faisaient visiter des jardins uniques, imaginés par de véritables maîtres de l'arboriculture. On voyait d'abord un jardin « à la Française », avec ses espaliers aux fruits merveilleux. Puis on découvrait peu à peu une forêt bleue, avec ses cèdres argentés et sa mare aux nénuphars ; une forêt vosgienne, avec ses escarpements et ses roches moussues, parmi les sapins, et enfin un jardin japonais, avec ses vieux arbres nains, dans leurs pots de porcelaine peinte, ses arbres pour enfants taillés en forme d'animaux, ses maisons de papier avec leurs kakémonos, ses ponts laqués de rouge arqués sur de minces cours d'eau, ses allées de sable roux et de cailloutis, ses lanternes, ses brûle-parfum et sa pagode.

Tous les arbres avaient été transplantés de leurs lieux d'origine et l'agencement avait été combiné avec tant d'ingéniosité qu'on ne pouvait prévoir, de l'un à l'autre, aucun de ces jardins si dissemblables. On se croyait aussi bien transporté par quelque magie au Liban, que dans les Vosges, la Touraine ou au Japon, sans que rien alentour rompît le sortilège et révélât l'artifice.

Lors de ma première visite, un ami, boursier du Tour du Monde, m'avait dépeint le charme des fêtes au vieux Japon, et c'est ainsi que j'avais eu l'idée d'écrire ce poème symphonique sur la première neige, qui avait tant courroucé Edouard Colonne. Puis j'étais retourné avec Steinlen et Anatole France, dans les jardins féeriques où Robert d'Humières, lui-même boursier du Tour du Monde, m'avait invité.

Enfin, en 1943, les tragiques bombardements de Boulogne m'avaient fait repenser au mystérieux domaine. J'avais voulu en montrer au moins l'emplacement à ma femme et à une amie russe qui, ayant séjourné au Japon, avait été captivée par mes souvenirs. Quel ne fut pas ma surprise de pouvoir guider librement mes compagnes à travers les jardins qui m'avaient émerveillés jadis et que je retrouvais plus beaux encore, leurs arbres s'étant développés librement depuis quarante années. J'appris par un gardien que le banquier-mécène s'était ruiné, il y a longtemps et avait dû vendre sa propriété, que la municipalité, pour en éviter le lotissement escompté par les spéculateurs, l'avait achetée et conservée telle quelle.

A l'exception de la population limitrophe, les Parisiens ignorent encore qu'à peu de distance du pont de Saint-Cloud, au début du quai du Quatre Septembre, ils peuvent, en échange d'un ticket, faire en moins d'une heure un merveilleux voyage autour du Monde.

Robert d'Humières devait mourir tragiquement sur le front, en 1918. Sa sensibilité, son tempérament de gentilhomme-poète étaient peu compatibles avec l'état de directeur de Théâtre. Il monta encore quelques pièces, parmi lesquelles *Les Frères Karamazoff* de Dostoïvsky et *L'Eventail de Lady Windermere* d'Oscar Wilde, puis dut abandonner, ses ressources financières étant épuisées. Mais il avait créé le mouvement « Théâtre des Arts » et appris au public le chemin du Boulevard des Batignolles. M. Jacques Rouché, survenant alors, allait profiter des efforts de son prédécesseur.

Le nouveau directeur va entreprendre de réaliser le rêve de sa vie. Il arrive avec la belle assurance des dilettantes enhardis par l'apparente facilité des professions artistiques. Ancien polytechnicien, il possède cette foi en l'omniscience qui caractérise ceux formés à l'école illustre. Et il dispose d'une fortune suffisante pour devenir bientôt le mécène le plus agissant.

Propriétaire de la *Revue de Paris*, M. Jacques Rouché

en avait confié la chronique musicale à Louis Laloy ; amateur de peinture, il tenait en haute considération Maxime Dethomas ; avant d'être devenu directeur du Théâtre des Arts, il avait remarqué chez l'acteur Durec ses qualités rares de metteur en scène. Il décida d'appeler auprès de lui ces trois artistes pour l'assister dans ses débuts. Les deux premiers passeront avec lui à l'Opéra et demeureront jusqu'à leur mort ses collaborateurs, tandis que Durec ne tardera pas à s'éloigner, rebuté par l'absolutisme du nouveau directeur.

M. Jacques Rouché orienta tout de suite ses spectacles sur le théâtre musical, commençant prudemment par monter des opérettes et des ballets en un acte. Pour son premier programme, il avait demandé à Dethomas et à Laloy d'imaginer un libretto et des maquettes pour *Les Dominos* de Couperin. Et il m'avait offert d'orchestrer les pièces de clavecin choisies pour constituer la partition. J'avais accepté avec enthousiasme et m'étais efforcé de conserver à l'orchestre, en l'amplifiant, la sonorité du clavecin. Peu après, le directeur me demandait de tirer un ballet pour enfants des recueils pour piano que j'avais publiés sous le titre de *La Nursery*.

Tout ceci semblait augurer favorablement pour l'avenir, qui devait brusquement s'assombrir cependant. Les répétitions d'orchestre des *Dominos* étaient commencées, dirigées par un de mes camarades d'enfance, excellent musicien certes, mais dépourvu des moindres dispositions de chef d'orchestre.

Tout aurait pu aller à peu près bien si le directeur, s'inquiétant à juste titre de la lenteur des répétitions, ne s'était avisé de m'en rendre responsable en incriminant la qualité de mon orchestration. Il n'en fallut pas plus pour me faire cabrer, au lieu d'exiger calmement que ma partition fût répétée suffisamment avant que d'être jouée, et je me laissai entraîner à faire un éclat en déclarant sottement, par écrit, que je désirais uniquement que mon nom ne fût pas prononcé !

Je me suis parfois demandé si j'aurais eu avantage, ma destinée n'ayant pas été influencée par cet incident, à collaborer peut-être plus tard à l'Opéra avec M. Jacques Rouché. Mais je n'aurais pas alors fondé avec Astruc le Théâtre des Champs-Elysées, ni voyagé, non plus que travaillé auprès d'Albert Carré et créé l'Orchestre National.

Je crois plutôt que nous avions compris dès les débuts, M. Jacques Rouché et moi, tout en nous appréciant assez exactement, que nous étions l'un et l'autre trop exclusifs dans nos idéals pour réussir à nous entendre. J'ai toujours fait passer avant tout la Musique, dont il se soucia toujours beaucoup moins que du théâtre. Nous avions l'un et l'autre notre rôle à jouer, mais point sur la même scène. Il convenait simplement que le malentendu original disparût entre nous, ce qui ne manqua pas d'advenir un jour.

XX

1906-1907

Echappée dans le Monde. — Le salon de Madeleine Lemaire. — Connaissance de Reynaldo Hahn. — Les Concerts Berlioz. — Isadora Duncan, la danseuse aux pieds nus.

DANS ma jeunesse, on se divertissait avec cette anecdote d'un jeune artiste, présenté par un ami à une dame du monde pour qu'il jouât chez elle, gracieusement, dans la certitude d'être ensuite engagé ailleurs pour de fructueux cachets. La dame du monde présentait à son tour, aux mêmes fins, le jeune artiste à une comtesse, celle-ci faisait de même pour le directeur du *Gaulois*, lequel introduisait le protégé chez une princesse, où l'avantage lui était procuré de jouer, toujours dans les mêmes conditions, chez le directeur du *Figaro*. Et ce dernier, enfin, dont l'opinion plus que toute autre faisait autorité, complimentait le jeune artiste, lui promettant de le « lancer », et, pour cela, de le faire jouer tout d'abord... chez la première dame du monde où avait commencé son périple.

Malgré tout, au début de leur carrière, les jeunes gens croient généralement à l'utilité des « salons ».

Dans un petit hôtel particulier de la rue de Monceau,

bien des artistes aujourd'hui arrivés — arrivés à l'âge mûr — firent leur « entrée dans le monde ». Aux mardis de Madeleine Lemaire, le peintre des fleurs et des éventails, on rencontrait ce qui s'appelait alors le Tout-Paris, dégénéré depuis en tout-province et même un peu en tout-métèque.

Les personnages de cette époque font penser au *Temps Retrouvé* de Proust, par les métamorphoses que leur imposa la vie. Certains, dont l'opinion orientait alors la mode, et qui décrétaient si l'on avait, ou non, du talent, devaient poursuivre obscurément leur existence futile. D'autres, au contraire, que l'on avait aperçus, réservés, dans la foule des comparses, deviendraient plus tard ministres ou directeurs de théâtre. D'autres encore finiraient tristement en exil ou disparaîtraient tragiquement pendant la dernière tourmente.

C'était l'époque où Jean Cocteau cherchait sa voie. Il faisait figure d'enfant terrible et ses « mots » cinglants se répétaient à l'oreille. Encore indécis sur l'orientation de ses facultés, il obtiendrait que Reynaldo Hahn écrivît la musique d'un ballet pour Diaghilew, qu'il appelait « Serge » tout court, en dépit du slavisme. Plus tard, pensant avoir fait fausse route, il s'élancerait d'un grand écart pour se fixer aux partis avancés de la musique.

Dans le petit hôtel de la rue de Monceau, la courtoisie créait la trêve des partis, et l'on avait pu voir à la même table, en pleine affaire Dreyfus, le lieutenant-colonel Picquart et Henri Rochefort. Assez tard dans la nuit paraissait Marcel Proust, qui saluait l'hôtesse en lui déclarant : « Je risque ma vie, madame, en venant ce soir ! » Plus tard encore, Réjane, descendant d'un coupé attelé de mules blanches, arrivait de son théâtre au moment où prenaient congé ceux qui n'étaient pas parmi les familiers.

C'est alors qu'allait commencer, pour les initiés, la véritable soirée, *leur* soirée. Reynaldo Hahn, qui était là toujours et dont l'avis prédominait sur tout autre, allait parler dans l'intimité. Il allait chanter aussi, il chanterait tout ce qu'on lui demanderait, en français ou en italien, en allemand ou en anglais, la cigarette aux lèvres et s'accompagnant lui-même, en dépit de l'heure et de la fatigue, jusqu'à ce que ça ne lui dît plus.

Une certaine fois que son auditoire insatiable réclamait « encore quelque chose », Reynaldo Hahn, se tournant à demi vers lui, déclara : « Je vais chanter un dernier morceau, mais ce sera du Mozart... » Puis s'adressant directement à moi, il ajouta *mezza-voce* : « Et vous n'aimerez pas *ça* ». A quoi je ripostai du tac au tac : « Et pourquoi n'aimerai-je pas ça ? ».

Nous ne nous étions jamais adressé la parole et ça commençait bien, vraiment !

Après une évocation admirable de l'air d'entrée de Donna Elvire — si mes souvenirs sont précis après tant d'années — nous nous « expliquâmes ». Et d'une commune ferveur pour le génie de Mozart naquit une amitié des plus sûres et des plus rares.

Il me semble que cette lointaine anecdote fixe assez bien l'une des caractéristiques frappantes de Reynaldo Hahn : sa fidélité aux maîtres qu'il vénérait et à l'idéal qu'il s'était tracé. Elle peut expliquer aussi ses antipathies ou ses préventions à l'égard des musiciens dont les tendances lui étaient opposées et qu'il *supposait* incompréhensifs et hostiles à son œuvre. Pour beaucoup de musiciens, Reynaldo Hahn évoqua ce personnage de *La Vie en Fleur,* homme d'esprit, de goût et de cœur, dont Anatole France esquisse ainsi le raccourci : « Monsieur Dubois, qui portait haut la tête, saluait avec grâce et se montrait à la fois affable et distant... ».

On se défie souvent de cette affabilité, surtout entre confrères, et plus encore lorsqu'il s'agit d'un confrère qui a réussi ! On se hâte de critiquer sans approfondir. C'est ainsi qu'en dépit du succès qui ne l'abandonna jamais depuis l'adolescence, Reynaldo Hahn ne fut pas toujours reconnu par la plupart des musiciens. Peu lui importait, car à l'inverse de tant d'autres, il ne fit rien pour forcer l'attention de ceux qui le connaissaient mal ou ne le connaissaient pas. Après avoir fait la mode, il affecta de rester en marge d'elle, quitte à sembler dater.

C'est ainsi qu'en écrivant son *Marchand de Venise* à l'époque de vitesse où s'affirmait chaque jour un peu plus la carence du théâtre musical avec son action au ralenti, il tenta d'opposer à ce dernier le théâtre *chanté,* sans se soucier de la stagnation scènique qui pourrait advenir de ce retour vers l'opéra, avec ses récitatifs, ses airs et ses ensembles. Il ne craignit pas non plus de réagir contre les esthétiques à la mode par un parti pris de cadence parfaite dans ses conclusions. Et il toucha même à l'ironie en opposant à l'ambiance diatonique générale de sa partition un thème dont le chromatisme atonal personnifiait le juif Shylock. En tout, Reynaldo Hahn triompha là de sa propre gageure. La période de décadence que nous traversions alors devait bien trouver sa Renaissance. Et comme celle-ci fut l'époque préférée du musicien de *Béatrice d'Este,* peut-être risquait-il d'ouvrir une voie avec son *Marchand de Venise...*

On avait souvent parlé de l'influence massénétique chez Reynaldo Hahn, et l'on peut croire que les censeurs ne sous-entendaient pas le meilleur Massenet ! En entendant *Le Marchand de Venise,* on ne pouvait penser un instant à Massenet pas plus qu'à toute autre influence. On se rappelait seulement l'idéal fervent du musicien qui chantait, trente ans auparavant, dans l'atelier désuet de la rue de Monceau, Mozart, Gounod, Saint-Saëns, Chabrier et Fauré. Du musicien dont la culture fut telle que toute musique, classique ou moderne, qu'il l'aimât ou non, lui était devenue familière au point de ne pouvoir jamais influencer son inspiration.

On reconnut généralement, à l'époque, la réussite du *Marchand de Venise.* Les rigoristes juvéniles pouvaient en inférer qu'à un moment de la vie les artistes échappent à toute critique. Je crois plutôt que, de vingt à trente ans nous avons souvent méprisé ceux qui nous avaient précédés, que de trente à quarante nous avons parfois été durs à ceux qui nous suivaient, et que la clairvoyance des jugements désintéressés ne peut venir qu'une fois la cinquantaine bien sonnée.

Dans les livres que Reynaldo Hahn écrivit se retrouve le charme du musicien, du lettré et de l'homme d'esprit dont nul souci de « faire mode » — comme on dit dans la couture — ne devait jamais ébranler les convictions. C'est un devoir de célébrer aussi, chez Reynaldo Hahn, la fidélité et le courage — car il en faut parfois — dans l'amitié. Cette vertu de plus en plus rare s'accorda tout naturellement chez lui avec la constance de cet amour profond pour la musique, qui lui fit conserver intact le culte de ses auteurs de dilection.

L'universalité de ses facilités devait faire que le compositeur, l'écrivain, le directeur de théâtre et le chef d'orchestre multiplieraient la somme des jalousies — ce qui fait beaucoup pour un seul homme —. Mais il ne s'en inquiéta jamais. Le succès aurait pu, après l'avoir grisé, le rendre tributaire du « monde » et de ses « belles écouteuses». Cependant Reynaldo Hahn n'hésitait jamais à dire au monde quand il écoutait mal.

De même vers la fin de sa vie, rentrant à Paris après un exil *sans profits*, mais non sans *privations*, ne craignit-il pas de déclarer ce qu'il pensait d'autres exilés moins épris de dignité, revenus après fortune faite.

Appelé à la direction de l'Opéra, Reynaldo Hahn entendit d'abord honorer la musique, et de la façon la plus touchante : en désignant désormais chacun des studios d'étude par le nom des musiciens illustres qui l'avaient précédé dans la glorieuse maison. Il put remonter *La Flûte Enchantée* et le *Joseph* de Méhul si injustement oublié. Mais la maladie devait le terrasser brusquement. On l'imaginait volontiers, faisant revivre plus tard la tradition des époques fastueuses, en allant recevoir flanqué des huissiers traditionnels porteurs de flambeaux, quelque dernier monarque dont il aurait été le familier...

Mais la musique devait perdre trop tôt, hélas, le dernier de ses gentlemen !

Par les imprévus du mouvement contraire, notre journal à rebours anticipe parfois vers les temps présents. Retournons donc au petit hôtel de la rue Monceau : Il est plus d'une heure du matin et les derniers invités, ayant pris congé, se sont partagé les derniers fiacres. J'ai déclaré une fois de plus au concierge que je rentrais à pied, ce qui était plausible lorsqu'il faisait beau temps, mais ce qui ne pouvait tromper personne lorsqu'il pleuvait. Dans ce dernier cas, tout en pataugeant pour regagner Montmartre, je pensais à la rude épreuve imposée à mon chapeau haut de forme et à mes chaussures vernies ! Il existait alors à Paris des cordonneries « Incroyables » où l'on achetait pour douze francs des bottines de soirée très correctes. On pouvait les utiliser assez longtemps quand on était soigneux, mais il ne fallait pas qu'il plût, car on s'apercevait alors que le carton entrait autant que le cuir dans leur confection. Il y avait aussi, rue de Richelieu, la célèbre chapellerie « Quatre et Huit » où l'on pouvait acquérir pour huit francs un chapeau haut de forme ; mais, comme pour les chaussures, les temps secs étaient de rigueur !

A cette époque, j'avais décidé, contre le gré de mon père, de ne plus jouer dans l'orchestre, bien que les quelques occasions que j'avais de diriger ne pussent suffire pour subvenir à mes besoins.

Je me souviens surtout de certains « Concerts Berlioz » donnés dans une salle minuscule située rue de Clichy, et qui abrita plus tard le Théâtre de l'Œuvre. Mon ami Pierre Monteux me demandait parfois de le remplacer là, à la tête d'un petit orchestre rémunéré grâce à un mécénat anonyme. Jamais je ne fus tant ému que le soir où j'y dirigeai pour la première fois la *Symphonie* de Franck ! Ce qui me chiffonnait, c'est que l'on voyait souvent revenir dans les programmes le nom d'un amateur fortuné. J'en fis même la remarque à Monteux — « tombé du nid » que j'étais ! — N'ayant pas deviné qu'il s'agissait là d'une compensation obligatoire à la commandite inconnue.

Ne gagnant plus ma vie comme musicien d'orchestre

et ne la gagnant pas encore comme chef ou comme compositeur, j'orchestrai beaucoup pour les autres. Surtout pour l'un de mes amis, délicat auteur de partitions légères, qui, devant être orchestrées du jour au lendemain, m'obligeaient souvent à passer la nuit au travail. Aux répétitions j'appréhendais l'arrivée de certains passages auxquels la somnolence m'avait surpris.

J'avais aussi un singulier client, tailleur à Amiens, qui avait la manie de composer et que je ne vis jamais, nos rapports étant restés épistolaires. J'avais dû tout d'abord « corriger » ses élucubrations, mais celles-ci étaient tellement ineptes que je n'avais pas tardé à lui proposer de lui « fournir » tout simplement ce qu'il me demanderait. Ce qui fut convenu. C'est ainsi que je lui « cédai » des morceaux de genre, des mélodies, un ballet et même un opéra !

Mais ces sources de revenus étaient irrégulières et il m'arrivait de connaître de rudes moments de gêne. Alors, je cherchais autour de moi quel objet négociable pourrait me tirer d'embarras et je ne trouvais jamais que mon piano, un charmant vieux petit Pleyel que j'aimais tant et que j'avais acheté deux cents francs à un camarade. Je demandais à ma mère de me chercher parmi ses élèves un acquéreur qu'elle trouvait toujours ; elle me remettait bientôt la somme convenue... et l'acheteur ne faisait jamais prendre l'instrument, puisqu'il s'agissait d'une tendre ruse de ma chère maman. Le plus touchant est qu'à chaque fois, je croyais sincèrement avoir vendu mon piano... que je ne regarde jamais sans penser avec émotion à son histoire !

Enfin vint mon premier engagement, au théâtre des Arts, qui devait me sauver, du moins à ce que je pensais.

Me souvenant des retours sous la pluie des Mardis de Madame Lemaire, j'abandonnai la cordonnerie « Incroyable » et m'achetai d'un coup trois paires de chaussures à vingt francs. Prodigalité qui devait amener mes parents à me dire prudemment : « Attention ! ne t'emballe pas ! ». Par la suite, je fus toujours si mal organisé pour mener de front mon travail et les mondanités que j'abandonnais bientôt ces dernières.

Parmi les artistes qui furent « lancés » aux Mardis de Madeleine Lemaire se trouvait Isadora Duncan. Le seul fait qu'on l'ait aussitôt nommée « la danseuse aux pieds nus » suffit pour imaginer le bouleversement qu'elle apporta alors dans les coutumes du théâtre.

Il peut paraître incroyable aujourd'hui qu'aux environs de 1900, le maillot fut obligatoire, même au music-hall ! Le maillot, *et le corset*. Le décolleté des danseuses de Degas était si puritain que les épaulettes des corsages étaient combinées de façon à ce que les aisselles fussent dissimulées par une sorte de petit soufflet de soie retenu par un ruban, au haut du bras. Les diseuses à voix du café-concert chantaient alors une valse à la mode célébrant l'enveloppement des « charmes » par les soies et les fanfreluches, dont le refrain était devenu populaire :

> *Froufrou, Froufrou,*
> *Par son jupon la femme*
> *Froufrou, Froufrou,*
> *De l'homme trouble l'âme*
> *Froufrou, Froufrou,*
> *Certainement la femme*
> *Séduit surtout*
> *Par son gentil Froufrou !*

Isadora Duncan, apparaissant soudain sans maillot, pieds et jambes nus, en tunique courte, dégagea d'abord une atmosphère licencieuse qui choqua les femmes, mais

ne déplut point aux hommes, ceux-ci trouvant encore trop
longue la tunique que celles-là déclaraient indécente.

Adversaire de la danse d'école, et se réclamant de
l'art grec antique, la nouvelle venue fut désavouée par les
« classiques », qui déclarèrent simplement qu'elle ne savait pas danser. De cette époque date la querelle entre
plastiques et *classiques*.

Isadora ne s'en soucia guère et triompha à travers le
monde. Elle a laissé un livre* dans lequel elle raconte
avec une rare franchise les péripéties de sa vie mouve-
mentée, la liberté de ses amours et ses efforts incessants
dans la poursuite de son idéal artistique. Il apparaît que
celui-ci fut parfois extravagant, et qu'elle força souvent
son talent, en prétendant interpréter par sa seule danse
Orphée et la *IXe Symphonie*, ou « improviser » sur *la
mort d'Yseult, la Marseillaise* et d'autres hymnes nationaux. La création de son école de danse libérée des contraintes classiques posait, sans les résoudre, les mêmes
problèmes que son idéal d'affranchissement du mariage.
Elle suscita bientôt des imitations et des contrefaçons
puériles, de la part de personnes moins douées, sans
culture et sans grâce.

Mais sa tentative n'en devait pas moins influer sur la
danse en général, et éveiller l'attention des chorégraphes.
Elle participa ainsi à l'évolution du ballet, et l'on devait
s'en apercevoir, dès que Serge de Diaghilew et Michel
Fokine nous révélèrent les premiers chefs-d'œuvre des
Ballets-Russes. L'éphémère passage de la tumultueuse
danseuse aux pieds nus n'avait pas été vain, puisqu'il
avait contribué à rallier la science de Taglioni à la grâce
de Terpsichore.

---

* *Ma Vie*, par Isadora Duncan

XXI

1905

Premières œuvres publiées. — Pourquoi fut écrite *La Nursery*. — Essai critique sur la psychologie des éditeurs de musique.

Jadis, les jeunes musiciens étaient protégés contre leur hâte à être publiés par la résistance des éditeurs.

Si mes premiers essais avaient été édités, je l'aurais regretté plus tard.

C'est en 1903 qu'un premier éditeur consentit à me publier deux *Esquisses Antiques* pour flûte et harpe. Encore exigea-t-il l'indication flûte et harpe « ou piano » qu'il inversa à mon insu en flûte et piano « ou harpe », plus commerciale à son avis. Il m'était alloué par traité, *un sou* par exemplaire vendu. Cet éditeur était un brave homme nommé Eugène Demets, ancien musicien d'orchestre, qui avait consacré ses quelques économies à son ambition de devenir éditeur. Il publia d'autres œuvres modernes, dont la *Pavane* et les *Jeux d'eaux* avec lesquelles débuta Ravel. Mais, ne pouvant longtemps subsister, il fut amené à vendre son fonds et ne survécut pas au chagrin qu'il en avait ressenti.

Dans la maison familiale, j'avais été élevé au bruit

incessant des leçons de violon et de piano. Il s'y ajoutait même la harpe qui est bien l'instrument le plus triste à entendre travailler ! Très tôt, j'avais été frappé par l'indigence des « petits morceaux pour commençants ». Le mal était incurable pour le violon, la qualité et la justesse du son étant dépendantes des élèves eux-mêmes. Mais j'avais voulu essayer de rendre moins insipide le répertoire pour piano à quatre mains. C'est ainsi que l'idée me vint d'écrire un premier recueil de *La Nursery*. La partie de l'élève, comportant uniquement la mélodie d'un vieil air familier aux enfants, serait comme un fil d'Ariane au-dessous duquel le maître, chargé de l'accompagnement, les initierait peu à peu aux harmonies modernes d'alors.

L'expériense fut concluante, à la seule exception près de la disposition rationnelle « en partition » que j'avais adoptée pour les deux parties, sur la même page, alors que la coutume était qu'elles fussent séparées, la partie grave à gauche et l'aiguë à droite.

Je proposai ce premier recueil de *La Nursery* à un éditeur qui se montra décidé à l'accepter à condition d'en publier d'abord séparément quelques morceaux. Or, je considérais que c'était une erreur, ces petites pièces étant trop brèves pour n'être point présentées en recueil. L'avenir devait me donner raison, d'ailleurs, sur ce point. J'attendis donc.

Bientôt après, à la suite d'un concert d'avant-garde au cours duquel j'avais dirigé une suite d'orchestre appelée *Automne,* la publication de cette partition m'était proposée par un nouvel éditeur. Celui-ci, fils d'un riche Israëlite belge, s'était d'abord essayé au commerce dans les fleurs, puis avait eu l'idée de devenir éditeur, peut-être bien aiguillé dans cette voie par quelque musicien. Il eut l'idée, à moins que l'on ne la lui eût donnée, de devenir une sorte de Belaïeff français. On sait qu'à l'époque glorieuse de la musique russe, un riche mécène, Mitrofan-Petrowitch Belaïeff, avait fondé une maison d'édition exclusivement consacrée aux meilleurs auteurs russes.

Albert-Zunz Mathot s'entoura donc de quelques jeunes musiciens français et étrangers, parmi lesquels Ravel, Schmitt et moi. Il avait le goût des jolies éditions, nous choisissions nous-mêmes les papiers pour les couvertures et les caractères pour les titres dont la disposition était longuement discutée. Quelques partitions parurent, parmi lesquelles le premier recueil de *La Nursery*, la partition d'orchestre d'*Automne* et un recueil de *Mélodies sur des Poésies Russes*. Chaque semaine, nous nous réunissions rue Chanoinesse, derrière Notre-Dame, dans l'appartement de Mathot, pour parler de projets d'édition et de concerts en prenant le thé. Car il devait y avoir, il y eut même quelques concerts, organisés pour le lancement des *Editions A.-Z. Mathot*.

L'élaboration des programmes ne manquait pas de pittoresque. Il y avait parmi nous deux musiciens qui avaient particulièrement subjugué l'éditeur. L'un était Jean Huré, organiste et compositeur, persuadé de ses dons de novateur et qui, le plus sérieusement du monde, prétendait faire la preuve au piano que Debussy et Ravel n'avaient fait que reprendre ses propres trouvailles. Non moins sérieusement, il nous disait : « Voulez-vous quelques harmonies nouvelles ? Tenez, en voilà ! ». Et après avoir pianoté quelques progressions, il ajoutait : « Prenez-les, je vous les donne, je ne m'en servirai jamais plus ! ». L'autre était Alfred Casella — devenu ou redevenu plus tard Alfredo du même nom — l'un des musiciens les mieux doués que j'aie connus, mais qui professait l'égotisme autant que Jean Huré. Enfin l'un et l'autre parlaient avec une admiration égale de Georges Enesco, qu'on ne voyait jamais. Tandis que Mathot esquissait les programmes et demandait tout d'abord à Huré ce qu'il désirait y voir figurer, celui-ci répondait : « Rien ! ». Et comme, naturellement cela suffisait pour que l'autre insistât, il disait : « Moi je m'en fous ! Vous savez bien ! Mais puisque vous y tenez, mettez ma *Sonate* pour violoncelle... seulement, vous ne pouvez pas commencer avec... ni finir... d'autant que Casals, qui la jouera, doit avoir une place digne de lui... Alors mettez-la au milieu du programme !... Maintenant si vous manquez de mélodies, vous pourriez demander à Bréval de chanter un fragment de ma *Jeanne d'Arc*... mais à condition que cela vous rende service, car moi, je m'en fous ! ». Et naturellement, la question de préséance se posait aussi pour la célèbre chanteuse. Puis la même scène se répétait pour Casella, il ne restait pour les autres musiciens que les plus mauvaises places au programme.

Au cours des réunions-thé de la rue Chanoinesse, nous n'étions pas encore parvenus à persuader notre éditeur de l'utilité de prendre un magasin. Jusqu'alors, les acheteurs parvenus jusqu'à ce lointain quartier étaient reçus par l'éditeur lui-même ou, en son absence, par Armand, son domestique. Ce dernier avait une conception particulière du commerce. Il amenait le client jusqu'à un cabinet noir où étaient entassés, du sol au plafond, les exemplaires du « fonds » et, si on lui avait demandé, par exemple, le *Noël des Jouets* de Ravel qui se trouvait au bas d'une pile, Armand suggérait de prendre plutôt la *Sonate* de Huré, plus à portée de la main.

262

Notre éditeur, que ses origines semblaient cependant prédisposer au négoce, se montra toute sa vie le plus mal avisé des commerçants. D'aspect levantin, avec un teint hépatique et de petits yeux noirs perçants qui voulaient être malins, on l'imaginait volontiers coiffé d'un fez et chargé d'un pacotille orientale qu'il essaierait de vendre à des prix fabuleux. Il aimait la procédure, parlant avec une sorte de volupté passionnée de « ses procès », comme un amateur parle de ses tableaux. Lorsque nous tentions de lui donner quelque conseil utile, il répliquait toujours — avec son air malin — que nous étions des artistes et ne pouvions rien comprendre au commerce, qui était son domaine.

Enfin, un jour, il se décida à louer un magasin, très mal situé, rue Bergère, près du Conservatoire... qui allait émigrer rue de Madrid !

Nous étions liés par un traité qui réservait à Mathot l'exclusivité de notre production pendant onze années, en compensation de quoi nous devions toucher une prime de vingt pour cent sur la vente des exemplaires. Il était convenu aussi que des avances nous seraient consenties sur ces primes. Au bout d'une année, Mathot s'aperçut qu'il avait commis une erreur en nous promettant une prime aussi élevée et il nous demanda une révision de nos conventions aussitôt accordée, bien qu'il ne s'agit de rien moins que de renoncer à la moitié des avantages promis. Notre prime serait donc ramenée à dix pour cent. L'éditeur proposa aussi de conserver la durée de onze années pour le nouveau traité. Accordé. Mais en sortant de l'entretien, je m'aperçus que la première phrase du nouveau contrat était ainsi libellée : « Au premier juin prochain... » Or, nous étions le trente juin et le levantin rusé avait encore gagné onze mois ! C'est donc pendant treize années que j'allais me trouver lié à lui. Je ne parle plus au pluriel, car la plupart de mes camarades s'arrangeraient pour se dégager et aller vers de *vrais* éditeurs, parmi lesquels certains m'avaient fait pressentir. Mais j'imaginais sottement ne pas devoir manquer à mes engagements !

Au bout de quelques années, devant l'incapacité trop notoire de mon éditeur, je décidai d'attendre que le délai des treize années fût écoulé avant de publier *ailleurs* ce que j'aurais écrit. Mais une clause du traité prévoyait son renouvellement par tacite reconduction au cas où la somme des avances reçues serait supérieure à celle des primes dues. Et Mathot prétendit pouvoir prouver qu'ayant reçu *onze cents francs* en treize années je restais son débiteur, malgré le succès et la vente incessante de *La Nursery.* Je ne recouvrai ma liberté que par une renonciation à tous droits pour l'avenir, arrachés par mon impudent Shylock.

A l'inverse d'A.-Z. Mathot, mon nouvel éditeur n'avait rien d'un néophyte. Dans sa maison, qui datait d'un siècle, son père et son aïeul l'avaient précédé et ses fils lui succéderaient. Son accueil était engageant, on était surpris par son élégance d'une époque antérieure et son embonpoint ; sa barbe, court taillée, faisait penser à un Henri VIII en veston. Il allait éditer un troisième recueil de *La Nursery,* un *Quintette* pour cordes et harpe, une *Sonatine* pour flûte et harpe et des *Chansons Françaises,* toutes œuvres pour lesquelles il m'offrit d'abord une somme dérisoire. Ceci se passait en pleine guerre, au moment où les premiers obus de la Bertha avaient surpris les Parisiens. Or un détail n'avait pas échappé au commerçant retors qui savait profiter des moindres incidences. Ayant remarqué qu'au premier coup de canon je le quittai pour remonter à Montmartre rassurer les miens, il faisait traîner nos tractations et marchandait mollement en *l'attendant*. Puis aussitôt le *boum* venu, il me disait avec précipitation : « Allons ! finissons-en, acceptez huit cents francs ! » Et il me fallut plusieurs alertes pour arriver à dépasser mille, et de bien peu.

Au bout de quelques années, le chicanier Mathot lui intenta un stupide procès, qu'il devait perdre, à propos de *La Nursery*, dont il revendiquait la propriété du titre. Et mon Henri VIII en veston eut l'audace de « m'appeler en garantie », bien que je n'eusse rien à voir dans cette querelle entre marchands de papier.

Enfin, cette fois, n'étant plus lié pour de longues années, je pus m'entendre avec des éditeurs qui ne concevaient pas les bénéfices d'une façon unilatérale. Et je dois rendre particulièrement hommage à l'un d'eux * qui, ayant racheté le fonds Mathot, m'offrit spontanément de me rendre en partie les droits sur la vente auxquels j'avais dû renoncer pour recouvrer ma liberté.

C'est une sorte de monomanie du papier qui créa la mentalité spéciale de certains éditeurs, et aussi le regret perpétuel d'avoir laissé échapper *Pelléas* et le constant espoir de retrouver un nouveau *Faust*. On en parla jadis ailleurs**. Mais le plus bel exemple de ladrerie devait m'être donné par l'éditeur de Fauré, auquel j'offrais l'orchestration que je venais de faire de *Thème et Variations*. Il me demanda combien j'allais lui demander pour la cession de ma partition. Et je répondis « Rien », ajou-

---

* Francis Salabert.
** Diabolus in Musica.

tant que je ne voulais pas tirer bénéfice d'un travail que j'avais entrepris uniquement par piété fauréenne. Ne comprenant évidemment rien à cela, il hésitait encore. Je lui annonçai alors qu'un ballet allait être monté à l'Opéra sur cette parttiion et qu'il y trouverait un bénéfice immédiat. Ce qui le décida après quelques dernières hésitations. Puis, ayant besoin d'un exemplaire de piano pour établir justement la partition du ballet, je le lui demandai. Et l'éditeur eut l'audace de me répondre qu'il serait forcé de me le faire payer ! Ce qui me fit éclater et lui dire que la valeur marchande de mon orchestration était beaucoup plus élevée que le prix de son cahier de papier. Alors l'Harpagon, que je menaçai de planter là en abandonnant tout, me rappela en me disant :

Attendez, on va tâcher de vous trouver un exemplaire « défraîchi ».

XXII

1903 - 1904
Service militaire

Service militaire. — Soirées artistiques et débuts de comédien. — La cathédrale de Reims et l'église St-Rémy. — Utilité des marches en campagne et des camarades paysans.

Mon départ pour le régiment m'apparut comme un cataclysme, survenant au moment où je venais d'avoir la révélation de *Pelléas,* de voir mes premières œuvres jouées à la Société Nationale et de connaître Ravel.

Autour de celui-ci s'était formé un groupe de jeunes artistes, musiciens, peintres, littérateurs, auxquels, déjà, se mêlaient quelques snobs. Mais nous étions surtout quatre ou cinq à ne pas nous quitter. Ravel n'avait pas été soldat, mais les autres connaissaient le régiment et leur sollicitude pour moi leur faisait redouter mon premier contact avec la caserne. Ils en exagéraient l'horreur à dessein, pour m'éviter des déceptions. Et je leur en restai bien reconnaissant, car ma sensibilité de « tombé du nid » devait être mise à une rude épreuve.

C'est à Toul ou à Verdun que j'aurais dû aller, mais c'est à Reims que j'avais obtenu de me rendre, ne réalisant pas à l'époque à quel point cela constituait une faveur, grâce à l'intervention d'un des chefs de l'orchestre de l'Opéra, où je jouais alors.

Le brave homme de capitaine sur lequel j'étais tombé m'avait aussitôt repéré pour les « soirées artistiques » de sa compagnie et bientôt je devais fonder un orchestre et jouer la comédie, ce qui me vaudrait quelques faveurs particulières. Mais au début, mon brusque contact avec le régiment m'avait donné, considérablement amplifiée, l'impression de naufragé que j'avais déjà ressentie à mes débuts de musicien d'orchestre.

Cependant ma faculté d'assimilation me tira aussi bien de peine cette fois. D'abord, j'avais rencontré dans la chambrée un jeune étudiant en médecine, plus désemparé que moi encore ; nous devions sympathiser aussitôt et trouver déjà un réconfort à conserver entre nous le voussoiement de la vie civile. Plus tard, je connaîtrais aussi d'autres étudiants, inscrits à des Facultés différentes, qui constituaient ce qu'on nommait le peloton des dispensés, c'est-à-dire de ceux qui n'avaient à accomplir qu'une année de service. Ayant été deux fois ajourné je devais également quitter la caserne au bout d'une année, ce qui m'assimilait, en fait, aux dispensés. Mais tandis que j'avais vingt-trois ans, la plupart d'entre eux, ayant devancé l'appel, n'en avaient encore que dix-huit. Différence plus sensible à ce moment de la vie que plus tard. Je ne devais pas tarder à m'esseuler avec de bons livres, d'autant mieux que je venais de découvrir Anatole France.

Je m'identifiais à M. Roux, se présentant en pantalon rouge et capote bleue devant M. Bergeret qui s'écriait :

« Eh ! voici qu'ils ont travesti mon meilleur latiniste en héros ! » car, expliquait-il : « J'appelle proprement héros tout porteur de sabre. » Comme M. Roux, j'avais bientôt ressenti que « la fatigue était un grand remède et l'abêtissement une précieuse ressource. » Comme lui aussi, j'avais remarqué la peine de certains paysans à retenir les principes les plus élémentaires de la théorie. C'est en vain, par exemple, que notre lieutenant avait tenté d'expliquer les signes de la hiérarchie à mon voisin Clochod, qui s'embrouillait toujours au même point. Après avoir docilement répété le nom des grades affectés au nombre des galons, lorsque le lieutenant, en lui montrant les deux galons de la manche lui demandait quel était son grade, le pauvre Clochod répondait invariablement, en faisant le salut militaire : « Capitaine, mon Lieut'nant ! » Mais le même Clochod prenait en dérision mon métier « dans l' civil » et, en me tendant ses rudes paumes, me disait : « Quand c'est qu' t'auras des mains com' ça ? »

M. Roux avait eu son sergent Lebrec qui, « en blouse aspirerait à la liberté, mais portant l'uniforme, aspirait à la tyrannie et faisait régner l'ordre. » J'avais, moi, l'adjudant Nénesse qui me prouvait que l'on a, dans le militaire, une façon de s'exprimer qui confond la raison. « Au temps où je servais mon congé » — avait-il accoutumé de dire avant quelque récit de caserne. Il se plaisait aussi à rappeler quelle colle il aimait à poser aux recrues, lorsqu'il était sergent. « Quand vous saluez votre supérieur, c'est-il sa personne ou bien son grade que vous saluez ? » Et après avoir évoqué le silence dubitatif de son auditoire, il se hâtait de conclure avec orgueil : « C'est son grade — que je leur disais. — Ainsi, même que je s'rais un imbécile, quand vous me saluez, ce n'est pas moi que vous saluez, c'est mes galons ! » Et il tendait vers nous ses bras, comme pour exhiber ses anciennes sardines dorées.

Il n'en est pas autrement « dans le civil », d'ailleurs, où ce sont rarement les hommes auxquels on rend hommage, mais les emplois qu'ils tiennent, ou les titres dont ils sont investis.

Au cours des mois, je m'étais familiarisé avec la ville. Souvent j'étais de faction au Cercle des Officiers, non loin d'une porte latérale de la cathédrale, dont l'ogive encadrait « ung enfer où damnez sont boullus », qui m'aida à passer bien des heures. Je ne pouvais jamais contempler sans émotion, entre les fines colonnettes élancées de la façade, la théorie des anges aux grandes ailes déployées. Et je passais de longs moments à Saint-Rémy, la magnifique église romane que la cathédrale faisait trop souvent oublier. Enfin, je m'étais peu à peu rapproché de mes camarades les plus humbles qui, pendant les marches dans la campagne, m'apprenaient à différencier la betterave de la pomme de terre et le blé de l'avoine.

Chaque fois que je venais en permission, je prenais bien garde de ne pas donner raison à mes amis de Paris, lesquels m'avaient prédit que je ne pourrais m'empêcher de leur parler surtout du régiment.

Hélas ! malgré ma joie de me retrouver parmi eux et parmi les miens, je ne devais pas faire exception à la loi commune. Il en serait de même en 1915-1918, et aujourd'hui encore, je me hâte de conclure, par crainte de retomber dans l'envoûtement des évocations de cette vie de caserne, qui maintient les armées et perpétue la guerre.

XXIII

1902
Révélation de Pelléas

Révélation de *Pelléas* sous les toits de la rue Lepic. — Connaissance de Ravel et de Léon-Paul Fargue. — Initiation à Chabrier. — La jeunesse au temps de *Pelléas*. — Des paroles de Paul Valéry et un conseil de Claude Debussy.

Dans un recueil de photographies anciennes, publié sous le titre : *Paris tel qu'il fût*, on retrouve la place Blanche, au temps où les boulevards extérieurs limitaient encore la ville. L'endroit se nommait alors la « barrière blanche », par où l'on sortait de Paris pour gagner le village de Montmartre, par la *chaussée* Lepic.

Ceux qui vivent depuis longtemps dans ces parages savent que le modernisme n'a pas ménagé la « Butte sacrée », comme on l'appelait au temps de Willette et de Gustave Charpentier. Sous couvert d'urbanisme et de salubrité, la spéculation a sévi ici, aussi bien qu'ailleurs, en multipliant les gratte-ciel autour du Sacré-Cœur. Au point qu'une société des Amis du Vieux-Montmartre dut se former pour essayer de sauver, en les faisant « classer », les derniers vestiges de l'ancien village.

Mais la rue Lepic n'a pour ainsi dire pas été touchée. C'est, pourrait-on croire, comme si les marchands des quatre-saisons de son marché en plein vent avaient constitué une ligne de défense inexpugnable contre les offensives du ciment armé.

Elle est restée l'une des plus pittoresques du Paris populaire. Et son marché est l'un des plus beaux et des plus vivants en toutes saisons. Même au cœur de l'hiver, ses marchandes, survêtues comme des Esquimaux, conservent leur bonne humeur et ne quittent la place que très tard, le soir. Mais c'est surtout au printemps, dès que reviennent les fleurs et les légumes nouveaux, qu'il fait bon remonter lentement à travers son flamboiement.

La rue Lepic ravive pour moi l'un des souvenirs les plus émouvants de ma jeunesse.

Je la gravissais une nuit, en rentrant d'un café-concert voisin où je tenais l'emploi de violon-solo, avant d'en être chassé pour avoir trop activement contribué à la création du Syndicat des musiciens. Je rencontrai l'un de mes condisciples au Conservatoire, auquel je souhaitai le bonsoir en lui demandant d'où il venait :

— Je viens de *Pelléas*.

— De *Pelléas* ?

— Comment, vous ne savez pas ce que c'est que *Pelléas* ?

J'avouai n'avoir jamais entendu une note de Debussy. Mon activité était alors limitée à gagner ma vie et à suivre des cours d'harmonie au Conservatoire. Mon seul idéal avait été, jusque là, de réussir à écrire — comme Saint-Saëns — une symphonie à vingt ans ! Idéal réalisé, d'ailleurs, mais partition détruite, naturellement, comme celles d'un opéra, d'une pantomime et d'un ballet.

— Je ne pourrai pas vous donner une idée suffisante au piano, mais venez demain matin ici, je vous ferai connaître *La Damoiselle élue.*

Et c'est du lendemain que devait dater ma révélation de Debussy, dans un petit logement d'étudiant situé sous les toits, en haut de cette vieille rue Lepic.

Naturellement, je ne devais plus tarder à connaître *Pelléas.* Et tout ce que j'ignorais du reste devait m'être révélé, grâce à l'admirable pianiste-musicien qu'était Marcel Chadeigne. J'avais perdu de vue depuis l'enfance ce dernier, mon aîné de quelques années, à la classe de solfège, lorsque je devais le retrouver juste à point pour qu'il participât si puissamment à mon initiation. Chadeigne aurait pu être le plus grand pianiste de sa génération. On peut presque dire qu'il aima trop la musique pour y consentir. Les plus grands succès ni les plus grands profits n'auraient pas valu, pour lui, de « faire de la musique », chez lui, entre deux leçons, ou surtout le soir, parmi ses familiers, suivant son bon plaisir. Toujours prêt à rendre service, Il acceptait de faire entendre à Colonne ou à Chevillard les réductions pour piano des partitions que nous ambitionnions de voir agréer par ces deux farouches adversaires de la musique moderne. Mais lorsqu'on venait répéter avec lui, s'il était en train de « se jouer » du Chopin ou du Chabrier, il oubliait parfois l'objet de notre visite... que nous finissions par oublier volontiers, nous aussi, pris au sortilège de son génie et de son apostolat irréfléchi.

C'est chez Chadeigne que je rencontrai Ravel, qui allait se révéler l'aîné le plus bienveillant. On ne peut imaginer ce que fut cette époque, l'une des plus heureuses de ma vie, où les jeunes que nous étions alors vivaient dans un enthousiasme constamment entretenu par de nouvelles découvertes : *Pelléas,* les Russes, Fauré, Chabrier.

Oui, Chabrier, que l'on connaissait à peine et dont on ne soupçonnait pas encore les chefs-d'œuvre les plus éblouissants et les plus parfaits : *Le Roi malgré lui, l'Etoile, L'Education manquée, l'Ode à la Musique, La Sulamite, La Suite Pastorale.*

Chadeigne avait une prédilection marquée pour l'auteur d'*Espana ;* de son sens comique, rien ne lui échappait. C'est que dans son entourage intime, un humour régnait que n'aurait pas désavoué l'auteur de la *Bourrée Fantasque.* Je dois à ce cercle familial si uni bien des moments de réconfort et de bonne détente. Pendant les vacances qui nous séparaient, on y avait imaginé de correspondre au moyen d'un petit journal cocasse, dont les rédacteurs n'étaient autres qu'un peintre et un universitaire lettré, beau-père et beau-frère du musicien.

Souvent, j'envoie un souvenir attendri à ceux qui restent, des vieux amis de ma jeunesse heureuse. Mais, au-dessus de tous, je plaçais cet ami de la première heure avec lequel je me sentais lié plus intimement parce qu'à un même amour pour la musique s'ajoutaient des affinités plus générales.

Il pourrait sembler naturel que nous n'eussions cessé de poursuivre ensemble le même chemin en conservant les même idéals. Je devais cependant connaître le jour où je serais seul à goûter le charme de remonter la populeuse rue Lepic, en pensant à la Musique...

Nous ne nous *retrouverons* maintenant jamais plus, et ce doit être mieux ainsi. Il doit être suffisant, désormais, que nous nous *rencontrions* encore parfois, sans nous voir, lorsqu'il s'agit de servir avec la même ferveur la mémoire de Debussy et de Fauré, les deux maîtres qui nous avaient réunis, aux jours lointains de mon initiation.

On ne reverra plus avant longtemps un enthousiasme comparable à celui de cette jeunesse touchée par la grâce, au temps de *Pelléas*. D'abord, on devait à *la cause* d'assister à chaque représentation, quitte à risquer les réprimandes familiales :

— Tu dois cependant la connaître par cœur, maintenant, cette pièce ! Et puis, non seulement tu as à payer ta place, mais tu dois encore abandonner ton cachet pour te faire remplacer, à ton orchestre !

Ceux qui n'avaient absolument pas pu trouver chez eux les vingt sous nécessaires pour aller à l'amphithéâtre tiraient des plans pour les emprunter ailleurs, et, en désespoir de cause, venaient à la sortie se faire raconter *comment ça avait marché.*

— Alors, Garden, toujours épatante ?

— Et Perrier, pas fatigué ?

Puis on se réunissait les uns chez les autres et *on se le rejouait*, les uns au piano, les autres chantant, d'autres, *imitant* jusqu'au bruit du rideau ou, pendant les interludes, les bavardages des Béotiens réprimandés d'un *chut !* péremptoire. Entre soi, *on parlait Pelléas :* « Comment allez-vous ? — Je commence à avoir froid. — Allons-nous prendre un bock ? — Simplement parce que c'est l'usage. »

A chaque nouvelle représentation, on amenait un néophyte, une recrue, amis, parents, inconnus...

Dans ses *Pièces sur l'Art,* Paul Valéry évoque les séances véritablement culturelles des Concerts Lamoureux à cette autre époque héroïque que fut celle du Cirque d'Eté :

> « La musique produit artificiellement ce que produisent les grandes joies ou les grandes tristesses publiques, ce que l'on voit dans les jours solennels où les hommes dans la rue se parlent sans se connaître, et pour un peu, s'embrasseraient...
>
> Il n'est donc pas étonnant que cette musique ait pris le caractère d'un culte. A la fois elle prêchait pour l'art, elle était une expérience qui explorait toute l'étendue de l'être affectif et psychique — et, de plus, elle était en soi jouissance supérieure. »

Et plus loin, dans le même volume, au cours de *Propos sur le Progrès,* l'auteur poursuit :

> « Supposé que l'immense transformation que nous voyons, que nous vivons, et qui nous meut, se développe encore, achève d'altérer ce qui subsiste des coutumes, articule tout autrement les besoins et les moyens de la vie, bientôt l'ère enfantera des hommes qui ne tiendront plus au passé par aucune habitude de l'esprit, l'histoire leur offrira des récits étranges, presque incompréhensibles, car rien dans leur époque n'aura eu d'exemple dans le passé, ni rien du passé ne survivra dans leur présent. Tout ce qui n'est pas purement physiologique dans l'homme aura changé, puisque nos ambitions, notre politique, nos guerres, nos mœurs, nos arts sont à présent soumis à un régime de subtitutions très rapide ; ils dépendent de plus en plus étroitement des sciences positives et donc de moins en moins de ce qui fut. »

On avait pu constater la justesse de la prophétie du poète d'*Eupalynos,* lors de la première audition intégrale de *Pelléas* donnée en deux soirées, à ses débuts, par l'Orchestre National. Dans la salle, la plupart des fidèles se retrouvaient bien, mais presque tous les « jeunes » d'alors étaient absents et s'en excusaient à peine, prétendant même avoir été empêchés de prendre l'écoute.

Aux entr'actes de chaque séance, les auditeurs invisibles avaient pu entendre deux causeries de mon ancien compagnon de la rue Lepic, devenu critique éminent, mais trop souvent enclin au sectarisme et à la partialité, causeries qui resteront parmi les meilleures de ses écrits.

Lorsqu'il parlait de Fauré ou de Debussy, mon ancien ami apparaissait « détendu », il s'abandonnait à sa passion pour la musique et parlait alors de ses deux musiciens préférés avec la connaissance profonde qu'il avait de leur œuvre et avec l'autorité que lui conférait une science musicale dont la sûreté manque trop souvent aux critiques ! Il parlait aussi à cœur ouvert et sans réticences — sans restrictions mentales, pourrait-on dire, à la manière des théologiens — c'est alors qu'il devenait émouvant.

Au cours de ses causeries sur *Pelléas,* le critique devait se rencontrer plus d'une fois avec Paul Valéry, surtout lorsqu'il redoutait « que Debussy ait perdu son public, pour avoir été séparé par la guerre de la génération à laquelle il s'adressait ». Il citait la lettre si émouvante écrite à Messager, au lendemain de *Pelléas,* dans laquelle Debussy situait aussi exactement que Berlioz jadis, mais en d'autres termes, le rôle — bon ou néfaste — de l'interprète...

> « Il est certain que le rythme intérieur de toute musique dépend de celui qui l'évoque, comme tout mot dépend de la bouche qui le prononce. Ainsi telle impression de *Pelléas* se doublait de ce que votre émotion personnelle en avait pressenti et lui donnait, par cela même, de merveilleux. »

Voici que surgit ici un parallèle entre les soins à

donner à une partition ou à un malade. Le génie réserve aux grands chefs et aux grands praticiens, de savoir soigner en limitant la souffrance. La raie de lumière qu'on a laissé passer entre les rideaux mal clos est, à sa façon, préjudiciable au repos, elle est aussi pénible à l'œil que le *sforzando* trop brutal l'est à l'oreille.

Après avoir rappelé les invraisemblables protestations de la presse au lendemain de la première, le subtil commentateur ne craignait point de donner autour de lui cet avertissement :

> « que tout critique musical a le devoir de relire de temps en temps certains articles de cette époque signés d'Arthur Pougin et de Camille Bellaigue, pour s'entretenir dans des sentiments de sage modestie, lorsqu'il est tenté de prendre trop au sérieux sa mission que des sourds peuvent exercer à la satisfaction générale. »

Il osa dénoncer la légende tendancieuse de d'Indy, défenseur de *Pelléas*, publiant dans la revue *Occident* deux sentences révoltantes, qu'il est un devoir de répéter : « Dans cette œuvre, l'émotion ne vient pas de la musique. La musique ne joue, dans *Pelléas*, la plupart du temps, qu'un rôle secondaire. »

Il était impossible aux auditeurs à l'écoute, qui venaient d'entendre le texte de *Pelléas*, de n'être pas frappés par les remarques claires et si simplement judicieuses du commentaire qui leur indiquait les rapports entre la musique de Debussy et la langue française, comparés aux erreurs de ses contemporains, influencés par la ligne étirée ou boursouflée du lyrisme italien ou allemand.

Enfin, après avoir cité les avis de Debussy lui-même, qui ne devraient plus être ignorés d'un seul étudiant :

« N'écoutez les conseils de personne, sinon du vent qui passe et nous raconte l'histoire du monde », l'initiateur de ma jeunesse déplorait, une fois de plus, que les jeunes générations ne prissent plus le temps d'écouter le précepte plein de sagesse...

C'est que leurs autos allaient trop vite, et qu'il faut aller à pied pour comprendre encore ce que dit le vent... Voilà pourquoi le marché regorgea encore pendant quelques années d'une pacotille en néo-classicisme, la matière sonore à la mode d'alors.

A l'époque de mon initiation, j'étais encore au moment de la vie où l'on voudrait que les hommes s'identifient à leur œuvre, et je n'avais pas cherché à connaître Debussy. L'un de mes amis du « petit cercle mélomane » m'avait un jour présenté à lui, dans le hall du petit Théâtre des Mathurins où j'étais alors violoniste. L'auteur de *Pelléas* portait encore le haut chapeau d'artiste de sa jeunesse. Je le revis peu après au fumoir de l'Opéra, pendant l'entr'acte d'une répétition générale. Et ce fut tout, pendant près de dix années, jusqu'au *Martyre de Saint Sébastien* et surtout au Théâtre des Champs-Elysées, l'année suivante, où la destinée devait nous réunir.

XXIV

Mort de mon grand-Père Gottlieb Rehm
Ascendances

Ascendances — Mon grand-père Gottlieb Rehm et les lettres de Lord
   Chesterfield à son fils — Journal familial — Influence de l'esprit
   parisien sur les origines anglo-saxonnes de ma mère.

D ANS la *Vie d'Alphonse Daudet*, par Lucien Daudet,
       on trouve cette confidence de l'auteur du *Petit
       Chose* : « J'ai passé ma vie à étouffer mon père
au-dedans de moi, je le sentais se réveiller à chaque instant avec ses colères, ses manies... »

Le jour où nous commençons à juger nos parents,
que nous avions accoutumés de considérer comme nos
juges, nous ne ressentons aucun sentiment de supériorité,
ni d'orgueil, mais une grande mélancolie. C'est l'une de
nos premières désillusions, et celle-ci nous mènera vers
le jugement prochain de nos maîtres.

Je connais bien la sensation que ressentit Alphonse
Daudet. Mon père, qui me donna l'exemple constant de
son labeur, de sa droiture et de sa bonté, m'indiqua aussi,

bien inconsciemment, « comment on ne doit pas faire » pour s'entendre avec les humains. Toute ma vie, j'aurai ressenti en moi la spontanéité de ses réactions et les propensions de celles-ci à la violence, sans avoir toujours su éviter de m'y laisser entraîner. Quand j'y serai parvenu, c'est que l'ascendant de ma mère aura prédominé, comme il arrive souvent, sur l'hérédité paternelle. Et aussi l'influence du seul aïeul que j'aie connu.

Tandis que mes parents étaient uniquement préoccupés de mon instruction musicale, mon grand-père maternel s'inquiétait d'éveiller en moi des curiosités d'ordre plus général et plus humain. Fils d'un forgeron de Zurich, il était venu jeune en France, s'y était marié au Havre avec une jeune Anglaise, musicienne et excellente pianiste, avait vécu ensuite à Manchester, où ses enfants étaient nés, puis était revenu se fixer enfin à Paris, avec sa famille. Ses capacités de comptable, jointes à sa grande probité, lui valaient la confiance de ceux qui l'employaient. Parlant aussi couramment l'anglais et le français que l'allemand, sa langue natale, il lisait beaucoup, annotant jusqu'aux moindres articles de journaux, dans le but de créer dans la famille une « chaîne » spirituelle par son prosélytisme.

Il avait commencé à m'apprendre l'anglais et l'allemand, mais sa grande bonté le fit reculer devant le rigorisme qu'il aurait dû montrer pour me faire persévérer. Pour les étrennes, à ma quinzième année, il avait pris la peine de traduire pour mon usage quelques-unes des lettres de Lord Chesterfield à son fils. Sans grande illusion sur leur effet immédiat et dans le seul espoir que son cadeau puisse m'être profitable plus tard, ainsi qu'en témoignait le choix qu'il avait fait de cette citation, en guise de dédicace :

« Mon cher garçon, tout en employant beaucoup de mon temps à vous écrire, j'avoue que je doute souvent si c'est pour quelque bien.

Je sais que les avis ne sont pas souvent les bienvenus, je sais que ceux qui en ont le plus souvent besoin les aiment et les suivent le moins, et je sais aussi que les avis venant des parents sont plus particulièrement attribués à la morosité, à l'humeur autoritaire et à la maussaderie de la vieillesse.

Mais alors, d'un autre côté, je me flatte de savoir que votre propre raison, toute jeune qu'elle est, doit vous dire que je ne puis avoir nul autre intérêt que le vôtre dans les avis que je vous donne et que, par conséquent, vous les pèserez et les considérerez bien, dans lequel cas, ce que je vous dis ne sera au moins pas tout à fait perdu. Ne pensez pas que je veuille vous dicter des ordres comme un parent, mais vous aviser simplement comme un ami, et comme un ami indulgent. »

Depuis longtemps, le tutélaire petit keepsake ne me quitte jamais. C'est le passage qui m'avait surtout choqué jadis que j'ai le plus de plaisir à relire :

« La chose principale est de savoir maîtriser son humeur. Celui qui ne se possède pas assez pour pouvoir entendre des choses désagréables sans donner des marques visibles de colère ou sans changer de contenance, ou qui ne peut se laisser dire des choses agréables sans de subits éclats de joie expansive, est à la merci du premier fourbe rusé ou malin fat venu. Si vous vous trouvez sujet à de soudains mouvements de passion ou de folie — je ne vois aucune différence entre les deux, sauf leur durée — prenez au moins la résolution de ne jamais prononcer un mot, aussi longtemps que vous sentez cette émotion en vous. »

Ainsi Montaigne, parlant « de la cholère », avait dit : « Pendant que le pouls nous bat, que nous sentons de l'esmotion, remettons la partie : les choses nous sembleront, à la vérité aultres, quand nous serons r'accoysés et refroidis. »

Le jour même de ma naissance, mon grand-père avait commencé un journal de famille, qu'il tînt à jour jusqu'à sa mort. Il y relate encore l'accident de voiture qui devait précipiter sa fin : un fiacre l'avait renversé et le cocher n'ayant pu maîtriser son cheval, les roues lui étaient passées sur les jambes. Mon grand-père n'en était pas moins rentré à pied jusqu'à la maison, mais le docteur avait diagnostiqué une fracture des côtes, une grave blessure à la cheville et de multiples contusions, à la suite desquelles il ne devait survivre qu'à peine une année. Le journal fut repris alors par ma mère, qui le poursuivit jusqu'en 1913. C'est grâce à lui que je pus trouver des relais précis pour mon propre journal à rebours.

Mon grand-père, qui aimait passionnément son pays, ne le revit jamais, ayant toujours reculé à l'idée d'y faire un séjour seul, sans nous. Au moment de l'Exposition de 1900, il écrivit dans son journal : « Visité quinze fois le Village Suisse, seul ou avec les enfants. (100 fr. 90) ! »

Je profitai aussi d'autres influences familiales, moins importantes et moins directes. Celle de l'oncle Charles, frère cadet de ma mère, lequel, n'ayant jamais travaillé le piano et, toute sa vie, incapable de parvenir à lire la musique, accompagnait d'instinct, pour mon plus grand émerveillement. L'oncle Charles n'eut jamais de métier défini, étant à la fois électricien, accordeur de pianos, menuisier, peintre, pianiste de bastringue, horloger, tapissier et mille autres choses encore ! Il était l'opposé de mon père qui, strictement cantonné dans sa profession de musicien, ne put jamais planter un clou sans se taper sur les doigts.

La tante Ellen, elle, était l'opposé de ma mère ; elle aida à nous élever, mon frère, mes sœurs et moi. Sa brusquerie affectée dissimulait son cœur tendre et sa timidité. Elle n'avait pas sa pareille pour « copier » à notre intention les costumes de nos petits camarades plus fortunés. Et surtout, surtout, elle nous apprenait les chansons de son enfance, vives comme son esprit, tendres, pimpantes et légères, qui devaient me donner l'idée, plus tard, d'écrire *La Nursery*. Lorsque j'en composai le dernier recueil, en 1932, je demandai à la tante Ellen, déjà septuagénaire, un dernier titre qui me manquait pour la dernière demi-douzaine de vieux airs. Elle me dit aussitôt : « Mais, tu n'as pas encore fait *Le p'tit marchand d'allumettes* » et me l'apprit sur-le-champ, de sa petite voix haut perchée :

> Je suis un p'tit marchand d'allumettes
> Qui n'est pas très orgueilleux.
> Quand j'ai cinq sous dans ma pochette
> Je me trouve très heureux.
>
> Allumettes, des allumettes,
> Quatre paquets pour un denier.
> Allumettes, des allumettes,
> J'ai tant crié qu' j'en suis enroué.

Par un fréquent effet des immigrations, les influences originelles de cette famille anglo-saxonne s'étaient trouvées peu à peu supplantées par l'esprit le plus parisien. J'avais souvent entendu raconter par ma mère, qu'ayant quitté l'Angleterre quelques semaines avant ses sœurs et son frère, ceux-ci ne la comprenaient déjà plus en débarquant à leur tour à Paris.

Mon grand-père, qui n'avait pas subi autant que ses enfants l'influence parisienne, n'était pas sans craindre que l'esprit de sa famille ne fût parfois superficiel. C'est ainsi qu'il eut peu d'illusions sur l'ascendant culturel qu'il pouvait exercer personnellement sur moi, au point qu'il léguât même ses livres à des bibliothèques. Cependant, si je n'avais jamais fait preuve en rien de précocité, j'avais eu dès l'enfance le goût de la lecture. Mais la prévention de mon cher grand-père devait encore constituer de sa part, sans qu'il s'en doutât, un enseignement, celui de ne jamais refuser la confiance aux jeunes et de ne les observer et les juger qu'en se reportant soi-même à leur âge.

Aux lettres de Lord Chesterfield, j'ai peu à peu ajouté au cours de ma vie, dans le petit keepsake de mon aïeul prévoyant, d'autres extraits qui m'avaient frappé et que je relis souvent :

> « Les livres ont beaucoup de qualitez agréables, à ceux qui les sçavent choisir ; c'est la meilleure munition que j'aye trouvé à cet humain voyage. »
>
> MONTAIGNE.

Dans l'humain voyage des musiciens, c'est aux livres qu'il faut demander la compensation d'une instruction générale trop souvent hâtive et toujours incomplète. Mais sans s'illusionner trop, néanmoins, car, ainsi que l'écrivit Jules Renard, dans son *Journal inédit* :

> « C'est désespérant : tout lire et ne rien retenir ! Car on ne retient rien. On a beau faire effort : tout échappe. Ça et là, quelques lambeaux demeurent, encore fragiles, comme des flocons de fumée indiquant qu'un train a passé. »

C'est vrai. Mais on peut aussi penser que tous les grains semés qui ne lèvent pas n'ont jamais empêché les moissons. Et s'il faut lire beaucoup pour retenir peu, c'est donc qu'ainsi l'on retient mieux. Notre mémoire est quand même un bien bel alambic, une curieuse machine à penser. La vieille tante Ellen, qui avait dépassé quatre-vingt-quatre ans, s'égarait de plus en plus dans le présent. Mais qu'on lui parlât du passé et son esprit se clarifiait. Depuis dix années, j'avais oublié les paroles que je voulais citer de ce *p'tit marchand d'allumettes*. J'y fis allusion avec précaution, n'osant pas la questionner directement, par crainte qu'elle ne se dépitât et s'attristât en me disant qu'elle ne se souvenait plus. Mais au contraire, voici qu'elle se ranime et, retrouvant la gaîté de sa jeunesse, me rechanta à la suite tous les couplets, en me rappelant qu'au refrain il fallait faire le geste de frotter sur la boîte les allumettes !

XXV

1896 - 1907
Années de musicien d'orchestre

Années de musicien d'orchestre — Concerts de l'Opéra — Premier smoking — Révélation de *Namouna, Léonore III, Rédemption, La Damnation de Faust...* et de la *Symphonie,* de Paul Dukas. — Avantages de la condition de « remplaçant » — Les Concerts-Rouge.

Il y a très longtemps, le Grand-Hôtel donnait tous les dimanches des dîners-concerts. Au haut de la vaste salle à manger, deux fenêtres s'ouvraient sur une dépendance où se tenait l'orchestre invisible. Le chef était un vieil ami de ma famille. Mon père était son second, et ma mère venait assez souvent tenir une partie de second violon. Mes parents m'emmenaient parfois avec eux et c'était un grand plaisir, surtout un certain soir où le timbalier, m'ayant assis sur un de ses genoux, mit un triangle entre mes mains et m'en fit taper quelques coups en mesure. Je ne devais pas avoir plus de sept ou huit ans et c'est mon premier souvenir d'orchestre.

Mes véritables débuts ne devaient avoir lieu que beaucoup plus tard, à ma seizième année, aux Concerts de l'Opéra où j'avais été admis par concours second violon. C'était une chance que de commencer ma carrière dans ce merveilleux théâtre que j'aimais tant, au milieu de musiciens qui constituaient à mes yeux l'aristocratie de la corporation.

Dans ce temps-là, les musiciens des grands concerts portaient encore l'habit de soirée dans l'après-midi, il fallut donc m'acheter pour le moins un smoking. Mon premier smoking, qui serait aussi mon premier complet « d'homme ». Nous allâmes donc, ma mère et moi, dans un grand magasin de confection et je paraissais si peu mon âge, ma taille était si petite que le vendeur dit à maman : « Oh ! Madame, laissez-le donc encore un peu en marin, il a bien le temps de mettre un smoking ! »... Bien le temps ! pensai-je, mortifié, en rougissant.

C'est aux concerts de l'Opéra que je devais avoir, *pour la vie*, la révélation de certains chefs-d'œuvre de la musique, tels que *Léonore III, Namouna*, le morceau symphonique de *Rédemption* et la *Damnation de Faust*. Dans cette dernière, il m'arriva une terrible mésaventure, celle de continuer seul, dans un silence, un trémolo fortissimo de « La course à l'abîme » !

C'est aussi aux concerts de l'Opéra qu'avait été jouée pour la première fois la *Symphonie en Ut* de Paul Dukas. Qui pourrait croire que l'œuvre qui nous paraît aujourd'hui si claire souleva, lors de sa création, non seulement les protestations du public le jour du concert, mais auparavant celles des musiciens de l'orchestre ? Au cours des nombreuses répétitions, les lazzis ne cessaient de fuser autour de moi, et il faut même dire que les tentatives de sabotage ne furent pas toujours épargnées à l'œuvre nouvelle comme au jeune chef, Paul Vidal, qui en avait assumé la direction. J'étais autant blessé par l'incompréhension que par un manque de conscience professionnelle que je n'aurais jamais soupçonné. Si bien que le jour du concert, avant que l'orchestre n'entrât sur la scène, je ne résistai pas à m'approcher de Dukas et à lui murmurer timidement :

« Monsieur, voulez-vous me permettre de vous dire que c'est très beau ? » — Bien longtemps après, tandis que je montai *La Péri* au Théâtre des Champs-Elysées, je demandai au maître s'il se souvenait de la confidence que lui avait faite jadis le petit bonhomme que j'étais alors, et Dukas répondit :

« Je pense bien que je m'en souviens ! Ce sont là des choses qui ne peuvent s'oublier ! »

Bientôt, j'allai faire plus rude connaissance avec l'orchestre, en m'éloignant de l'élite des musiciens. Le premier soir où j'entrais dans la fosse de ce petit théâtre de l'Athénée, où l'on jouait alors l'opérette, j'eus une impression comparable — pensais-je — à celle que je devais ressentir plus tard, en arrivant au régiment. Mais après le premier mois, j'étais bien fier d'apporter « à la maison » le premier argent que j'avais gagné. Et je m'habituai bientôt à mon nouveau sort.

Pendant plus de dix années, je devais passer dans les orchestres les plus différents, et pour mon plus grand bien. La profession de musicien d'orchestre est l'une des plus privilégiée. Son principal avantage repose sur une anomalie préjudiciable à la musique : le droit au remplacement, qui sévit dans le monde entier. Tandis qu'aucun travailleur ne peut interrompre à son gré le service qu'il doit à l'employeur qui le paie, le musicien d'orchestre est seul — avec le garçon de café — à avoir acquis la faculté de pouvoir se faire remplacer à son gré, sous les prétextes les plus divers, dont l'essentiel est d'aller gagner ailleurs un cachet supérieur à son emploi. Les premières tentatives de réforme contre un usage aussi nuisible à la musique furent faites à la création du Théâtre des Champs-Elysées et à celle de l'Orchestre National. Peu à peu, on essaya d'étendre le mouvement réformiste, mais sans y réussir souvent. On connaît l'anecdote, devenue classique, du chef d'orchestre faisant travailler minutieusement un solo à un musicien, lequel, après avoir repris plusieurs fois, déclare enfin au chef que ce n'est pas lui qui jouera au concert ! A mes débuts de chef au Théâtre des Arts, lors d'une matinée, le remplaçant de mon *unique* contrebassiste n'étant pas parvenu à jouer une note de *La Tragédie de Salomé*, déclarait à ses voisins en quittant l'orchestre : « Il n'a pas l'air content, mais j'ai fait ce que j'ai pu. C'est la première fois que je touche à cet instrument-là, car je suis organiste ! »

En ce temps-là, beaucoup de musiciens limitaient la conscience professionnelle à ce que leur place ne soit pas vide et disaient : « Si je ne trouve personne, j'enverrai mon concierge ». Dans l'argot corporatif le mauvais remplaçant était devenu « un concierge ».

Parmi d'autres avantages professionnels, le musicien d'orchestre peut changer d'air ou d'ambiance à son gré, passer l'été à la mer ou à la montagne, tout en continuant de gagner sa vie. Enfin, il échappe à l'iniquité de ce discrédit qui poursuit souvent toute sa vie l'employé qui s'est « quitté mal » avec son patron.

Le musicien qui « faisait son affaire » pouvait gagner sa vie quotidiennement en se spécialisant dans les remplacements. Ainsi évitait-il de jouer à satiété *La Mascotte* ou *La Veuve joyeuse* et pouvait-il, s'il était curieux, se tenir au courant de l'actualité. C'est ce que je fis, principalement dans les dernières années, surtout pour éviter d'entrer, malgré les objurgations paternelles, comme titulaire à l'Opéra, où je connus comme remplaçant tout le répertoire.

Quant au répertoire symphonique, il devait surtout me devenir familier aux Concerts-Rouge, curieux endroit de la rive gauche, depuis longtemps disparu. Dans un magasin à triple fronton triangulaire, situé rue de Tournon et maintenant occupé par un antiquaire, un certain M. Rouge avait imaginé d'installer un café où l'on pouvait entendre « de la bonne musique », tout en fumant et en consommant. Au milieu de la salle exiguë et basse de plafond, se trouvait une estrade sur laquelle étaient groupés quatorze musiciens, ayant pour chef un violoncelliste chevelu et barbu, personnification absolue de « l'artiste », tel qu'on le concevait alors au quartier latin comme à Montmartre. Celui-ci, nommé Francis Touche, était un remarquable instrumentiste, brillamment sorti du Conservatoire, qui s'était acquis une certaine célébrité à la tête de son orchestre embryonnaire.

Composé de musiciens éprouvés et d'excellents solistes, cet orchestre comprenait un spécimen des principaux instruments de l'orchestre : une flûte, un hautbois, une clarinette, un basson, un cor, une trompette, un timbalier, deux premiers et deux seconds violons, un alto, une contrebasse et le conductor-violoncelliste, plus un pianiste chargé de remplacer les soixante-dix manquants d'un orchestre symphonique normal.

Cela suffisait pour contenter les assidus qui, massés autour des guéridons chargés de bocks, de cafés-crème et de cerises à l'eau-de-vie, rappelaient, par leur attitude, les personnages d'un tableau que la photographie avait rendu célèbre sous le titre de *Beethoven*. Ces assidus déclaraient communément n'avoir point besoin d'aller chez Colonne ou chez Lamoureux. Nous avons tout ici, — expliquaient-ils — un instrument de chaque espèce et cela suffit bien pour un endroit si restreint. Ils pouvaient tout entendre aussi, car le répertoire était immense et les programmes copieux. Les concerts duraient plus de deux heures et demie, interrompus par un seul entr'acte.

Je remplaçai là fréquemment, au violon ou à l'alto et parfois même aux timbales et au piano. Pour nous faire attaquer, le chef tenait haut son archet, comme un sabre, puis l'abattait sur les cordes, qu'il écrasait un peu trop. Par une déformation inévitable, la partie de violoncelle était toujours prédominante. A l'entrée fuguée du trio, dans le scherzo de l'*Ut mineur,* par exemple, notre bouillant animateur s'interrompait soudain, après la première note du thème, pour en lancer la suite comme un tonnerre :

Do...si-do-ré-sol-la-si-do-si-do-ré-mi-fa-sol...

A ses admirateurs, il déclarait être « un classique » et ne cachait pas son mépris pour le répertoire moderne. Un néophyte lui ayant demandé pourquoi il ne jouait jamais de Debussy, il avait fièrement répondu : « Debussy ? connais pas ! »

Les musiciens se prêtaient aux fantaisies gesticulaires de leur chef, sauf le timbalier Larruel, célébrité parisienne de l'époque, qui, ne pouvant supporter les injonctions qui lui étaient adressées d'un archet impérieux, avait déclaré une bonne fois : « J'attaquerai toujours, soyez sûr, mais à condition que vous ne vous occupiez pas de moi ! Si jamais vous me faites signe de partir, *je m'en irai !* »

Parmi les assidus, un, surtout, faisait notre joie. Il venait toujours avec les partitions de poche des symphonies classiques, qu'il suivait ostensiblement. Nous l'avions surnommé « l'Inspecteur des nuances ». Aux entr'actes, il se mêlait à nous et nous énonçait des jugements qui étaient péremptoires : « Schumann a *peut-être* du talent, mais il m'em... » ! Un jour que, n'étant pas de service, j'entrai dans la salle vers la fin du concert, au moment où l'on allait attaquer la *Première Symphonie* de Beethoven, notre homme me fit signe de venir m'asseoir auprès de lui, en me désignant *sa* partition. J'y allai, mais regardai plutôt du côté de mes camarades amusés. A un moment, j'échangeai un sourire avec le flûtiste. Une fois le morceau terminé, « l'Inspecteur des nuances » me dit : « Pourquoi avez-vous ri tout à l'heure ? » — Parce que Blanquart s'était trompé. — Et pourquoi a-t-il ri aussi ? — Parce qu'il a pensé que vous ne vous en étiez pas aperçu. » Alors, notre homme, ingénument, pensant se disculper, conclut : « Mais c'est que je ne suivais pas sa partie ! »

Chacun des programmes comportait un solo exécuté par l'un des artistes. Francis Touche n'était pas le moins apprécié, mais il était cependant handicapé dans la faveur du public par le violon solo, qui l'emportait souvent auprès des belles écouteuses ! Celui-ci était un de mes anciens camarades du Conservatoire. Nous devions nous retrouver plus tard aux Concerts Pasdeloup, puis à l'Orchestre National où je n'avais pas manqué de l'appeler auprès de moi. Car, indépendamment de sa haute va-

leur de soliste, mon vieil ami Charles Dorson devait être
pour ses jeunes confrères un constant exemple de probité
professionnelle.

En écrivant ces souvenirs, je lui avais demandé con-
firmation sur certains détails. C'est alors qu'il me con-
seilla de rapporter cette anecdote que j'ignorais : Parmi
les assidus de la rue de Tournon, se trouvait Harpignies,
lequel, un certain soir, avait dessiné sur le marbre d'un
guéridon un croquis de l'orchestre et du public des Concerts-Rouge. Le directeur, qui n'était pas à moitié fier de
cet honneur, ne devait pas retrouver le guéridon, lequel
avait disparu en même temps qu'un des garçons de l'établissement.

La monotonie de la tâche quotidienne ne m'avait pas
toujours été épargnée par l'état de remplaçant. Avant ces
dernières années, partagées entre les Concerts-Rouge et
l'Opéra, j'avais souvent connu la satiété. Notamment à la
Cigale, café-concert montmartrois où j'avais été violon-
solo. En outre, étant encore à cette époque élève au Conservatoire, je devais parfois terminer tard dans la nuit
les devoirs que j'avais à présenter le matin de bonne
heure. Aussi le sommeil me prenait-il souvent à l'orchestre, mais j'avais trouvé un stratagème pour éviter que
mon chef s'en aperçût. Doué d'une bonne mémoire, je
jouais vite par cœur les programmes, alors, sous prétexte
de fatigue visuelle, je portais des lorgnons noirs derrière
lesquels je dormais carrément, tout en jouant, sans
jamais me tromper, à condition qu'aucune intervention
ne vînt déranger l'ordre du programme, établi pour une
semaine. Dans le cas contraire, j'étais perdu et mon chef,
déjouant ma ruse, m'interdisait les lorgnons noirs... jusqu'à la prochaine fois !

Parfois, je rencontrais das les orchestres des camarades qui, comme moi, ambitionnaient d'en sortir, pour composer et diriger. Ainsi, dès mes débuts, retrouvai-je Philippe Gaubert et André Caplet et devais-je faire la connaissance de Walter Straram *. Dès cette époque, l'humour de ce dernier m'avait conquis. Il devait avoir à peine vingt ans et venait de se marier. Il aimait à raconter que devant l'opposition d'un beau-père qui l'avait en vain menacé de mort, il avait simplement répondu : « Monsieur, ces revolvers-là ne partent jamais ! » Tel. je le retrouvai quelques années plus tard dans le monde où il ne manquait jamais de me dire soudain, avec son défaut de prononciation qui ajoutait encore à la cocasserie de ses propos : « Venez avec moi, il faut que j'aille mettre les pieds dans quelques plats ! » Et c'était exact, car il s'agissait bien pour lui d'assouvir une véritable passion.

...Mais les souvenirs d'orchestre sont comme les souvenirs de régiment, ils intéressent le plus souvent ceux-là qui les ont vécus. On n'en doit user qu'avec circonspection.

* Cf. *Le Chef d'Orchestre et son équipe* (Chap. *In Memoriam*).

XXVI

1897 - 1900
Années de Conservatoire

Années de Conservatoire — Mon premier maître Paul Rougnon — Insuccès dans les classes de violon et d'harmonie — Renvoi pour incapacité musicale — Bienveillance éclairée de mon maître de contrepoint Georges Caussade, grâce à laquelle je peux poursuivre mes études. — Le cours d'Histoire de la Musique de Bourgault-Ducoudray.

LES musiciens qui ont fait leurs études au vieux Conservatoire du faubourg Poissonnière n'ont jamais pu s'acclimater dans l'ancien collège des Jésuites de la rue de Madrid, aménagé pour le remplacer. Jadis, le Conservatoire ne faisait qu'un avec la salle illustre, demeurée rue du Conservatoire. Les anciens bâtiments occupaient presque entièrement le quadrilatère formé par cette rue et les rues Bergère, Sainte-Cécile et du faubourg Poissonnière, où se trouvait l'entrée principale, par une haute porte cochère dont j'entends encore le bruit sourd, lorsqu'elle retombait sur l'épaisse cale de cuir qui l'empêchait de se refermer complètement. Une seconde entrée était située à l'opposé, rue du Conservatoire, dont la grille subsiste encore. Là se trouvait l'appartement particulier du directeur. On pouvait pénétrer par cette entrée et, après avoir traversé une voûte, pousser une petite porte à va-et-vient accédant à la grande cour oblongue sur laquelle donnaient les fenêtres des classes. Il y avait de fréquentes collisions entre les élèves qui entraient et ceux qui sortaient plus ou moins brutalement. Un jour même, le directeur, Ambroise Thomas, avait été renversé par quelques turbulents qui s'étaient aussitôt esquivés. Aussi avait-on établi depuis un judas vitré dans la porte battante, pour éviter le retour d'un pareil accident. Les bâtiments étaient vieux, poussiéreux et sombres, mais on les aimait tels quels.

C'est là qu'un matin d'octobre 1887, j'entrai pour la première fois, tandis que neuf heures sonnaient à l'horloge de la cour, presque en même temps qu'au clocher voisin du Comptoir d'Escompte. J'allais devenir auditeur — c'est-à-dire aspirant — dans la classe de solfège de Paul Rougnon, qui avait jadis accompagné mon père lorsqu'il avait lui-même concouru dans la vieille maison.

J'ai déjà évoqué ailleurs * la figure de mon premier maître, auquel je dois tant et dont je ne cesserai de vénérer la mémoire. Aujourd'hui encore, en faisant travailler musiciens ou chanteurs, je repense souvent aux inoubliables révélations de Paul Rougnon, qui frappèrent mon imagination d'enfant, dès que je le connus. Nombre d'artistes éminents furent ses élèves. Spécialisé dans cette puériculture musicale trop souvent dédaignée depuis, mon vieux maître s'y maintint jusqu'à la retraite, avec un renoncement évangélique aux avancements qu'il

_____

* Cf. *Diabolus in Musica*, p. 26.

aurait pu revendiquer. Son clairvoyant enseignement était basé en grande partie sur l'observation des erreurs que l'instinct nous fait commettre. En musique comme dans la vie, nos défauts prédominent instinctivement et nous devons les découvrir d'abord, puis en trouver les correctifs. C'est ainsi qu'une phrase ascendante nous incite à augmenter le son, tandis que nous le diminuons dans une phrase descendante. Il faut donc nous contraindre à l'opposé pour conserver une même intensité sonore au cours de progressions contraires. C'est ici l'exemple le plus simple, le plus clair et le plus accessible à tous, par lequel je fus frappé tout d'abord. Jusqu'à la fin de sa vie, qui fut longue, Paul Rougnon publia des ouvrages didactiques du plus haut intérêt. De temps en temps, je recevais de lui une lettre affectueuse, dans laquelle il me prodiguait encore ses conseils paternels. Losqu'il mourut, on peut bien dire que le Conservatoire et nombre de musiciens français furent en deuil. Dans le jeune Orchestre National même, quelques musiciens de toutes générations avaient été les élèves du « Père Rougnon » et vinrent avec leur chef déposer des fleurs devant sa dépouille, à Saint-Germain-en-Laye, où il s'était retiré.

Je demeurai en classe de solfège six années, au cours desquelles j'obtins successivement une troisième, une seconde, puis une première médaille. Ce devait être là les seules récompenses que je remporterais au Conservatoire ! Pendant mes classes de solfège, j'entrai comme auditeur en classe de violon, où je ne devais jamais être admis comme élève. Mon vieux maître me donna ensuite mes premières leçons d'harmonie, puis me présenta à son collègue Antonin Taudou, qu'il considérait comme le meilleur professeur.

Bien qu'il considérât sa tâche avec autant de probité, Antonin Taudou différait singulièrement de Paul Rougnon dans ses rapports avec les élèves. Il demeurait distant avec eux. De petite taille, avec une grosse moustache poivre et sel et d'épais sourcils, il vous regardait d'un petit œil perçant. Au-dessus de la redingote traditionnelle, il portait deux manteaux qu'il ôtait ou remettait suivant les variations de température de la classe, car, même en plein hiver, il interdisait que la bouche du calorifère fût ouverte. Il en redoutait les émanations éventuelles, après avoir été victime, jadis, d'un commencement d'asphyxie, Par les plus grands froids, quand un élève astucieux était arrivé, avec beaucoup de précautions, à entr'ouvrir la fameuse bouche de chaleur, le maître ne tardait pas à s'en apercevoir et, se levant soudain, quittait le piano pour venir refermer la trappe d'un rude coup de pied.

Je quittai l'enfance pour l'adolescence lorsque j'entrai dans cette nouvelle classe où je devais être surpris par de nouveaux usages. Mon professeur était pointilleux sur les convenances. Un jour, après une explication qu'il venait de me donner, j'avais dit, inconsidérément : « C'est cela. » Et il m'avait répété interrogativement : « C'est cela ? », à quoi j'avais récidivé, ce qui devait m'attirer cette sèche réprimande : « On ne dit pas *c'est cela !* »... à son professeur, bien sûr, ce que j'ignorais alors, de même qu'on ne devait plus l'appeler *monsieur* mais Maître !

Dès la première prise de contact avec un élève, Antonin Taudou lui demandait s'il jouait du piano et, quelle que fut la réponse, il enjoignait que l'on vînt lui jouer, huit jours plus tard, une sonate de Mozart. Je n'échappai pas à la règle et dus me soumettre à l'épreuve qui se passait alors chez lui, dans son petit salon vieillot de Passy, éclai-

L'AUTEUR A L'AGE DE HUIT ANS

ré par deux seules b... ...s. Je n'ai jamais compris la raison exacte de cette ...ialité rituelle, si elle servait à
éprouver la sensibili... ...sicale des élèves ou à leur insuf-
fler le culte du maî... ...e Salzbourg, qu'Antonin Taudou
vénérait entre tous. ...t-être a-t-elle influé en partie sur
mes propres sentim...

Je devais pass... ...ans cette classe près de sept années, pendant lesq... ...s je subis la rude discipline d'un
maître qui poussa... ...un point extrême la pureté de
l'écriture. La corre... ...n d'un devoir était une épreuve au
cours de laquelle ...s passions de l'angoisse à l'espoir,
puis au désespoir. ...maître, assis au piano avec l'un de
nous, jouait là qua... ...nains les devoirs, s'arrêtant çà et là
pour faire une r... ...que, une observation ou souligner
d'un coup de cra... ...une faute ou une incorrection. Derrière, agglutinés ...essaim, les élèves suivaient. Lorsqu'on avait attei... ...nsi la dernière mesure, l'auteur sou-
pirait quand le ...re avait déclaré que « ce n'était pas
mal ». Mais cel... ...décidait généralement de « revoir »
le tout. Et tel ét... ...on purisme qu'à la deuxième épreuve
le devoir était ...u à l'élève crayonné de rouge et de
bleu d'un bout ...utre !

Nous étion... ...is auxquels Antonin Taudou témoignait une sorte ...référence en nous tutoyant. L'un était
le type du bon... ...e, appelé à devenir lui-même, grâce à
un travail opin... ..., professeur un jour. L'autre, qui était
doué à un poin... ...trême, bâclait en hâte ses leçons, quelques heures m... ...avant de les présenter. Le reste du
temps, il dem... ...t au lit, car il gagnait sa vie la nuit,
en jouant du ...oncelle dans une boîte de Montmartre.
J'étais donc le ...bisième, que le maître appelait souvent
« étourneau », ...prétendant que j'oubliais les règles, ce

qui n'était pas toujours exact. J'étais simplement enclin à trouver parfois de la saveur aux choses défendues. Un jour, Antonin Taudou me dit qu'il avait appris que « je jouais du violon dans un boui-boui ». Je répondis qu'il me fallait bien gagner ma vie, mais il me mit en demeure de quitter mon emploi pour me consacrer uniquement à mes études. — On était très sévère sur ce point, au Conservatoire. — Naturellement, mon camarade violoncelliste, n'ayant pas été « dénoncé », n'était pas soupçonné.

Vint alors le dernier examen d'admission au concours de fin d'année, qu'il fallait réussir sous peine d'être renvoyé. Nous y étions tous présents, sauf le camarade noctambule qui, s'étant réveillé en retard, arriva juste au moment où nous allions quitter la salle, mais parvint, par faveur, à faire examiner quand même son travail. Une fois tout terminé, le directeur Théodore Dubois demanda, selon l'usage, au professeur s'il était satisfait de ses élèves, s'ils travaillaient tous bien. Antonin Taudou répondit : « Mais oui, mon cher directeur, mais oui... il n'y en a qu'un... c'est... — Et nous nous tournâmes instinctivement vers le retardataire. — Mais, à l'ébahissement général, ce fut mon nom qui termina la phrase ! Mon « boui-boui » m'avait perdu ! Alors le directeur m'admonesta en disant : « Pour qu'un maître aussi bon et aussi juste que le vôtre parle ainsi, c'est donc, Monsieur, que vous n'avez pas les dispositions nécessaires pour réussir dans la carrière que vous avez entreprise et que vous feriez mieux d'abandonner. » Ce qui constituait un arrêt sans appel. C'est ainsi que je fus chassé du Conservatoire pour incapacité musicale ! Après quoi, Antonin Taudou me déclarait qu'il avait demandé lui-même mon renvoi, persuadé, ajoutait-il, que cela ne m'empêcherait pas de réussir...

Cette déclaration ne pouvait suffire à me tirer de l'anéantissement où j'étais plongé. D'autant que je prévoyais les conséquences de mon échec. Mon père, déjà irrité par mon refus de poursuivre une carrière de violoniste, me prétendrait incapable de devenir compositeur. Ce qui ne manqua pas, puisqu'il refusa aussitôt de continuer à payer les leçons de contrepoint que je prenais avec un répétiteur. Mais c'est ce dernier qui allait me sauver.

En entrant à la classe d'Antonin Taudou, on était aussitôt tenu de prendre des leçons particulières avec son ancien élève, Goerges Caussade, et cette sujétion n'était pas sans déplaire. Je n'avais pu m'y soustraire, évidemment, mais je ne devais pas m'en repentir. J'allais être pris en amitié par mon répétiteur, bien que son idéal fût l'opposé du mien. Lorsqu'il faisait travailler ses élèves, Georges Caussade invoquait les règles d'après lesquelles avaient été établies les interdictions, les tolérances et les licences avec une mémoire tellement sûre qu'il indiquait aussi les numéros des pages et des paragraphes des traités auxquels il se référait. Il était professeur-né, donnant des leçons à longueur de journée et pouvant même corriger plusieurs élèves à la fois. Il allait devenir bientôt titulaire d'une classe de contrepoint et fugue au Conservatoire. Mais à cette époque, l'emploi n'étant pas encore dissocié de la chaîre de composition, Georges Caussade n'était que répétiteur de contrepoint et fugue à la classe de composition de Charles Lenepveu.

A la nouvelle de mon échec et de la décision paternelle, Georges Caussade me déclara spontanément qu'il continuerait gracieusement à me donner des leçons et qu'il comptait me présenter aussitôt que possible à la classe de composition. Cependant, si heureux que je fusse de continuer mes études avec lui, je répugnais à entrer dans la classe de composition qu'il envisageait ; d'autant que Fauré étant alors professeur, c'est auprès de lui que j'aurais voulu aller. Mais c'était impossible ; en vertu d'une filière à laquelle on ne pouvait échapper, les élèves de Taudou *devaient* devenir ceux de Lenepveu.

D'autre part, j'avais peu d'espoir d'obtenir jamais le Prix de Rome, l'expérience de Debussy ayant rendu l'Institut méfiant sur la sagesse *affectée* de certains canards couvés par des poules. C'est ainsi que Ravel avait eu beau ruser, en écrivant, à son dernier concours, une cantate des plus académiques, Lenepveu lui-même avait été l'artisan principal de son échec. Redevenant élève au Conservatoire, j'étais assuré d'être dispensé de deux années de service militaire, mais à condition d'obtenir le fameux Prix de Rome ! Heureusement, je fus ajourné deux années et, certain alors de ne rester qu'un an soldat, j'abandonnai le Conservatoire.

Il est un autre maître, duquel j'appris beaucoup, qui doit être aussi évoqué dans mes souvenirs.

Ceux qui avaient fait leurs études dans la vieille maison du faubourg Poissonnière se souviennent de la visite rituelle du surveillant des classes, vers le milieu des cours. La grosse moustache et les cheveux gris, en brosse, de celui qu'on appelait entre soi « le père Lamy », sa redingote noire boutonnée ornée d'une large Légion d'Honneur, lui donnaient l'allure d'un demi-solde. En entrant, il se découvrait et posait son chapeau haut de forme sur le piano à queue, auprès du chapeau haut de forme du maître. Il ouvrait alors un registre relié en toile noire et faisait l'appel. La formalité accomplie, il reprenait son chapeau, saluait cérémonieusement le maître et quittait la classe pour aller plus loin. Lorsqu'on était « en classe d'harmonie », une phrase également rituelle suivait l'appel du jeudi matin : « Messieurs, je vous rappelle le cours de M. Bourgault-Ducoudray, ce soir... » Les élèves se regardaient alors à la dérobée en se désignant dans un sourire moqueur *celui* d'entre eux, toujours le même, qui serait assez niais pour obtempérer certainement à l'obligation discrètement rappelée.

Ce « cours de M. Bourgault-Ducoudray » était tout simplement celui consacré à l'histoire de la musique ! Il avait lieu dans la salle des examens qui avait été, prétendait-on, la première salle des concerts. De même style que celle où s'abrite encore la Société des Concerts, elle était de dimensions beaucoup plus restreintes. L'accès de son unique galerie était condamné, par crainte d'un effondrement. Son parterre seul et ses baignoires étaient autorisés au public. Car le cours était public, et son auditoire se rapprochait de celui des cours en Sorbonne. Les élèves se tenaient, en principe, sur l'estrade, autour du conférencier. Disons bien *en principe,* car, lorsqu'après plusieurs rappels à l'ordre ils avaient été obligés de venir, ils se présentaient bien au contrôle du « père Lamy », mais trouvaient le moyen d'échapper ensuite, grâce à la mitoyenneté d'une certaine salle de soufflerie de l'orgue, qui communiquait avec l'extérieur.

L'auditoire était surtout composé de personnes âgées ; quelques vieux messieurs protégeaient leur crâne avec une calotte noire. Tout ce petit monde se connaissait, se saluait et bavardait jusqu'au moment où le maître entrait.

Louis-Albert Bourgault-Ducoudray était breton d'origine. Il avait étudié concurremment le droit et la musique à Nantes, sa ville natale, puis, ayant définitivement opté pour la musique, il était venu à Paris où il devait remporter peu après le Prix de Rome, dans la classe d'Ambroise Thomas. Au cours d'un voyage en Grèce, il s'était intéressé vivement aux chants populaires, ses origines le prédisposant tout naturellement à se passionner pour le folklore.

Bourgault-Ducoudray faisait assez penser à un Don Quichotte de la musique, tant par les bons combats pour lesquels il ne cessait de se passionner que par ses apparences physiques. De haute stature et invraisemblablement maigre, il apparaissait à ses cours vêtu du frac classique et tenant à la main son chapeau claque ; son col était serré par une de ces cravates blanches longues, minces et abondamment empesées que portaient alors nos grand-pères. Il traversait prestement le parterre, immédiatement suivi par un sempiternel disciple, émacié et barbu, qui semblait échappé d'une toile de Greco et qui portait un cartable d'écolier, dans lequel se trouvaient les documents qui serviraient au maître pour sa leçon.

La table du conférencier était petite, recouverte du traditionnel tapis vert et éclairée par la traditionnelle lampe à huile chapeautée de vert. Sur l'acajou du vieux piano Erard, le pupitre était éclairé par deux bougies, dont la flamme vacillante était protégée par un petit écran en forme de papillon.

Arrivé devant sa table, le maître saluait l'auditoire, puis s'asseyait. Il prenait une gorgée d'eau, faisait légèrement claquer sa langue et débutait : « Mesdames... Messieurs !... »

Le cours complet remplissait les jeudis ouvrables de six semaines. Il parlait de la musique grecque, pour s'arrêter aux temps modernes qui n'allaient pas au delà de Wagner.

Adolescent, j'avais fabriqué et pendu dans ma chambre un grand tableau des modes grecs, pour fixer dans ma mémoire les différences entre le dorien, le phrygien, l'ionien, l'hypomixolidien et tous les autres. Puis, quarante ans plus tard, je pensais encore aux leçons de Bourgault-Ducoudray sur le folklore et sur *La Marseillaise,* pour célébrer le centenaire de la mort de Rouget de l'Isle * .

Les hasards de l'existence voulurent qu'au seuil de la vieillesse, je sois appelé à refaire presque journellement le trajet de Montmartre au vieux Conservatoire, que j'accomplissais enfant. Car le quartier général du jeune Orchestre National fut établi pendant dix ans dans la chère vieille salle des Concerts, dont l'antique vestibule, avec sa colonnade peinte, fait penser à quelque décor d'opéra représentant le palais d'Amonastro, roi d'Ethiopie et père d'Aïda.

Comment ne serais-je pas amené souvent à évoquer des années de jeunesse qui furent moins que glorieuses, certes, mais qui m'avaient valu l'inoubliable enseignement de quelques maîtres admirables, lesquels, silencieusement, suivirent, tant qu'ils vécurent, les efforts de leur turbulent élève ?

Même Antonin Taudou, malgré ses apparences farouches, ne m'avait point abandonné. La première fois que

---

Cf. Tome II, Vers les temps nouveaux, Chapitre X.

je fus joué aux Concerts Lamoureux, je l'entendis murmurer derrière moi : « Il ne veut pas me voir, mais je
suis venu ». Et comme je protestais, il ajouta : « Tu vois
bien que j'avais raison en disant que tu n'avais plus besoin du Conservatoire ! »

Peut-être bien... puisque mon camarade tellement
doué n'était parvenu, dans la vie, lui, qu'à devenir vendeur chez un fabricant d'harmoniums !

XXVII

Vocation

Vocation — Les marionnettes de Wilhelm Meister et le petit théâtre de l'oncle Charles — Le cirque Médrano — Le moulin de la Galette et son orchestre de petits pâtissiers.

COMME l'aïeule de Wilhelm Meister, mon grand-père pensait qu'il fallait aux enfants des comédies et des marionnettes. A qui eût prétendu qu'on ne devait pas se donner trop de mal pour cela, il aurait répondu, comme la grand'maman Meister à son fils : « Si on ne se donnait pas de peine pour les enfants, comment seriez-vous devenus grands ? »

Indépendamment des cadeaux et des plaisirs de fêtes et d'anniversaires, je connus donc, dans mon enfance, l'émerveillement d'un théâtre en miniature qui, à Pâques ou à Noël, se trouvait édifié soudain dans un coin de la maison, entre des rideaux tendus, pour dissimuler le mystère des coulisses. Mon grand-père établissait les scénarios d'après *Cendrillon* ou quelqu'autre conte populaire, ma mère et sa sœur — la tante Ellen qui l'avait aidée à nous élever — habillaient les personnages et l'oncle Charles — leur frère — était à la fois architecte, constructeur,

311

décorateur, peintre, électricien et machiniste de notre théâtre de marionnettes. — J'entends encore les pieds minuscules du corps de ballet frapper le plancher de la petite scène sur le *pizzicati* de *Sylvia* et la voix de ma chère maman, qui jouait le rôle de Cendrillon, racontant ses malheurs sur la *Rêverie* de Schumann. Je revois la citrouille géante qui se transformait en beau carosse pour aller au bal du roi.

Plus tard, ayant hérité des dons de bibeloteur de l'oncle Charles, je fabriquai moi-même un théâtre de magie noire pour intriguer mes sœurs et nos camarades avec les trucs que l'on m'avait révélés ou que j'avais surpris. Je risquais plusieurs fois de mettre le feu aux rideaux du salon avec mes torchères à flammes vertes « comme à l'Opéra ». Car j'étais alors en pleine initiation du Palais Garnier, grâce au vieil ami de la famille qui m'emmenait avec lui dans l'orchestre. Je ne rêvais que théâtre ; secrètement, je m'identifiais aux héros qui m'avaient subjugué. Profitant d'une course à faire, une fois dans l'escalier, je me poignardais comme Roméo, ou dégringolais tout un étage, comme Mathô déboulant les marches de l'Acropole, sous les fouets et les verges des esclaves de Salambô. Tout ceci, sur des musiques imaginaires que je me fredonnais.

Cela se passait au temps de l'illusionniste Robert-Houdin et du Cirque Fernando, dont le futur directeur Médrano n'était encore que l'inoubliable clown populaire « Boum-Boum », lorsque Montmartre était encore un vrai village dans la grande ville. Souvent alors, le dimanche, nous passions avec mon grand-père devant la pâtisserie Décarrière — dont le nom seul éclairait déjà ma journée — pour monter au Moulin de la Galette, qui était différent de ce qu'il en reste aujourd'hui. Des jardins et des bosquets se trouvaient à l'emplacement de l'actuelle avenue Junot, qui constituait ce que l'on appelait « Le Maquis ». Dans les jardins, il y avait un manège de chevaux de bois, avec son limonaire enroué, des balançoires, des tirs et des tonnelles où l'on mangeait de la bonne galette en buvant de la bière ou du piccolo. L'entrée de la rue Girardon était limitée, à droite, par une maison basse, celle du Café Debray, marchand de vins - traiteur, descendant des anciens meuniers. Ses vitrines, du côté des jardins, étaient décorées de façon originale. Dans l'une, des pâtissiers en miniature fabriquaient la fameuse galette, tandis que dans l'autre, on voyait un orchestre où de semblables petits pâtissiers soufflaient dans des trombones, tapaient sur des tambours et grattaient du violon devant leur chef qui brandissait son bâton.

Cela avait bien pu « me donner des idées », mais c'est surtout au vieux café-concert, l'ancêtre du music-hall, que je pris certainement le goût de diriger l'orchestre. Mon père, qui avait été le second d'Hervé aux Variétés et le chef d'orchestre de Judic à travers l'Europe, devait arrêter volontairement sa carrière à l'Eldorado, préférant rentrer dans le rang à l'Opéra, pour l'amour de la musique. Il m'emmenait parfois au vieux « caf' conc' » du boulevard de Strasbourg, et, du coin de la fosse où il m'avait installé parmi ses musiciens, je l'observais, accompagnant les numéros de Kam-Hill, de Polaire ou d'Anna Thibaud. Le lendemain, à la maison, j'essayais de réaliser seul le mirage de ce qui m'avait tant captivé la veille. J'installais sur une chaise de la salle à manger une vieille boîte de physique amusante. Placée à l'envers et son couvercle complètement ouvert, elle constituait le pupitre à large bord sur lequel devaient s'amonceler les petites partitions des chansons, figurées par des catalogues de grands magasins Saisissant alors le bâton de la boîte de physique, je conduisais toute une représentation imaginaire en chantonnant pour remplacer l'orchestre et les artistes. Je n'avais pas plus d'une dizaine d'années alors.

C'est à l'école communale, à la plébéienne « laïque », que je devais faire mes débuts de chef.

Mon père, comme beaucoup de ses collègues de l'Opéra, cumulait son emploi à l'orchestre avec celui de professeur dans les écoles de la ville. A la fin de l'année scolaire, la solennité de la distribution des prix était rehaussée par l'appoint de la musique. Les meilleurs élèves chantaient d'abord, à l'unisson, *La Marseillaise*, puis quelques chœurs à deux ou trois voix.

Ce répertoire choral m'était familier parce que le dimanche, après le déjeuner, ma mère, sa sœur et son frère, — ce dernier improvisant au piano un accompagnement plus ou moins correct, qui m'émerveillait — évoquaient leur enfance — à eux — en redisant ces chants. .

J'entends encore *Les Pifferari* et le vallonnement de leurs vocalises :

> « Nous arrivons de la montagne...a-a-gne
> « de la montagne.
> « L'espérance est notre compagne...a-a-gne,
> « notre compagne. »

et l'alerte trois-temps des *Brésiliennes :*

> « Trottez gaiement, mules agiles
> « Le long des bois et des ravins
> « En nous portant soyez dociles
> « Et vous aurez de doux festins. »

... lesquels festins intriguaient ma gourmandise, par cette douceur annoncée.

Il y avait aussi *L'Echeveau de Fil,* qui commençait si gaiement :

> « Qui veut, dit la bonne grand'mère,
> « En regardant Pierre de profil,
> « Qui veut, dit la bonne grand'mère,
> « Me tenir l'écheveau de fil ?
> « C'est moi ! C'est moi !.....

... disait petit Pierre... mais la lassitude venait, et les larmes aussi :

> « Alors, petit Pierre abattu
> « Pleure et laisse tomber l'ouvrage.

Et la grand'mère concluait sur un parallèle philosophique :

> « Et quoi, voilà tout ton courage,
> « Plus tard, hélas ! que feras-tu
> « Quand se dévideront tes jours
> « Quelquefois doux, mais souvent lourds. »

Mon père m'emmenait généralement avec lui, pour renforcer ses chorales — car il professait dans plusieurs écoles. Or, un jour, la coïncidence des heures de deux distribution de prix l'amena à me confier la direction des chœurs, pour l'une des cérémonies. Et je ne fus jamais autant ému qu'en levant le bras, ma main armée du petit diapason rituel, pour faire attaquer ma première *Marseillaise !*

Peu après, un orchestre d'anciens élèves d'une des écoles se formait, dont la confiance paternelle devait m'accorder la direction. Du programme de mon premier concert, le souvenir ne me reste que d'une suite de *L'Arlésienne,* de l'air de Rosen, du *Roi d'Ys,* que j'étais depuis toujours impatient d'entendre, et d'une certaine *Marche Grecque* de Ganne, dont les trompettes m'avaient subjugué...

C'est dans le salon familial qu'avait eu lieu la première répétition, en présence de la famille réunie. Ma mère n'était pas la moins heureuse de ces débuts, car, mieux que personne, elle savait avec quelle impatience je les avais attendus !

Jusqu'à la fin de sa vie, ma chère maman donna des leçons de violon et de piano. Pour sa clientèle, qui se renouvelait parfois de génération en génération, dans les mêmes modestes familles, elle représentait encore « le professeur de musique », dont le type tend de plus en plus à disparaître, depuis l'invention du phonographe et de la radio. Ma mère, qui acceptait volontiers son sort, disait gentiment : « Voyez-vous, je ne suis pas si mal partagée, car dans le peuple, le professeur c'est quelque chose au-dessus, tandis que chez les gens du monde, c'est quelque chose au-dessous ! »

Lorsque son fils était encore « son petit garçon », il était dépourvu d'une telle modestie, qu'on en juge plutôt !

Des réunions enfantines étaient parfois organisées chez un de mes camarades du Conservatoire. C'était pour nous comme une initiation à la musique d'ensemble. Nos mamans étaient au piano et à l'harmonium, tandis que mon camarade et moi tenions les parties de violon et de violoncelle. A l'une des premières entrevues, la mère de mon camarade avait fait quelques compliments polis sur mes capacités et maman avait répondu : « Vous êtes trop aimable, chère Madame, il commence. » — C'était aux alentours de ma dixième année. —

Au retour, comme je me faisais un peu traîner en retraversant la butte Montmartre et ne soufflais mot, quoique si bavard de coutume, ma mère, qui m'avait déjà questionné plusieurs fois sans succès sur les causes de mon humeur, s'impatienta et dit : « Avant que nous rentrions, je veux savoir enfin ce que tu as... ou bien je préviendrai ton père ! » Alors, sur ce nouvel argument, qui nous amenait généralement à résipiscence, je murmurai : « Pourquoi as-tu dit que je commençais ? »

Et le souvenir de ce puéril orgueil allait dégager un salutaire enseignement d'humilité, dans l'avenir, où je devais sans cesse m'apercevoir que l'on ne fait jamais que commencer !

Je devais être « dans mes neuf ans » et, depuis deux ans, déjà, j'étais en classe de solfège au Conservatoire, alors dirigé par Ambroise Thomas. Parfois, de la salle d'attente, nous apercevions M. le directeur, traversant la cour pour se rendre de son appartement à son cabinet. Son pardessus, simplement jeté sur les épaules, et ses longs cheveux blancs, lui donnaient un air romantique qui convenait parfaitement à l'auteur de *Mignon*. Nous avions tous entendu nos parents fredonner : « Connais-tu le pays où fleurit l'oranger »..., dont les chanteurs ambulants eux-mêmes s'étaient emparés depuis longtemps. Et j'avais joué au piano l'entr'acte-gavotte presque aussi populaire. Cela m'avait d'autant plus donné l'envie de connaître l'œuvre entière, d'aller voir jouer *Mignon*.

Un musicien de l'Opéra-Comique, camarade de mon père, m'emmena donc un soir, place du Châtelet, à l'actuel Théâtre Sarah-Bernhardt où s'était réfugié l'Opéra-Comique depuis l'incendie de la Salle Favart. C'est certainement la première fois de ma vie que j'allais assister à une représentation lyrique.

L'ouverture, avec sa vertigineuse cadence de harpe, l'air célèbre de la coquette Féline : « Je-e-suis Titani-a la blon-on-on-on-de », l'intervention si chevaleresque du courageux Wilhelm Meister, arrachant la pauvre héroïne aux griffes du bateleur Jarno, tout cela me subjugua... Vint le second acte, où, dès le duo entre Mignon et le vieux Lothario : « As-tu souffert ? — Oui, j'ai souffert !... — As-tu pleuré ? — Oui, j'ai pleuré ! », il me sembla qu'une certaine monotonie commençait à m'envelopper. Et voici qu'à la fin du troisième acte, j'étais brusquement réveillé par les applaudissements. Pour que l'ennui m'eût endormi, en entendant le chef-d'œuvre de mon directeur, ne fallait-il pas que je ne fusse point musicien ? Et n'étais-je pas indigne de poursuivre cette carrière ?... Ce soir-là, je rentrai infiniment triste à la maison !

PREMIÈRE ÉBAUCHE DE LA « MARCHE ÉCOSSAISE »
DE DEBUSSY

(Collection de l'auteur.)

XXVIII

1886 - 1891

L'Ecole communale
Découverte de la Nature
dans mon premier jardin

L'école communale de la Place des Abbesses — Une bibliographie enfantine
des musiciens célèbres m'initie à la saveur des dissonnances —
Découverte de la nature dans mon premier jardin.

PARMI de vieilles cartes postales de Montmartre, j'ai
retrouvé une vue de la place des Abbesses, avant
que n'y fût édifiée l'église Saint-Jean l'Evangéliste,
si laide, et que l'on surnomma, dans le quartier, Saint-
Jean-des-Briques. On y voit l'ancienne mairie du XVIIIe
Arrondissement, qui était de l'époque et du style de la
charmante et désuète mairie des Batignolles, laquelle
échappa à la pioche des démolisseurs. La vieille mairie de
Montmartre occupait en partie l'emplacement du petit
square actuel, en empiétant sur le terre-plein planté d'arbres. A sa droite, un peu en retrait, se trouvait le poste-

vigie des sapeurs-pompiers, avec sa pompe tirée à bras par deux hommes, tandis que le reste de l'escouade courait derrière pour « aller au feu ». Le bâtiment faisait le coin de la rue de La Vieuville, dont le numéro un était occupé par l'école communale de garçons où j'entrai en 1886, comme mon grand-père l'indiqua dans son Journal de famille.

Sur une photographie de l'époque, je retrouve le directeur avec sa redingote et sa cravate « queue de rat », et le second de mes professeurs, celui que l'on prétendait échappé du séminaire, et qui en a bien l'air. Puis, disposés en cinq rangs, sur des gradins improvisés avec les bancs et les tables du préau, tous mes camarades dont les noms me sonnent encore à l'oreille : Lecoq, le fils du coutelier ; Clérisse, le fils du crémier, Gay, celui de l'épicier, et tous les autres. A peu près au milieu de la première lignée, je suis parmi les plus petits, assis sur un banc renversé dont le bord faisait un peu mal à nos petites cuisses. Et je fixe déjà l'objectif, comme je fixerai plus tard mes musiciens !

A l'école communale, j'étais autorisé à manquer les demi-journées où j'avais classe au Conservatoire et je n'assistais que très rarement aux leçons de musique, qui coïncidaient justement avec mes absences légales. Je ne sais comment j'arrivais néanmoins à décrocher, certaine année, un second ou un troisième prix de musique, représenté par une bien jolie collection des *Musiciens célèbres*, à laquelle je dus d'émouvantes révélations. L'une des faces de chaque feuillet était consacrée à un résumé biographique du musicien, précédé de son portrait. Sur l'autre face était reproduite une de ses pages les plus célèbres.

Je me jouais surtout au piano deux morceaux de prédilection. C'était d'abord le « Elle a fui, la tourterelle », tiré des *Contes d'Hoffmann* d'Offenbach, dont le frottement de seconde mineure qui précède la mesure où le chant attaque fut certainement ma première révélation de la saveur des dissonnances. L'autre morceau était *La Truite* de Schubert, que mon grand-père fredonnait dans sa langue maternelle.

Je restais souvent en contemplation devant le visage grave et tourmenté de Beethoven et surtout devant celui, si charmant et si distingué, de Mendelssohn, comme si je pressentais combien j'aimerais, plus tard, l'auteur du *Songe d'une Nuit d'Eté*.

On m'avait soigneusement fait relier en un volume ces feuillets séparés, mais j'eus le tort de prêter trop souvent le précieux recueil, que je devais perdre bientôt et regretter toujours.

Mes années d'école se poursuivaient en même temps que mes études au Conservatoire, cette époque de ma vie fut celle où je travaillais le plus. Il en est de même pour tous les enfants musiciens et c'est pourquoi leur instruction générale est si souvent négligée. Une fois qu'ils ont obtenu le certificat d'études primaires — heureusement obligatoire — ils sont le plus souvent uniquement confinés dans la musique. On a rapporté que Debussy déclarait avoir souvent consulté le *Petit Larousse*. C'est un précieux compagnon dans la vie, encore faut-il qu'on éprouve le besoin et le désir de sa fréquentation !

Il n'était pas toujours aisé de mener de front l'école et le Conservatoire ; c'est ainsi que la date du concours de solfège coïncidant avec celle de l'examen pour le certificat d'études, je dus passer ce dernier à la Plaine-Saint-Denis. Je me souviens encore d'un départ de très bonne heure, le matin, sur l'impériale du tramway de Saint-

Denis, de l'arrivée dans la banlieue usinière et de mon intimidation, parmi les gosses inconnus auxquels je me trouvai mêlé soudain. Enfin, tout se passa bien et j'obtins le même jour le fameux certificat d'études et une troisième médaille de solfège. Je n'avais pas encore atteint ma onzième année et mes études *générales* étaient supposées terminées ! Non. Je prendrais encore pendant un an des leçons d'anglais avec le dernier professeur que j'avais eu à l'école.

Celui-ci, ami de mes parents, était un brave homme auquel, cependant, j'avais dû ma première révélation de l'injustice. Un jour, en classe, il m'avait accusé par erreur de je ne sais quel méfait, et j'avais aussitôt réagi en protestant. Alors, il m'avait fait venir à son bureau, puis avait inscrit à l'encre rouge, dans le carnet de notes qu'on devait présenter aux parents : « Le bonhomme est un carottier ! » De retour à ma place, j'avais mis rageusement mes coudes sur mon pupitre et pris ma tête entre mes mains. Le professeur m'avait enjoint en vain de me tenir mieux, puis m'avait plusieurs fois rappelé à son pupitre pour accumuler les notes à l'encre rouge, qui couvrirent bientôt toute une page du carnet... En fin de journée, j'avais bien obtenu la permisison de déchirer cette page, mais je ne devais pas oublier l'injuste accusation d'avoir menti.

Au cours de mon année d'anglais devait se préciser mon manque de dispositions absolu pour les langues étrangères. Non pas au point de vue de la syntaxe, mais à celui de la prononciation. Ce que ne pouvait admettre mon professeur, en prétendant qu'une oreille et une mémoire prédisposées à la musique devaient l'être aussi à l'étude des langues. Il avait essayé en vain des moyens

322

d'émulation eux-mêmes, escomptant notamment mon goût pour la lecture. Au jour de l'An, il m'avait demandé quel volume me ferait plaisir et je lui avais indiqué *Robinson Crusoé*, qu'il m'avait promis à condition que je me souvienne de sa prononciation en anglais. Souvent, il me ressassa patiemment celle-ci, sans que je pusse jamais la retenir longtemps !

Beaucoup plus tard, chaque fois que je tentai de retravailler l'anglais, je fus rebuté par cette satanée prononciation. Tandis qu'il n'en devait pas être de même dans mes tentatives avec l'allemand. Quel dommage que mon grand-père n'ait pas été plus sévère dans ma première enfance, à cette époque de la vie où l'on apprend si aisément sans presque réfléchir ! Car je crois qu'il s'agit surtout, dans l'étude des langues, d'une question primordiale de timidité à vaincre. La crainte d'être ridicule sans parvenir à se faire comprendre paralyse. Il faudrait avoir du toupet. Posséder ce magnifique aplomb de l'ignorance qui permet à tant de gens de parler musique, par exemple, sans y connaître rien.

C'est à deux pas de Paris que je devais avoir mes premières impressions de nature. Mes parents avaient loué à Asnières un appartement donnant sur un jardin dont la jouissance était accordée aux locataires. Le bâtiment était un ancien rendez-vous de chasse de Louis XIV, devenu plus tard propriété des Montmorency, puis enfin racheté et transformé en maison locative. Le jardin nous semblait énorme, il était précédé d'une sorte de terrasse peu élevée, avec de grands vases d'époque, en pierre moussue, garnies de géraniums. Il y avait de beaux maronniers dont les fruits nous émerveillaient et servaient à nos jeux, une petite éminence que nous appelions «ᵉla montagne » et qui aboutissait par l'un de ses versants à un endroit circulaire où se trouvait un banc, que nous avions baptisé « la place favorite », parce que notre grand-père aimait à s'y asseoir de préférence, pour lire à l'ombre. Plus loin, une balançoire était suspendue entre deux arbres. Enfin, à l'extrémité du jardin, chaque locataire avait son jardinet particulier avec une tonnelle, sous laquelle on déjeunait parfois.

Nous étions quelques enfants à nous ébattre librement et à découvrir la nature. C'est là que je connus l'odeur forte des buis, que j'acquis ma tendresse pour les beaux asters violets au feuillage touffu et pour les fuchsias, qui me faisaient penser à de petites danseuses aux tutus ballonnés. Là, que notre aînée à tous, Julia Jacquelin, la fille du directeur de la poste, à peine âgée de douze ans, s'essayait à nous subjuguer en éveillant déjà notre jalousie de petits d'hommes. C'est là qu'à Pâques, mon grand-père nous faisait chercher les beaux œufs qu'il avait teints lui-même de toutes les couleurs et cachés dans les buissons.

Nous devions abandonner Asnières lorsque mon frère mourut, seulement âgé de six ans, après une cruelle maladie. Par une curieuse particularité, ce charmant petit blondinet parlait d'une voix très douce, avec l'accent suisse-allemand de notre grand-père.

Devenu homme, j'eus un jour la faiblesse de vouloir revoir le jardin féerique de mon enfance et le trouvai triste et laid, comme un pauvre jardin de banlieue qu'il était ! Je n'avais pas songé que, jadis, j'étais si petit que ses arbustes me donnaient l'impression d'être des arbres, puisque je ne pouvais pas même atteindre aux fleurs des rosiers qui bordaient la vieille terrasse.

Après Asnières — et même avant — nous étions allés à la mer, au hasard des engagements de mon père dans des casinos. De cette époque, c'est surtout un souvenir olfactif que je retrouve de loin en loin, à la campagne, brusquement et dans toute son intensité. Celui de certains forts effluves émanant des prés qui surplombaient la mer à Villers ou à Houlgate. Mais l'évocation en est toujours si brève et si inattendue que je n'ai jamais pu l'analyser jusqu'ici. Je ne dois pas encore être assez vieux pour cela.

XXIX

Premières années

Premières années — Premiers Noëls — Lointains souvenirs de mes premières impressions musicales : la deuxième Valse de Beethoven et le Mouvement perpétuel de Weber.

> *Heureux qui, des jours de son enfance*
> *Garde frais le tendre souvenir.*
> *Heureux si, des naïves croyances*
> *Notre cœur sait encor s'attendrir.*
>
> *Qu'il est beau le printemps de la vie*
> *Quel bonheur est dans nos premiers jeux*
> *Qui jamais ces minutes n'oublie*
> *Celui-ci est mille fois heureux !*
>
> (Gottlieb REHM.)

DANS le *Journal de la Famille*, mon grand-père avait écrit ces quelques vers naïfs, après le récit d'un 25 décembre où tout le petit monde avait été debout dès sept heures, le matin, pour voir comment le bonhomme Noël aurait garni les souliers placés, la veille, dans la cheminée du salon.

Au signal donné, les enfants étaient arrivés dans leurs longues chemises de nuit. Mon grand-père comparait l'aîné à un jeune Scipion dans sa longue toge romaine, la fille à une petite druidesse, et le plus jeune garçon aux boucles d'or, avec ses beaux yeux bleus rêveurs, à un Ossian chétif ou un frêle Tannhaüser.

Mais soudain, les héros en miniature étaient redevenus de simples enfants, avec tout le charme de leur âge. Devant la cheminée brillamment éclairée, la distribution des jouets avait commencé : A qui les panoplies... la poupée... la boîte à tapisserie... la cuisine... le plumier... le chemin de fer... les bonbons et les marrons glacés ?...

Puis tout le petit monde avait remercié grand-père, père, mère, tante et oncle qui, en se souvenant de leur propre enfance, avaient voulu perpétuer dans le souvenir des enfants les joies qu'ils avaient eues à leur âge.

C'était le Noël de 1887. En tournant à rebours les pages du vieux cahier, on retrouve, la même année, la date de mon entrée au Conservatoire, le récit de l'arbre de Noël de l'année précédente, puis les dates de mon entrée à l'école communale, de nos premiers séjours à la campagne, de mon entrée, à l'âge de quatre ans, dans une pension enfantine et, quelques mois plus tôt, de ma première leçon de musique chez une demoiselle Corsin, dont je me souviens parfaitement !

Nous ressentons les traces de l'âge au recul progressif de nos souvenirs vers l'enfance. A la fin de sa vie, mon grand-père, âgé de quatre-vingts ans, évoquait souvent sa toute première enfance auprès de sa grand-mère.

« Quelle merveilleuse machine à sentir j'ai été, surtout dans mon enfance », s'écrie Alphonse Daudet... « O choses de mon enfance, quelle impression vous m'avez laissée ! »

Parmi ces souvenirs si lointains, nos impressions tactiles, olfactives et sapides ne sont pas les moins tenaces. Le goût et l'odorat du curaçao, par exemple, m'évoquent toujours les minuscules flacons de liqueur qu'enfants nous trouvions suspendus aux arbres de Noël et dont le goulot, lorsque nous avions siroté le contenu, restait un moment attaché à nos lèvres, formant ventouses. Je ressens encore au bout des doigts le coupant de ferblanc des entailles circulaires dans lesquelles s'enclavaient les petits pots d'une voiture de laitier qu'on m'avait donnée lorsque j'avais quatre ans. Et en revoyant la double page où avait été dessiné le contour de nos mains, je ressens le passage du crayon entre mes doigts écartés, dont la forme ne s'est pas modifiée, d'ailleurs, depuis soixante ans !

Enfin, avant d'en revenir à l'année 1880, au jour de ma naissance où mon grand-père entreprit son Journal, on peut encore voir qu'à la fête de famille du 31 décembre 1882, je jouai mon premier morceau de violon ! Ce qui signifie que je dus «gratouiller» un peu de l'archet sur les cordes de mon premier instrument, ainsi qu'une photographie de l'époque en fait foi.

Aussi la compagne douce et attentive de ma vieillesse n'eut-elle pas tort d'écrire un jour, que j'appris à jouer comme on apprend à parler et que je sus peut-être ma gamme avant mon alphabet.

Mais il est d'autres souvenirs, que ne peut évoquer le vieux cahier. Ceux que l'on *entend* parfois, la nuit, dans le silence de l'obscurité, avant de s'endormir...

La précision des lieux n'est pas parfaite, de ma plus lointaine impression musicale. Je sais seulement que dans la chambre d'enfants, nous étions couchés, mon frère, ma sœur et moi, dans nos petits lits blancs avec leurs longs rideaux de tulle. L'angoisse de l'obscurité nous était épargnée, grâce à l'une de ces petites veilleuses de porcelaine

à fleurettes peintes avec, sous le pot à tisane, sa petite ni-
che où veillait la flamme, et telle qu'on en voit encore
parfois chez les antiquaires.

A l'opposé, dans le salon lointain, maman était auprès d'une amie que j'aimais et trouvais très belle. Elle
lui jouait la *Deuxième Valse* de Beethoven en fa mineur
et il me semblait que je suivais son regard attentif, en
ressentant ses impressions. La première phrase était in-
quiétante, rude et tourmentée ; dans sa modulation en
ré bémol, la seconde semblait vouloir implorer la fatalité
d'être moins implacable, bien en vain, hélas ! Car le retour au mineur par la dominante assombrissait encore le
tableau avec son chant sinistre à la basse, sous les tré-
molos de la main droite ! Mais comme il me semblait que
le visage de ma mère dût s'éclairer, au trio en majeur qui
effaçait si bien toute trace d'orage et de tristesse ! C'était
au point que, lorsqu'elle finissait — en ralentissant prudemment sur la petite gamme chromatique — je souhai-
tais toujours qu'elle oubliât le *da capo* qui allait nous
replonger — tous deux, pensais-je — dans la mélancolie.

Il y avait aussi le *Mouvement perpétuel* de Weber,
dont la première phrase allait vite, vite, la seconde un
peu moins — avec son petit accompagnement de polka —
et dont le passage en octaves était nettement précédé d'un
« changement de vitesse » salvateur. Puis le mouvement
reprenait avec le retour de la première phrase, toujours
vite, vite, mais comme en s'éloignant de moi de plus en
plus... jusqu'à ce que le bon sommeil m'eût gagné...

FIN

T A B L E

332

333

HORS-TEXTE

provenant de la collection particulière de l'auteur

.

ACHEVÉ D'IMPRIMER
LE 15 OCTOBRE 1947
SUR LES PRESSES DE
NOUVELLE IMPRIMERIE MODERNE
(S.N.E.P.)
9, RUE DU PORT. CLERMONT-FERRAND

———

DÉPOT LÉGAL IMPRIMEUR
4e TRIMESTRE 1947 — No 17

— DÉPOT LÉGAL ÉDITEUR —
4e TRIMESTRE 1947 — No 92

社書圖棄黎
LIM M. LAI
RIVATE LIBRARY